한국대통령 통치구술사료집 1

* 이 사업은 한국연구재단 중점연구소지원사업(NRF-2008-401-J01601~3)
지원을 받아 수행되었음.

한국대통령 통치구술사료집 1 -최규하 대통령

초판 1쇄 발행 2014년 2월 25일

엮은이 ｜ 연세대학교 국가관리연구원
펴낸이 ｜ 윤관백
펴낸곳 ｜

등 록 ｜ 제5-77호(1998.11.4)
주 소 ｜ 서울시 마포구 마포동 324-1 곳마루 B/D 1층
전 화 ｜ 02)718-6252/6257
팩 스 ｜ 02)718-6253
E-mail ｜ sunin72@chol.com

정가 15,000원

ISBN 978-89-5933-694-4 94340
ISBN 978-89-5933-652-4 (세트)

· 잘못된 책은 바꿔 드립니다.

연세대학교 국가관리연구원
국가관리사료총서 11

한국대통령 통치구술사료집 1

최규하 대통령

연세대학교 국가관리연구원 편

구술: 최광수 | 신두순 | 정기옥 | 이재원 | 권영민

채록 및 편집: 박명림 | 윤민재 | 장훈각 | 박용수 | 전상숙 | 조수현

선인

발간사

    연세대학교 국가관리연구원의 '한국대통령 통치구술사료집' 1권 발간은 그간 동 연구원이 행해온 국가통치사료 정리 작업의 일환입니다. 많은 연구자들에게 소중한 자료가 될 것으로 믿어 의심치 않습니다. 2010년에 연세대학교 국가관리연구원은 '한국대통령 통치사료집' 시리즈 총 9권을 발간한 바 있습니다. 그리고 그 연장선상에서 또 다른 연구자들의 노력 끝에 '한국대통령 통치구술사료집' 시리즈 1권을 발간하게 되었습니다.

    이번 '한국대통령 통치구술사료집' 1권은 최규하 대통령에 대한 구술 사료집입니다. 해당 구술 사료집은 한국 정치사의 격랑기인 1979년과 1980년 시기에 대한 소중한 구술 사료집입니다. 최규하 대통령의 기록이 아직 확인되지 않고 있는 현 시점에서 볼 때, 그 중요성에 비해 이 시기에 대한 연구 기록물은 희소합니다. 더구나 최규하 전 대통령이 이미 생존하지 않는 상황에서, 당시 청와대의 최광수 비서실장, 신두순 의전비서관, 정기옥 의전비서관, 이재원 정무비서관, 권영민 부속실비서관 등의 구술 인터뷰는 중요한 사료적 가치를 담고 있습니다.

연세대학교 국가관리연구원이 희소 가치를 지닌 통치사료 발간에 소임을 다하게 된 것을 연구원장으로서 큰 보람으로 생각합니다. 한국 대통령 통치구술사료집 1권의 발간에 수고하신 모든 연구자 분들의 노고에 감사드립니다. 소중한 연구의 가치를 인정하여 지원해 주시는 한국연구재단에도 이번 기회를 빌어서 다시 한 번 감사의 말씀을 드립니다.

2014년 1월 15일

연세대학교 국가관리연구원장

진 영 재

차 례

서 론

　이 책은 연세대학교 국가관리연구원에 수행하고 있는 한국 대통령리더 십과 국가관리(state governance) 연구의 일환으로 진행된 최규하 전 대통 령 관련 구술사료집이다. 이 연구의 구술에 참여하신 분들은 당시 최규하 대통령을 지근에서 보좌하거나 청와대 비서진으로 참여한 최광수, 정기옥, 신두순, 이재원, 권영민 등 다섯 분이다. 역대 대통령 중 상대적으로 최규 하 대통령 시기는 집권기간이 짧았고 위기관리정부였다는 점으로 인해 다 른 대통령 시기에 비해 연구나 자료가 부족한 상황이었던 만큼, 이번에 발 행하는 구술사료집은 일정한 역사적, 정치적, 학술적 가치를 지니고 있다 고 할 수 있다.

　역대 대통령과 관련된 구술사료는 대통령기록관을 비롯한 몇몇 기관에 서 진행, 취합, 발행하고 있지만 최규하 대통령과 관련된 주요 인물들을 대상으로 하나의 구술사료집으로 펴낸 것은 이번이 처음이 아닌가 싶다. 그만큼 이 사료집은 일정한 독창적 의미도 지니고 있고 박정희 대통령 시 기 이후의 체제전환기와 1980년대 권위주의체제를 연구하는 데에 도움을 줄 것이라고 믿는다. 특히 최규하 대통령 관련 1차 자료가 제한적인 현재 상황에서 최측근에서 대통령을 보좌했던 분들의 구술은 사료적 가치가 높 을 것으로 예상된다.

구술내용들을 보면 청와대와 공직생활 과정에서 최규하 대통령을 보좌하면서 직접 경험한 내용이나 간접적으로 전해 듣거나 체험한 정보나 지식에 기반을 두고 진술한 것임을 알 수 있다. 몇몇 주요 사건과 관련한 인터뷰 내용들은 상당 부분 공통된 내용과 관점을 구술하고 있다. 그러나 구술자들은 각자 갖고 있는 역할과 직위, 시각과 가치관에 따라 서로 다른 내용을 진술하기도 했다. 그렇기 때문에 구술내용을 통해 당시 주요 행위자, 주체들의 견해와 입장의 차이를 입체적으로 비교 분석할 수 있고 그 당시 상황들을 다 각도로 점검할 수 있다는 점에서 이 사료집은 장점을 지니고 있다.

1979년 10월 박정희 대통령 암살 직후 대통령 권한대행부터 1980년 8월의 하야 때까지 10개월이 되지 않는 최규하 대통령의 재임기간은 국내외적으로 격변기이자 혼란기였다. 대외적으로는 신자유주의 등장, 이란혁명, 소련의 아프가니스탄 침공 등으로 국제질서가 요동치고 있었고, 국내적으로는 정치적 사회적 권력공백기요 권력갈등기이자 민주화요구 분출의 시기인 동시에 경제적 위기의 국면이었다. 정부주도의 고도성장 이후 처음으로 마이너스 성장으로 추락한 경제적 위기 상황에서, 1인 통치체제를 구축하고 있던 최고지도자가 암살을 당해 중심 권력이 부재한 정치적 리더십의 혼돈기였다. 이 시기의 격동은 '서울의 봄'과 '광주항쟁'으로 상징되는 민주주의에 대한 기대와 희망, 꿈으로 분출하였다.

따라서 이 시기는 군부독재를 종식시키고 민주주의로 이행할 수 있는 기회이자 도전의 시기였다. 그것은 한국의 미래의 발전방향과 그 내용을 결정하는 중요한 국면이었다. 이와 같은 상황에서 최규하 대통령의 리더십과 인식 그리고 선택은 특별한 의미를 지니고 있다. 10 · 26사태 직후 헌법에 따라 과도정부의 수반이 되었던 그는 준비된 지도자라고 할 수는 없었다. 그는 오랜 공직생활 동안 외교관이자 관료로서 봉직하였으나 정치적 경험이나 기반을 갖고 있지는 않았다. 상황에 의해 갑작스레 불려나온 조건에서 대통령 권한대행 그리고 대통령으로서의 그의 인식과 선택은 당시 한국정치를 결정짓는 무시할 수 없는 영향과 의미를 지니고 있었다.

이 책의 구술자들은 공통적으로 최규하 대통령의 역할에 긍정적 의미를 부여하는 동시에 세간의 과소평가를 아쉬워했다. 예를 들어 당시 안보와 경제의 심각한 위기를 극복했음을 강조하며, 평화적인 정권이양에 대한 냉소적 평가에 동의하지 않았다. 12·12사태 당시 한국군 간의 전투의 확대 방지, 5·18광주항쟁의 공권력 부재상태를 방치할 수 없다는 판단, 그리고 제2차 오일쇼크 상황에서 석유공급 확보 등은 국가생존의 위기와 관련된 것이었다는 판단이다. 다시 말해 최규하 대통령은 당시 가장 중요한 국정 과제를 민주화보다 대북 안보와 사회 안정으로 규정했다는 것이다.

대체적으로 이들의 구술에서 당시 여야 정치지도자들의 성급한 태도에 대한 불신에 비해 전두환 대통령에 대한 비판은 적었다. 그러나 당시 최규하 대통령의 판단과 결정을 신군부 측에 유리하게 해석되는 것 또한 반대했다. 12·12에 대한 최 대통령의 사후결제는 그 사건의 정당성에 하자가 있음을 보여준 것으로 설명했다. 당시 개헌문제를 시간을 갖고 접근하고자 한 것은 최규하 대통령의 철저하고 신중한 성향과 관련된다는 것으로 설명되었다. 단순히 직선제로 바꾸는 수준이 아니라 한국의 정치적 미래에 대한 다양한 가능성에 대한 비교검토를 갖기 위한 시간이 필요했다는 주장이다.

이 책을 통해 구술된 내용들이 그간 밝혀지지 않았던 전혀 새로운 것은 아니라 하더라도, 또 개별적인 모든 구술내용에 동의하지 않는다하더라도 당시의 시대적 상황과 최규하 대통령의 인식 그리고 대응 그리고 역사에 대한 판단에 대한 보다 깊이 있고 구체적인 이해와 자료를 제공해 줄 것이다. 10·26 이후 김재규 중앙정보부장의 언행과 체포과정, 12·12 당시 정승화 계엄사령관 체포에 대한 대통령의 재가문제를 둘러싼 진술 등이 그것이다. 그리고 이원집정부제설과 중동순방과 신군부와의 관계, 전두환 측의 권력장악, 국보위 설치의 시기 및 구상과 내용, 5·18 당시 대통령의 광주방문설 등에 관한 구술은 그간 다양한 추측을 자아냈던 문제들에 대해 내부자들의 견해를 드러내준다는 의미를 가지고 있다.

결국 이 구술사료집은 1979년 10월부터 1980년 8월까지 한국의 정치적 격변기의 정치 리더십의 인식과 판단 그리고 선택에 대한 이해를 폭을 넓히는 데에 도움이 될 것으로 사료된다. 한국의 바람직한 대통령리더십과 국가관리에 대해 관심 있는 독자들의 관심과 편달을 기대한다.

최광수

(전) 대통령 비서실장

1. 개요

　최규하 대통령 시기를 연구할 때 매우 중요한 인물 가운데 한 명이 바로 최광수 대통령비서실장이다. 최광수 비서실장과의 인터뷰는 2010년 2월 22일 서울소재 라마다 르네상스 호텔에서 당시 비서관이었던 신두순, 이재원 선생이 배석한 가운데 진행되었다. 인터뷰는 국가관리연구원 연구교수 전상숙과 윤민재가 진행하였다. 최규하 대통령과 최광수 비서실장 모두 정통 외무관료 출신이다. 최광수 비서실장은 오랜 기간 동안 최규하 대통령과 관료사회에서 상급자, 하급자로 호흡을 맞추어 일해 왔으며 최규하 대통령을 지근에서 보좌하였다. 그만큼 둘은 개인적 인연이 깊은 관계이다.

　최광수 비서실장은 주미대사관 정무참사관, 외무장관 특별보좌관, 외무부 아주국장, 의전수석비서관, 외무부장관 등을 역임한 정통관료 출신이며 한때는 박정희 대통령의 지시로 국방부에서 차관직을 맡기도 하였다. 이러한 직책들을 맡으면서 오랜 기간 동안 최규하 대통령과 인연을 맺게 되었다. 특히 가장 중요한 시기라 할 수 있는 1979~1980년 사이에 비서실장을 맡아 복잡한 정국의 한복판에서 주요 사건들을 직접 목격하였다.

　최광수 비서실장은 구술을 통해 최규하 대통령을 책임감 있고 사려 깊으며 매우 신중한 관료이자 대통령으로 평가하였다. 최규하 대통령이 매우 어려운 시기에 대통령을 맡았음에도 불구하고 어떤 유혹이나 협박에도 흔들리지 않고 맡은 바 소임을 다하고자 하였으며 결국 평화적인 정권이양을 성공적으로 이루어냈다고 평가하였다. 그러나 그 결과와 업적에 대해 상당부분 왜곡되어 알려져 있으며, 최규하 대통령은 알려진 것과는 달리 매우 논리적이고 유창한 언변을 가지고 있다고 구술하였다. 이 부분들은 최규하 대통령을 구술인터뷰한 다른 관료들도 동일하게 구술한 내용이다.

구술 내용 가운데 몇 가지 주목할만한 내용은 다음과 같다. 첫째 최규하 대통령이 취임한 이후 그의 정치적 행적을 평가할 때 가장 많이 등장하는 인물 가운데 한 명이 신현확 전 총리이다. 최규하 대통령은 정치적 경험과 인맥이 부족했기 때문에 청와대 업무의 상당 부분을 신 총리와 협의하였다. 특히 최규하 대통령이 초기 내각을 조직할 때 신현확 총리와 긴밀히 협의하였고 신 총리의 의견을 많이 반영하였다. 이에 따라 신 총리의 측근이나 혹은 개인적 인연을 가지고 있는 인물들이 내각으로 많이 발탁되었고 특히 경제부처 각료 등에 대해서는 신 총리가 전권을 가지고 추천하였다고 한다.

둘째 그럼에도 불구하고 신 총리는 권력적인 야심은 결코 없었으며 항간에 떠돈 재벌과의 밀착도 사실이 아니라고 증언하였다.

셋째 최규하 대통령은 1980년대 초반에 중동오일외교문제로 출국하였는데, 사실은 박정희 대통령 시기부터 중동지역과의 외교관계 개선을 위해 일하였고, 1980년 말에는 중동국가와 외교관계를 수립하는 등 원유문제와 대기업의 중동지역 진출을 위한 일들을 꾸준히 추진하였다고 구술자는 증언하였다.

넷째 12·12 당시 정승화 계엄사령관을 체포한 전두환 합수부 측의 요구를 사전 승인이 아닌 사후 승인으로 결재하였음을 구술을 통해 강조하였다. 이 대목은 다른 구술연구나 사료를 통해 다시 한번 확인해야 할 중요한 사안이라고 볼 수 있다.

다섯 번째 구술자는 당시 여론은 민주적인 헌법을 통해 대통령을 선출하는 것이었고, 이를 위해 최광수 전 비서실장은 현재 상황을 안정시키는 것이 무엇보다도 중요하다는 점을 최 대통령에게 강력하게 건의하였다고 구술하였다.

여섯 번째 최 대통령은 당시 선호하는 통치제도는 없었지만 대통령에게 과도하게 권력이 집중되는 제도에 대해서는 우려를 표명하였고, 가급적

제도적으로 권한을 분산할 수 있는 방안에 관심이 있었다고 한다. 이 부분은 학술적으로도 매우 중요한 의미를 갖는다. 최규하 대통령이 퇴임한 이후에도 최 대통령이 이원집정제에 대해 큰 관심을 보이고 있었다는 학술논문이나 기사들이 등장하였고 실제로 당시에 최규하 대통령이 실제로 어떠한 내용을 가진 헌법개정을 선호하였는지 혹은 통치구조의 변화를 원하고 있었는지 좀 더 면밀한 연구가 필요한 부분이다.

마지막으로 전두환 보안사령관이 중앙정보부 책임자 자리를 동시에 맡게 되는 과정을 설명하면서, 최규하 대통령은 무엇보다도 국가 위기 시에 정보부를 정상적으로 움직이게 하는 일이 시급하다고 보았고, 정보조직이 매우 중요한 조직이니만큼 권력을 가지고 책임 지휘할 수 있는 인물을 원했다고 한다. 이 사실은 전두환 대통령이 주요 조직을 장악하게 된 결과를 낳게 했다는 점에서 세밀하게 분석할 필요가 있다고 본다. 특히 전두환 측에게 권력의 상당 부분이 실제로 이전되고 전두환 세력이 한국현대 정치사의 전면에 등장하는 주요한 계기가 되는 사건이라는 점에서 전두환 측의 요구나 압력이 있었는지, 혹은 최규하 대통령의 의중은 무엇이었는지 다각도로 검토되어야 할 부분이라고 본다.

이러한 내용을 구술한 최광수 비서실장과의 구술인터뷰는 한국현대사의 주요 사건들을 이해하고, 그 과정에서 주요 인물들이 어떠한 점을 고민했고 각 사건들을 어떻게 이해하고 있었는가 하는 점들을 파악하는 데 큰 도움을 주는 자료이다. 최규하 대통령의 일생 전반과 통치기간의 성격, 특징, 한계 등을 연구하고 분석할 수 있는 사료나 자료, 증언이 부족한 실정에서 이 구술사료는 연구자나 일반인들에게도 큰 의미를 갖는다고 볼 수 있다.

최규하 대통령 시기는 박정희 대통령이 유고를 당한 이후 나타난 한시적인 위기관리정부이자 과도정부이다. 그렇기 때문에 정치적으로 행동반경에 한계가 있었고 정치적, 역사적으로 과소평가되거나 관심 받지 못하는 부분이 있었다. 또한 한국현대사에서 시기적으로 매우 짧은 시기이고 연구의 공백으로 남아 있고 논란도 많은 시기이지만 군부독재시기가 종식되지 않고 오히려 더욱 강화 내지 연속되는 바로 직전의 통치기간이라는 점에서 다양한 자료와 증언이 축적되어 연구되어야 하는 중요한 시기이다. 그러한 점에서 최광수 비서실장의 구술인터뷰는 학술적으로나 정치적으로도 매우 의미있는 작업이자 소중한 시간이었다고 평가할 수 있다.

2. 구술

윤민재: 국가관리연구원은 '대통령리더십과 국가관리' 연구를 진행 중입니다. 올해 1차년도는 최규하 대통령 시기를 연구합니다. 오늘은 그 시기의 구술연구를 위해 최광수 대통령비서실장님을 모시고 인터뷰를 진행하겠습니다. 선생님 안녕하세요. 선생님께서 처음에 최규하 대통령과 공직 생활을 함께 하게 된 것은 언제부터인지요?

최광수: 이야기를 들으셔서 다 아시겠지만 최규하 대통령께서 1951년에 외무부에 오셨어요. 그런데 1951년에 국무회의에서 전국적으로 우수한 인재를 외무부에서 뽑자 그래서 세 분을 국장으로 모셔왔어요. 그중에 한 분이 김동조 씨라고 외무부장관도 하고 주미대사 지내셨고, 이분이 체신부의 감리국장을 하고 있었는데 사실은 요즘으로 치면 외교국장에요. 체신부장관 할 때 체신부 비서실장, 감리국장을 역임하고 영어도 잘하고 법률 전공한 분이 정무국장으로 오시고, 그 다음에 최규하 대통령께서 농수산부의 양돈과장인가 하셨어요. 그런데 이분이 미국에서 유학하시지는 않았지만 영어는 유학 다녀 온 사람보다 월등히 잘하시고 공부도 서울대학 교육학 또 법과 공부를 하시고, 경제관계 회의에 도맡다시피 하셔서 그 통상국장으로 오셨어요. 그 다음에 판문점 연락장교를 하던 사람이 외국어도 잘하니까 정무국장으로 오신 거예요. 그래서 이듬해에 일본으로 갔고 외교관계가 수립되지 않았기 때문에 대표부라고 이름을 붙였어요. 총영사, 참사관, 공사 등을 하시다가 1959년 여름에 들어오셨어요. 그리고 결국은 3, 4개월 있다가 조정환 장관이라고 차관하던 분이 장관이 되었는데 12월에 그분이 그만두시고, 최 대통령이 1959년 7월인가 8월부터 오셔서 그 이듬해 4월까지 외무부장관 직무대리를 하셨어요. 이 대통령이 미국에서 사

신 분이니까 외교문제는 영어가 중요하고 그러니까 일주일에 한두 번 영어로 외무부에서 하는 일 보고를 해라. 그건 보통 일이 아니란 말이에요. 그러니까 최 대통령께서 장관 직무대리를 하시면서 그런 일을 다룰 사람이 없겠느냐 하셔서 그래서 내가 되었던 거 같아요.

그 인연으로 그 후에 일본에 오래 계셨기 때문에 한일 회담에 참여를 하셨고, 1960년대 초에 내가 주일대표부의 정보과장을 해서 한일 회담의 실무 책임자였는데, 최고회의 의장 고문도 하시고 한일회담 한국대표단의 고문으로 활동하고 계셔서 그때도 일을 했고, 1967년에 말레이시아 대사를 하시다가 장관으로 오셨어요. 그래서 나는 말씀드린 것처럼 벌써 해외로 나갈 때가 되었기 때문에 한 두어 달 모시다가 주미대사관 정무참사관 한 2년 한 이후 1970년대 초에 한국에 돌아왔죠. 그때 주한미군 철수문제가 나와서 장관 특별보좌관이라고 반년 넘게 그 일만 했죠. 아주국장, 그때가 1971년 여름이에요. 그 후에 사임을 하시고 청와대 특별보좌관으로 가시고, 그 다음에 청와대 박정희 대통령 계실 때 의전수석비서관을 하러 국방부에서 왔어요. 국장 끝나자마자 비서실장으로 가셨고 그 후 외무부장관 그만둔 다음에도 간간히 뵈었어요.

윤민재: 그러니까 돌아가실 때까지 오래 관계를 맺고 있었다고 볼 수 있겠네요.

전상숙: 중요한 시기 시기마다, 한일회담 그리고 1980년대 초, 가장 지근거리에서 중요한 고비를 같이 넘기신 분이네요.

최광수: 그런 면이 있죠. 외무부 내에서도 그런 인연이 없을 겁니다. 과장, 특별보좌관, 국장, 비서실장 이렇게 했으니까 인연은 상당히 깊었다고 할 수 있죠.

윤민재: 외교특보 하실 적에는 별 인연이 없었나요?

최광수: 그땐 내가 국방부 차관, 청와대 의전수석 비서관 그렇게 거쳤으니까, 그것은 나중에 그랬죠.

윤민재: 국방부에도 계셨습니까?

최광수: 외무부에는 내가 아까 말씀드린 주한미군철수문제가 대두되었을 때, 최 대통령 모시고 특별 보좌관을 했고, 박 대통령이 국방부로 가라고 해서 내가 책임자가 되어 있었죠.

윤민재: 박 대통령과의 인연도 들려주시죠.

최광수: 박정희 대통령과는 내가 외무부에 있을 때부터죠. 최규하 대통령께서 장관하실 때에 나를 제일 많이 데리고 가셔서 인연을 맺어왔고, 육여사 사건 직후에 청와대 비서실에서 돌아가실 때까지 4년 10개월 의전수석 비서관으로 가장 가까운 곳에 있었으니까.

윤민재: 10 · 26 이후에 최 대통령께서 12월 21일 기록을 보니까 취임을 하시더라고요. 그리고 청와대에 들어가신 거는 12월 21일이고 그때부터 집무를 시작하셨더라고요. 한 10일 정도의 공백기에 우리가 잘 아는 12 · 12가 터지는데, 그때는 청와대 생활을 본격적으로 시작하시기 전입니다만 10일 동안의 최 대통령께서 여러 가지 많은 생각을 하셨을 듯합니다. 그 당시 정황을 말씀해 주시죠.

최광수: 그때 최 대통령께서 대통령 권한 대행을 할 때는 청와대에서 직

무를 하실 수도 있고 어떻게 보면 타당할 수도 있었는데, 총리 공관에 머무시고 '중앙청에 있는 총리실에서 직무를 하시겠다'고 하셔서 계속 총리실에서 직무를 하셨어요. 지금 말씀하신대로 대통령에 당선되신 후에도 삼청동 총리공관에 계셨고 직무는 중앙청 총리실에서 직무를 하셨고, 청와대에 들어오신 건 명확한 기억은 안 나는데, 말씀하신 것을 볼 때 옮기셨을 때도 청와대에 본인이 들어오실 상황이 아니었기 때문에 가족이 들어오시고 생활하신 것은 그것보다 뒤에요. 그러니까 삼청동에 사시면서 낮에 청와대에 와서, 그때 직무는 청와대에서 보셨죠. 부연설명을 하면 수리를 하지 않으면 쓸 수 없을 정도로 박 대통령께서 검소하게 사셨고 이런 것을 전부 바꾸고 도배도 다시 하는데 시간이 필요했어요.

박 대통령이 온돌을 안 쓰셨어요. 그분도 참 검소하신 분이죠. 청와대 본관에는 비서실장하고 나 밖에 없었고 다른 수석 비서관들이 밑에 사무실에 와서 근무를 했기 때문에 그때 올라가 보지는 못했죠. 침실까지 올라가 뵐 일은 없으니까. 그런데 돌아가신 다음에 최 대통령이 오신다고 해서 올라가 보니까, 온돌이 없어요. 최 대통령도 고치지 말자고 하시고 그냥 도배만 하고 들어가겠다고 하셔서, 새 가구도 거의 안 들여놨어요. 자동차도 그대로 쓰셨고, 검소하게 사신 한 단면인데, 영부인께서 몸이 좋지 않으셔서 따뜻한 온돌방이 필요하다 하셔서 온돌방만 하나 만들었어요. 그런 것 하느라 늦어가지고 1월 달인가 2월인가.

윤민재: 대통령 정식으로 취임하신 뒤에 개각을 하시잖아요. 국방부장관이 교체가 되었는데 내각 교체 과정에도 협의가 있었습니까?

최광수: 내각은 대통령께서 신현확 총리하고만 상의를 하셨어요. 나는 문제가 있었을 때 누구 두 사람 중에 한 사람이 어떠냐 하는 의견을 묻는다든지, 이러이러한 자격이나 인품을 가진 사람을 찾아봐라 해서 몇 사람

은 추천했지만, 전 과정에 대해서는 내가 하지 않았어요. 신현확 총리의 말씀을 가장 많이 들으셨고, 대통령 혼자서 하셨기 때문에.

윤민재: 신현확 총리가 협력자로 참여하게 된 것은 최규하 대통령은 외교 분야, 신현확 총리는 경제 분야에 정통하셨기 때문인가요?

최광수: 신 총리와의 관계가 어떠했느냐하면, 굉장히 두 분이 가까우세요. 최 대통령하고 신 총리하고 내가 개인적으로 잘 아는 이유가 있습니다. 최규하 대통령이 1959년 12월 달부터 조동환 장관이 그만 두셔서 장관 직무 대행을 하셨어요. 이승만 대통령이 1960년에 중요한 정책 중 하나가 외교정책에 있어서 획기적인 생각을 가지고 있었어요. 그게 1월 초인데 별안간에 최규하 직무대행이 부르셔서 갔더니, 대통령께서 가지신 획기적인 생각 중 하나가 동남아시와의 관계를 긴밀히 하고 동아시아에서 우리가 중요한 역할을 해야겠다고 그래서, 최규하 장관 대행이 김동조 씨를 대통령 특사로 동남아로 보내라고 지시했죠. 그때는 조그마한 것 하나도 결재를 맡아야 하니까. 그래서 특사단으로 세 사람을 보냈는데, 김동조 씨를 보내고 두 사람은 외부에서 책임자 한사람, 폴리티컬 엑스퍼트라고 했어요. 정치전문가 한사람, 경제 전문가 한사람 이렇게 보내라고 해서 그때 국장급 생각을 하셨던 거 같은데, 청와대 보고서 작성을 하고 거기 나가서 현지에서 영문으로 직접 통신보고를 하라고 하셨기 때문에 최규하 장관님께서 나를 추천을 하셨어요. 부흥부장관에 신현확 장관, 기획국장을 막 내정을 해놓았을 때 컴바인드 이코노믹 레포트라고 있었는데, 신현확 씨하고 미국 측에서 타이거 우츠라고 미국 대표가 와서 합동 경제 위원회를 구성을 했어요. 그러니까 거기에서 미국의 원조문제라든가 경제문제를 다루는 겁니다. 거기 사무국장을 하던 사람이 위스컨신 대학을 나온 박사였는데, 그 양반을 추천해서 동남아로 1월 말인가 2월 초인가 하여튼 갔어요.

3월 14일에 대통령 선거, 3·15부정 선거 그 전날 우리가 끝내고 돌아왔는데, 나도 이 박사를 뵙고 시내 한식집에서 저녁을 먹었어요. 그때 신현확 씨도 최규하 장관대행하고 나왔는데, 두 분 연세가 신현확 장관이 40세, 최규하 장관이 41세로 비슷했어요. 그때 두 분이 가까우신 분이구나 생각을 했죠. 그게 4·19 나기 몇 달 전이니까, 우리는 결국 청와대에 경위도 보고 못하고 끝나버렸는데, 그 이후에 최규하 내각에 신현확 씨가 보건사회부 장관으로 들어오셨죠. 그때 내가 청와대 의전수석을 했는데, 청와대 들어오시면 차 한 잔 꼭 드시고 했죠. 그때 고도성장, 경제성장 정책의 주역이라고 할 수 있는 경제장관 남덕우 씨하고 청와대 비서실장 김정렴 씨를 내보내고 그리고 신현확 씨를 경제 부총리 겸 경제기획원 장관으로 모셨단 말이에요.

윤민재: 연배도 비슷하셨군요?

최광수: 연배도 비슷하고 그 전부터 두 분은 참 중요한 의견이 서로 같았어요. 그래서 여러 가지 생각을 하시다가 신현확 씨로 하게 된 것이 10·26 당시 비상 국무회의를 국방부에서 할 때였어요. 대통령의 서거를 확인해야 하는데 김재규 씨도 정신이 나가서 이야기를 못하니까, 수도 육군병원 분원, 보안사 옆에 있던 거기에 최규하 총리, 신현확 장관, 노재현 국방부 장관, 김성진 장관 넷이 가서 돌아가신 것을 확인했단 말이야. 돌아와서 다시 국무회의를 해가지고 비상계엄 선포를 하셨어요. 그리고 그 자리에서 신현확 씨가 제청을 해가지고 대통령 권한대행으로써 모시고 일을 하겠다고 했고, 이런 여러 가지 일을 거치면서 처음부터 신현확 씨를 총리로 해야 하지 않겠느냐 하는 생각을 하셨던 거 같아요. 그분은 국회에서 아무 문제없이 인준을 받았죠. 그래서 조각을 하실 때 방향이 이전 박 대통령 내각이 아니었어요. 몇 사람은 유임을 시키려고 처음에 생각을 하셨죠. 그

러다가 신 총리하고도 협의를 하시고 나한테도 물어보셨지만, 신 총리도 "이건 큰 변화니까 새로운 내각이 필요하지 않겠느냐?" 그렇게 생각을 하시고 처음에는 남기려고 하던 것을 전면 개각으로 바꿨어요. 그래서 유임한 사람이 유일하게 노재현 국방부장관, 그때가 비상계엄이고 할 때니까요.

윤민재: 그런데 사후기록을 보면 1980년 초 신부총리에 대한 반대 의견이 굉장히 많았던 것으로 나오거든요. 그런 여러 가지에 대해서는 어떻게 인지가 되고 있었는지 궁금합니다.

최광수: 어떤 의미로?

윤민재: 그러니까 조각을 하는데 가장 큰 영향력을 미친 인물로 신현확 총리라는 말이 있었는데요.

최광수: 물론 경제 부처는 총리하고 같이 이야기를 할 때니까 총리의 건의를 받아들이시지만, 경제부분은 최 대통령께서 상당히 분명하셨어요. 그때 최 대통령께서 상당히 아끼신 분이 최각규라고 상공부장관 하시던 분인데, 나보다 나이는 한두 살 위지만 나하고 고등고시는 같은 해에 했어요. 제7회 고등고시, 김용환 재무장관도 같죠. 최각규는 최 대통령이 총리하실 때에 농림부장관인가 상공부장관을 하셨는데, 유능한데다가 금상첨화로 같은 강릉 최씨고. 그래서 처음에는 유임을 시키려다가 내보내고 전면개각을 했죠. 예컨대 경제부총리 겸 경제기획원 장관을 이한빈 박사가 했거든요. 이한빈 박사는 최규하 대통령이 굉장히 아끼시는 분입니다. 이건 분명해요. 왜냐하면 이한빈씨가 미국의 하버드 대학의 케네디 스쿨을 나온 분이에요. 제네바 대사도 했고, 재무부 차관도 했기 때문에, 이한빈씨는 신현확 총리보다는 최규하 대통령이 훨씬 잘 아는 분이죠. 상공부장

관에 정재석이라고 학교는 나보다 한 3년 선배인데 고시는 나보다 1년 늦었어요. 신현확 씨가 그분을 상공부장관에 앉혔어요. 그런 건 내가 알고 있어요. 나하고 처음부터 끝까지 상의는 하지 않으셨어도 신현확 씨하고는 상의를 하셨지. 나한테는 좋으냐, 나쁘냐 질문을 하시고. 나는 말씀을 드릴 입장이 아니지만, 질문을 하시면 거기에 대답만 했죠. 그래도 신현확 씨가 조각에 있어서 결정적인 역할을 했던 것은 아니에요. 대통령께서 하신 거죠. 또 신현확 씨가 그런 것에 연연해하실 그런 성격 아니에요. 하도 신중한 분이기 때문에 자기가 믿을 수 있을 만한 사람만 추천을 하셨죠. 자꾸만 안개정국이다 뭐다 해서 신군부에 어쩌고 말이 많았거든. 그래서 자기 행동에 대해서 대통령과 상의를 했어요. 예컨대 동아일보 김상만 회장이 인촌 기념관에서 점심하자고 김종필 씨, 김영삼 총재, 김대중 씨 그 다음에 미국대사, 그리고 신 총리를 불렀어요. 그때 신 총리가 와서 대통령께 자신보고 와보라는데 이거 보니까 차기 정권을 위해서 뛸 사람들을 불러서 뭐 하려는 거 같은데 자기는 절대로 할 생각이 없다고 보고를 드렸어요. 사실 이런 데를 가면 오해를 받을 수 있는데, 또 오라는 것을 안가기도 뭐했어요. 그래서 대통령은 "신 총리가 알아서 하시오." 했고, 신 총리는 "오해는 받을 문제가 있을 거 같으면, 안 가겠습니다." 그랬고, 신 총리가 안 갔어. 그때 이상한 소리가 나면 신 총리가 와서 해명을 하셨어요. 최 대통령도 아니라는 것을 알고 계셨고 신 총리도 두어 번 말씀하셨고.

전상숙: 그 당시의 정세와 정황만을 가지고 이후에 연구자들은 신현확 총리가 정권에 대한 나름의 관심이 있었다고 하기도 합니다. 이에 대해서는 어떻게 생각하시는지요?

최광수: 신현확 씨는 맹세코 없어요. 그것은 최 대통령께서도 "나는 절대로 뛰는 사람이 아니다." 그것은 김영삼 총재한테도 이야기했고, 김종필

총재한테도 이야기를 했고. "나는 축구로 따지면 심판 보는 사람이고 당신네들이 뛸 사람들이니까 맘껏 뛰어라, 민주적으로 공정하고 자유롭게. 나는 아니다." 신현확 씨도 "나는 아니다."라고 공언을 했다고, 본인이 총리를 하면서 차기 정권을 노리는 의심을 받으면 총리를 안 한다고 했죠. 또 하나 그 양반이 오해를 받은 게, 그때 경제가 굉장히 어려워졌거든. 아시다시피 제2차 석유파동, 세계 대부분이 마이너스 성장을 했어요. 그런데 그때 제일 어려운 문제가 환율하고 금리죠. 왜냐하면 환율이 너무 낮게 책정이 되어 있었고 금리는 낮았어요. 그러니까 특혜를 받고 은행의 융자를 받으면 큰돈을 벌 수 있는 기회를 가질 수 있었고요.

그때 신현확 씨는 상당히 현실적인 분이니까, 그 뭐라고 그럴까? 최 대통령 생각에는 아무리 그것이 중요해도 한꺼번에 할 수는 없으니까, 신 총리가 짐을 백 개를 짊어지고 가다가 다 떨어뜨리면 훨훨 날을 거 같아도 조금씩 떨어뜨려서 30개 떨어뜨리고 또 40개 떨어뜨리고 20개 떨어뜨려야지, 한꺼번에 떨어뜨리면 병이 난다는 이론을 가지고 상당히 절충을 했어요. 그런데서 신현확 씨가 재벌하고 무슨 관계가 있지 않느냐 하는 쓸데없는 오해를 받았고요. 또 유가에 문제가 있었어요. 그때 유가가 자고나면 뛰니까, 석유가 이만큼 소요될 것 같으면 이게 한꺼번에 백 원을 주고 사오면 괜찮은데 가격을 매기기가 어렵죠. 한 번은 20원 주고 사오고, 언제는 40원, 60원 주고 사온 거고, 이거는 100원 주고 사왔으면, 이거는 흔들어서라도 가격을 조정해서 팔면 좋은데, 처음에 사려면 맨 위에서부터 내놓아야 되니까 이 가격으로 하라고 하셨죠. 왜냐하면 이것을 버리고 옛날 20원 주고 사오라면 못사오고 100원 주고 사와야 하니까, 100원에 팔아야지 이거를 흔들어서 팔 것 같으면 우리는 장사를 못합니다. 그것 때문에 문제가 나고 그런 거 가지고 신현확 씨가 계속해서 말씀을 했고, 최 대통령께서도 100퍼센트 서포트하셨죠. 경제 정책에 대해서는 그 어려운 상황에서도 신현확 씨가 금리 조정했고, 환율 조정했고, 그 다음에 유가조절을 했고, 국민에게 가장 부담이 덜 가는 조정을 했어요.

윤민재: 환율이 500원대로 두 배정도 오르더라고요.

최광수: 아니 두 배 정도는 아니고 한 두 배 정도는 가야했어요. 그런데 두 배 정도는 못했고 4백 몇십 원인가? 7백 몇십 원인가 하는 기억이 나는데, 그것도 그때 자료 보면 아실 겁니다.

윤민재: 그러면 환율정책이나 여타 사정은 어떠했는지요?

최광수: 그때 금리도 수출 금리가 13%였는데 수출금리만 올리기로 했단 말이에요. 그때 그래서 16%로 올리는 과정에서 상공부장관이 왔을 때, 신 총리가 대통령께 충분히 보고를 하고 대통령의 재가를 받아서 처리했죠. 참 훌륭한 분이에요.

윤민재: 오일 문제는 최규하 대통령께서 그 다음해 5월 달 중동외교 관련되어 있기 때문에 다음에 질문 드리기로 하겠습니다.

최광수: 그것도 내가 가장 잘 아는 입장에 있었는데, 왜냐하면 1978년, 1979년 들어서면서부터 오일문제가 생기게 돼서 박정희대통령이 대통령이 되고나서 해외 공식 방문을 몇 번 하셨어요. 나중에 독일에 공식 방문을 하셨고, 1969년 가을에 샌프란시스코에서 닉슨 대통령하고 회담을 하셨고, 그 다음에는 돌아가실 때까지 해외를 한 번도 안 나가셨어요. 1974년에 내가 청와대 의전수석 비서관이었는데, 해외에 나가시거나 국내 행사는 의전수석 비서관 소관이거든, 박 대통령께서 해외 안 나가려고한다고 말씀 하셨어요. 왜냐하면 나가보니까 결국은 돈 달라는 이야기밖에 할 게 없고

상대방은 돈 못준다는 이야기만 하고, 국내 정치에 대해서 뭐라고 떠들고 그러니까.

"내가 이제는 적어도 나가서 돈을 달라고 대통령 입장에서 가능하면 그런 상황에서는 안 나갈려고 한다. 우리 경제가 어느 정도 자리가 잡힌 다음에 나가겠다. 하여튼 그렇게 알고 있어라." 그리고 안 나갔어요.

그런데 문제는 사우디 석유가 그때 가격도 가격이지만, 물량 확보가 상당히 어려웠단 말이야. 그래서 박 대통령이 가겠다고 결심을 해서 1979년 말쯤에는 날짜를 잡으려고 그랬어. 1980년대 초에 사우디하고 쿠웨이트를 한 번 가시겠다고 저쪽에도 알렸는데 돌아가셨단 말이야. 그리고 최 대통령이 되신 다음에 오일쇼크가 본격적으로 왔단 말이에요. 그때 내게 유일하게 적임자를 찾아보라고 해서, 경제기획원 차관보도 하고 농림 차관하다가 수출입은행장하고 있었던 분을 동자부장관 시켰어요. 이 사람이 나가서 상당히 노력했는데 물량이 확보가 안 돼. 그때 34불, 35불 올라가는데, 여기에 중간에서 5불, 10불 더 내라고 하는 거예요. 언더 더 테이블이라고 해요. 사오려면 몇 푼이라도 더 주는 그 마진이 일종의 리베이트인데, 리베이트를 정부가 할 수는 없는 거 아니냐 이거죠. 그래서 3월 달에 가시려고 최 대통령께서 날짜를 잡았는데, 국내 사정이 3월 달부터 학생들 또 일부도시, 탄광 문제도 생기고 해서 결국은 못하시다가 5월 달로 미뤘거든요. 외무부장관을 그만두시고 청와대 특별 보좌관하시면서 대통령 특사로 사우디아라비아 쿠웨이트를 자주 가셨죠. 당시 사우디 파이셜 국왕이 자기 조카한테 암살을 당했거든요. 파이셜 국왕이 마지막으로 만난 외빈이 최 대통령이에요. 총리되시기 얼마 전이지. 파이셜 국왕이 3대 국왕인데, 압둘라 아시들 옛날에 이븐 사우디라고 하는 사람이 이제 사우디를 제압을 해서, 지금도 그 아들이 국왕이란 말이에요. 아들이 뭐 한 70~80명 되는데, 그 아들이 두 번째 사우디 국왕이고 세 번째가 파이셜이에요. 외무장관을 오래했던 명 국왕이었었는데, 자기 가족 조카뻘 되는 사람한테

칼을 맞아 돌아가셨죠.

파이절 국왕이 그렇게 최 대통령을 상당히 존중했고, 마지막으로 만나셔가지고 사우디옷을 선물로 받아 오셨어요. 선물 받으면 또 이제 총무처에 보내니까 그 전에 한 번 보시라고 했죠. 그런데 오시자마자 사우디 국왕이 암살을 당했단 말이에요. 그래서 가시지 않을 수가 없는 상황이 되었어요. 신 총리, 박동진 외무부장관, 유양수 씨가 교통부 장관 하다가 갔거든요. 내각 전체 토의를 거쳐서 대통령이 가시지 않을 수 없겠다고 결정했죠. 안가시게 되면 물량확보가 어렵게 되고, 대통령이 이미 가신다고 해놓고 안가고 끌고 있으니까, 저쪽에서도 오해가 있을 수 있었죠. 그래서 가셨지요. 대통령이 외유하실 때는 비서실장이 꼭 수행을 합니다. 그때도 내가 가는 걸로 되어 있었어요. 이미 명단을 통보했고. 그런데 떠나시기 전날 나를 부르시더니 "실장은 있어야 되겠다. 미안하지만 실장은 신 총리하고 상의를 하면서 어려운 일 있을 거 같으면 대처를 하고 해야 하니까, 또 거기가 있으면 즉각 연락을 취해야 하니까 너는 남아 있어라." 그래서 내가 하는 수 없이 국무총리하실 때 비서실장 하시던 이규현 씨가 공보부장관인데 비서실장 역할로 갔어요. 그것도 왜 가셨느냐, 갈 필요가 있었느냐 없었느냐 오해가 많은데, 그때 우리가 연간에 사우디와 거의 150억 내외의 건설, 소셜 인프라스트럭쳐 사업에 나가있었단 말이야. 우리 근로자가 10만 나가있었어요. 내가 사우디 대사를 했을 때는 12만, 중동 그 쿠웨이트 포함해서 나가있는 사람이 16만이었다고요. 그래서 우리 건설업, 거기에 종사하는 근로자들 보호 내지는 사우디 정부의 지원 이것을 거기 가셔서 분명하게 선을 그으셨죠. 또 하나는 우리가 상당히 국제적으로 어려웠던 것이 우리가 아랍에 대해서 미국의 입장에만 의존하고 있다. 그런데 최 대통령이 가셔서 사우디 하비드 국왕하고 공동성명에 분명히 넣었어요. "대한민국은 팔레스타인의 독립과 팔레스타인 인디펜던트 스테이트를 우리가 지원한다." 그걸로 덕을 봤어요.

1980년 12월 내가 무임소장관을 하면서 대통령 특사로 대규모 대표단을 데리고 우리나라 국교를 수립하지 않은 인도, 파키스탄, 스리랑카, 이집트, 수단, 리비아 여섯 나라를 갔어요. 왜냐하면 북한하고는 이집트, 파키스탄, 리비아가 대사관계가 있는데 우리하고는 없었거든. 우리가 리비아 건설업 때문에 들어는 가야하는데 국교가 없어 참 어려웠죠. 그래서 내가 리비아에 갔는데 카다피를 못 만났어요. 카다피는 한 달 전에 약속을 잡아야 한다고 해서 그만두고 수상과 외상을 만났는데, 외상이 왜 한국은 팔레스타인 문제에 대해서 이스라엘 편만 드느냐고 하더군요. 그래서 내가 그런 일 없다고 하면서, 최규하 대통령이 사우디를 방문해서 사우디 하비드 국왕하고 낸 공동성명을 제시했죠. 그 자리에서 우리는 리비아와 국교 수립 합의하고 1980년 12월 달에 리비아하고 교섭에 합의했어요. 그때 내가 가니까 삼성하고 현대는 안 들어와 있고, 신원개발인가? 신원이 들어가 있었어요. 국교수립 직후에 확 들어갔지. 사우디 가서 원유문제만 다루었던 것이 아니라, 원유는 우리 경제를 살렸고 다른 성과도 그때 만드셨어요.

전상숙: 일반적으로 1980년대 외교사에서 지금 말씀하신 부분은 5공화국의 치적으로 이야기되는 부분이거든요. 이미 이전에 최규하 대통령 당시에 그러한 치적들이 만들어져 있었던 거네요?

최광수: 그렇죠. 그때 그것을 분명하게 안 했으면 어려웠죠. 그쪽에서 한국이 팔레스타인에 대해 지지하는 증거를 달라고 그래서, 제일 큰 증거가 이거다. 외교문서를 가져왔죠, 공동선언 사본을. 그러자 "아 이거 우리가 왜 몰랐냐?" 그래서 내가 함께 있었던 우리 총영사에게 "당신은 이런 것도 설명을 안 하고 뭐했냐?" 그 사람 들으라고 일부러 야단을 쳤죠. 최 대통령의 중동방문은 원유문제도 있고, 많은 외화를 벌어오고, 우리 근로자들이 거기 있었기 때문이었죠. 그냥 가야겠다고 해서 간 게 아니라 박 대

통령 때부터 준비가 됐어요.

윤민재: 제가 다시 질문을 드렸던 부분인데요. 12월에 최규하 대통령이 정식으로 업무를 시작하시면서 주영복 국방부장관으로 교체가 되었잖아요.

최광수: 12 · 12가 있었잖아요. 노재현 장관은 거기에 대해서 자기가 책임을 지고 물러나겠다고 해서 대통령께서...

윤민재: 주영복 국방부장관은 당시에 공군 출신이었는데, 정통 육사출신이 아니고 비 육군출신인데 국방부장관으로 임명이 되었습니다. 그분도 신 총리가 추천한 건가요.

최광수: 주영복 씨는 내가 나중에 이야기 듣기에는 노재현 씨가 추천을 했대요. 어떤 경유로 그렇게 했는지는 모르겠어요. 대통령께서 후임에 대해서 보통 저희에게도 물어보는 경우가 있거든요. 노재현 씨가 마산 사람이고, 주영복 씨가 마산 사람이에요. 그렇게 내가 알고 있어요.

윤민재: 주영복 국방장관 임명은 당시 시점에서 민감한 사안인 거 같은데요. 중요한 시기에 물러가는 국방장관이 단순히 자기의 개인적 친분 때문에 추천을 했고 최 대통령이 그렇게 바로 수용을 하기에는 너무 중요한 위치의 장관 아닌가요?

신두순: 최 대통령께서는 노재현 씨를 신임을 하셨어요. 노재현 씨가 그때 군의 사람들이 지지를 하니까 아마 받아들이셨겠지. 아마 그것은 자세히 내가 자신 있게 이야기할 수 없고 또 노재현 씨가 어떠한 생각으로 어떠한 경유로 그랬는지 내가 그 부분은 잘 몰라요. 그렇지만 나중에 최 대

통령께서 저희들에게 이야기하시기는 주영복 장관을 인선한 것은 12·12 자체가 육군 쪽에 문제가 있었으니까 그거하고 관계가 없는 제3의 인물을 선택했는데, 마침 그분이 공군 총장을 두 번인가 하셨죠. 그리고 신망도 두터우니까, 이곳 육군하고는 상관이 없는 분이기 때문에 기용을 하셨다 하는 이야기를 하셨어요. 그래야 조정이 되지, 그렇지 않으면 문제가 생기지 않겠느냐는 뜻이 마음속에 있었겠죠.

윤민재: 그리고 그 전에 중요한 사건인 12·12가 있었는데, 그 당시에 최 대통령은 어떻게 보고를 받으셨나요?

최광수: 보안사령관이 정승화 총장에게 혐의가 있기 때문에 연행해서 조사를 해야겠다는 점에 대해서는 분명하게 입장을 밝히셨다고 그래요. 계엄이 선포된 상태에서는 합동수사본부는 일차적으로 계엄령에 의해서 설치된 기관이거든. 평소에 있던 기관이 아니란 말이에요. 계엄사령관의 지휘 감독하에 있고 또 보안 사령부라는 것은 국방부 기관이에요. 계엄사령관을 지휘 감독하는 것이 국방부장관이에요. 그러니까 "이거는 당연히 계엄사령관이니 그 위의 사령관인 국방부장관에게 보고를 하고 재가를 받고 그리고 나에게 갖고 와야지 나한테 그냥 갖고 온 것은 받을 수 없으니 국방부장관을 찾아오라." 하는 것이 최 대통령의 판단이셨어요. 보안사령관이 떠난 다음에 내가 도착을 했는데, 그런 경위를 말씀해 주시고 "어떻게 생각하느냐?"고 물으시니, 신 총리도 "각하 말씀이 백 번 옳습니다."라고 동의하더라구요. 결국은 노재현 국방부장관이 와서 형식적으로 사인을 하고, 최 대통령께서도 그때 아마도 5시 전후에 결재를 하셨고, 그러니까 사후에 하신 거죠. 여섯시에 와서 그 다음날 5시니까, 11시간 만에. 그것에 대해 제일 정확한 것이 검찰 조사에 나와요, 수많은 사람을 불러서 조사를 했고 결과를 발표했어요.

전상숙: 시간과 절차, 이 형식적인 면에서는 저희가 금방 알 수가 있는데요. 궁금한 것은 말씀하신 것처럼 최규하 대통령께서 절차상의 문제와 행정적인 절차상의 문제와 법리적인 측면들을 말씀하셔서, 국방장관의 재가 다음에 그것에 근거해서 내가 판단을 할 수 있다고 할 때, 후대의 연구자들이 보면 이 부분에서 국방부장관의 문제는 일종의 빌미고 그 사이에서 어떤 식으로든 또 다른 조정이나 또 다른 가능성이 있었을 거라는 생각들을 하게 되잖아요. 그런 면에서 사실 12·12 이전에 신군부에서나 최 대통령 내각에서나 전체의 대세가 거스를 수 없는 것이라고 심정적으로 느끼고 있었던 것인지, 아니면 어떻게 해서든 치워보거나 뭔가 브레이크를 걸 수도 있을 거라는 생각을 하셨는지 궁금합니다. 이런 부분들에 대해서 사실은 비어있는 시간 속에서 움직였던 당시의 정치 주역들과의 정치적 역학관계 등 이런 것들에 대해서 연구자들이 궁금해 합니다.

최광수: 다만 국방부장관이 상급자이고 국방부장관이 결재 라인에 있는 사람이고 법적으로나 행정체계상으로나 지휘계통으로나 그 사람의 의견을 듣고 결정을 하시겠다 하셨던 거니까요. 그리고 대통령 시해 사건이라는 것은 큰 사건이니까 그것은 누구든지 혐의가 있다면 조사하는 것이 당연한 일이다. 조사대상자가 계엄사령관이 아니라면 대통령이 버틸 수 없는 거란 말이에요. 그건 수사기관에서 할 수 있는 거지. 다만 계엄 사령관이니까 계엄 사령관을 지휘 감독하는 그 상급자의, 또 군사적인 문제에 대해서 계엄령에 의해서 설치된 기관에서 조사하는 거니까, 대통령을 보좌해야 할 의무가 있는 국방부장관의 의견을 들어보고 국방부장관이 건의를 하면 그렇게 하자는 것이 대통령의 의견이었거든요. 신 총리도 같은 생각으로 사인을 했어요. 다만 대통령께서는 이거는 분명하셨단 말이야. '결재를 해주더라도 이거는 사전에 결재를 맡아야 할 문제다. 그건 잘못 되었다.' 사후라도 본인이 와서 건의를 하고 일단 정당한 행동절차를 밟았으니

까 결재를 하지만, '이거는 사후에 결재를 하는 것이다.' 이것을 분명히 하기 위해서 시간이 필요했죠.

신두순: 이것은 일이 일어난 이후에 추인을 했다는 것을 기록으로 남기신 거죠. 그 부분에 대해서도 장관님 말씀을 하시죠. 그 밤이 길어지는 동안에 세분이 가장 고민을 하신 것이 사회안정하고 북한문제 아니겠습니까?

최광수: 최 대통령이 권한 대행으로 계시면서 대통령이 될 때까지는 뭐가 제일 중요하다고 생각하시느냐. 물론 본인께서도 취임사에서도 말씀하셨고 그 전에 담화도 몇 번 말씀하셨지만, 박정희 대통령께서 절대 권력을 가지고 계셨단 말이에요. 그런데 그것이 하루아침에 무너졌단 말이야. 그래서 상당한 공백이 생겼어요. 그렇다면 우선 불안해하는 국민들을 안심을 시켜야 되겠고, 남한은 이러한 사건이 나면 북한에게 가장 취약한 시기란 말이야. 오판을 해서 도발을 하거나 아니면 무슨 대규모 군사작전을 유발해 온다거나 이런 거에 대비해서 상당히 걱정을 하셔서, 미군이 여기에 있고 미국과 긴밀한 협조가 필요하다고 해서 협조를 하셨죠. 그런데 그날 저녁에 그런 사건이 나오고 국방부에서도 무력 충돌이 있다는 보고를 듣고, 이런 상황에서 이것을 잘못 건드릴 것 같으면 큰 재앙을 불러올 수도 있단 말이야. 서울 한복판에서 우리 군끼리 서로 충돌하는 사태가 나올 수도 있단 말이야. 노재현 국방부장관도 그렇게 보고를 드렸고, "이제 이거는 결재를 하시는 것이 좋겠습니다." 그렇게 건의를 드립니다. 그러자 최 대통령이 "그럼 알았다."고 했죠. 그런 상황이 아닐 것 같으면 또 다시 생각했을지도 모를 겁니다. 그때 상황을 아주 구체적으로 왔다 갔다 하는 것까지는 몰랐지만, 노재현 씨가 올 수가 없는 상황이었단 말이에요. 오려고 했는데 도중에 길이 막히고, 그 다음에 신 총리가 와서 국방부장관이 보고

를 드려야 되는데요.

윤민재: 방금 사회 안정, 평화문제에 대해서 이야기를 하셨습니다. 그 당시에 박 대통령이 돌아가신 이후에 국민들이 바랐던 것은 어쨌든 진전된 민주화, 이런 것들을 바랐을 것 같은데요. 그래서 국회에서도 그 당시 공화당이다, 신민당이다 혹은 흔히 말하는 3김들도 헌법 개정을 이유로 뜻을 같이하게 되거든요. 그 당시 청와대 내부에서도 헌법 개정을 논의하는 기구가 발족이 된 걸로 알고 있습니다. 그런데 그 문제를 국회에 일임하지 않고 그 청와대 내부, 정부 내부에서 헌법 개정심의기구인가요? 그것을 둔 이유가 따로 있었습니까?

최광수: 내가 알기에는 대통령께서 대통령에 출마하려고 결심하셨을 때, 그때 이분이 생각하셨던 것이 몇 개 있었던 거 같아요. 어쨌든 말씀을 하셨고 국민들에게 발표를 하셨고요. 10·26사건이 나고 대통령이 돌아가시고 계엄령이 선포되고 계엄령이 선포되면서도 긴급조치를 우선 해제 했단 말이에요. 그리고 긴급조치에 의해서 수감된 사람을 거의 다 석방을 했단 말에요. 그래서 국민화합이 필요하다. 그리고 이제 민주화를 향한 하나의 모먼트가 필요하다는 것을 분명히 결심 하셨어요. 그 다음에 물론 대통령에 나가실 수도 있었겠지만 안 나가셨겠지. 하지만 그때는 상황이 그렇게 급박하게 돌아가고 했기 때문에 그 당에서도 김종필 총재가 나가야 되겠다, 김영삼 총재가 나가야 되겠다 그런 상황이 아니었어요. 국무총리로서 대통령을 하고 있는 분이 일단 하고, 그 다음에 유신헌법이 아니라 민주적인 헌법에 의해서 대통령 선거를 해야 하는데, 여론이나 그런 것을 만들어 놓아야한다. 내가 강력히 건의를 드렸어요. 대통령께서 일단은 위급한 상황이니까, 어느 정도 안정을 시키고 민주적인 선거를 통해서 민주적인 대통령이 선출될 수 있는 기반을 만들어야 되겠다. 그걸 내가 강하게 건의를

드렸죠. 그랬더니 대통령께서 결심을 한 것이 "대통령을 하되 나는 박 대통령의 남은 임기를 채우지는 않겠다. 또 나는 국민 대다수가 찬성할 수 있는 민주적인 헌법을 만들고 또 그 헌법에 의해서 가장 민주적인 선거를 치르고 그것에 의해서 당선된 정부에 물려주겠다." 그리고 보좌관도 조금 전에 말씀하셨지만, 취임사에서 말씀을 하셨고요. "나는 위기관리 정부를 관리하는 것이 내 책임이고 의무다." 그래서 스스로 위기관리 정부라는 말씀을 하셨단 말이에요.

정치학에서도 위기관리 정부라는 것이 있지 않습니까? 그런 하나의 개념이 있단 말이에요. 그건 어느 국가도 위기에 처해 있을 때, 그 난관을 돌파하기 위해서 들어오는 일종의 과도적인 정부를 위기관리 정부라고 하죠. 스스로도 자기 자신을 그렇게 위치 매김을 하셨단 말이에요. 대통령은 중립적인 입장에서 가장 민주적인 방법으로 헌법 만들어 보겠다. 그걸 가지고 가장 민주적인 방법으로 선거를 치르겠다. 그리고 내가 거기에 정권 이양을 하겠다. 우리 헌정사가 헌법이 많은 곡절을 겪지 않았습니까? 우리끼리 이야기할 것 같으면, 국회에서 내각제로 해 놓은 것이 하루아침에 대통령제로 바뀌면서, 우리 헌법같은 이런 헌법이 없어요. 한 나라에 대통령이 있고 국무총리가 있고, 이것이 헌법의 원리에 맞는 겁니까? 또 내각 책임제 하에서는 법무부장관하고 검찰 총장이 있지만, 대통령 중심제에서는 법무부장관이라고 하는 것은 없는 거란 말이에요. 그런데 내각 책임제하에서 있던 것을 하루아침에 다 고칠 수는 없으니까, 남아 있는 것이 굉장히 많단 말이야. 그런데 그걸 손도 못 댔어요.

그 다음에 최 대통령께서는 권력이 너무 집중되어 있으면 여러 가지 문제가 생긴다. 10·26과 같은 이런 것은 말할 것도 없고요. 역시 권력은 배분하는 것이 중요하다. 권력이 한군데 집중이 안 되게 만들 거 같으면, 우리가 잘 생각을 해야 된다. 우리가 민주주의 국가를 볼 때 정부 형태라는 것이 보편적으로 세 가지란 말이야. 하나는 미국 같은 대통령 중심제, 남미 여러 나라들이 집착하고 있는 것, 또 구라파나 일본 같은 나라가 갖고 있는 순수한 내각 책임제, 또 불란서 오스트리아나 핀란드 같은 데서 하고 있는 대통령과 총리가 국정을 나눠서 책임을 지는 방식이 있죠. 균형을 유지해 가면서 그런 것을 다 연구를 해가지고, 그런 결론을 토대로 현재 우리 상황을 봐서 어느 제도가 우리에게 가장 적합한 제도이냐 하는 것을 심사숙고할 때까지 하고, 그것을 하자고 할 것 같으면 각계의 의견도 들어보자. 허정 씨도 과도정부에서 여러 역할을 하신 것이 있고, 내각제에 참여하셨던 분들도 있고, 대통령 중심제에 참여하셨던 정치인들도 계시고, 또 경제문제도 중요하니까 국내의 모든 가장 만들 수 있는 지식과 경험을 가진 분들을 가지고 헌법심의위원회를 만들자. 그래서 총리가 입안하고 국회에서 만들면 헌법심의위원회에서 국회에다 줄 수도 있고. 국회의 헌법위원회에서 헌법심의위원회에다 자료를 줄 수도 있고, 서로 합쳐서 할 수 있는 이야기니까. 그건 어차피 국민투표를 하든 국회투표를 하든 대통령이 결재를 한다고 헌법이 되는 것은 아니고 국회에 가고 국민투표에 가느냐, 안 가느냐를 결정해야 할 문제라면, 그걸 왜 정부해서 했냐고 하는 것은 전혀 현실을 무시하는 거예요. 일부 정치인이 "국회에서 하는데 왜 정부가 말이야..."라고 했는데, 그럼 정부는 뭘 해? 최 대통령은 자기가 당선될 것 같으면 박 대통령 사후 임기 남겨놓은 것 하고 정상적인 통치를 하고 그만두지, 뭐 때문에 위기관리 정부를 해가지고 자신한테 올가미를 씌우겠어요? 최 대통령은 위기관리 정부로서 가장 바람직한 헌법을 만들고 가장 공정하게 선거를 치러서 차기정부에 넘겨주고, 그 정부가 민주적으로 굳건한 기반을 가지고 나갈 수 있게 해놓고 나가겠다는 생각이셨어요. 결국 하지는 못했어도 대통령 선거에 책임을 다하시고자 전국 도청소재지에서 공청회도 하려고 그러셨고요. 허정 씨가 윤보선 씨 찾아가서 위원장이 되시라고 했더니, 윤보선 씨가 이제 공적인 활동을 하기 싫다고 해서 허정 씨가 위원장이 되고 거기서 의견들을 내서 건의를 했고요.

10월 26일부터 11월 3일까지 국장을 장례식을 치렀는데 26일은 저녁이니까 빼고, 장례식 날 빼고 그러니까 7일이에요. 그동안에 최규하 대통령께서 세 번인가 청와대에 올라오셨어요. 그때 우리가 비서들 사표를 받으십사 했지요. 왜냐하면 우리가 당시에 얼굴을 들 수가 없었거든요. 우선 대통령 보필을 잘못해서 그렇게 돌아가셨고, 거기에다 비서실장도 연관이 있는가 조사를 받고 있었으니까. 그래서 대통령 국장이 끝나는 날, 11월 3일 오후 3시에 중앙청 홀에서 각국에서 온 특사들 리셉션을 하셨는데, 미리 정동렬에게 부탁을 해가지고 내가 그 당시 일곱 특별보좌관 남덕우 전 부총리, 그 다음에 서종철 전 국방부장관, 신직수 전 정보부장, 이것은 장관급이고, 김경원 국제관계특보 등의 사표를 냈어요. 그랬더니 안 받으시면서 하시는 말씀이 "내가 대통령을 하고 싶어서 하느냐? 헌법의 규정에 의해서 그렇지 않을 수 없고 이렇게 국가가 위기에 처해 있고, 그래서 나 나름대로 최선을 다하려고 노력을 하고 있는데, 왜 네가 좀 도와주지 못하고 와서 사표를 내느냐?"고 했죠. 한 시간을 내가 거기서 사표를 못내고 최 대통령 말씀을 듣고 나왔어요. 아마 솔직한 심정이었을 거예요. 그렇게 하려고 애를 쓰셨어요.

윤민재: 헌법 개정에서 대통령 집중제에 대한 폐해를 말씀하셨잖아요. 정부 내부에서 그 유형을 세 가지로 말씀하셨는데 그 폐해를 알기 때문에 최 대통령은 자연스럽게 절충형 같은 제도를 개인적으로 선호하셨던 것은 아닌지요?

최광수: 개인적 선호는 없었어요. 왜냐하면 한 개만 놓고 가지 말고 여러 사람이 모든 것을 다 놓고 본 다음에 결론을 내야지, 덮어놓고 누가 주장한다고 그걸 정할 수는 없죠. 어느 제도에 대해서 몰라서 반대하는 사람도 있고, 알지만 자기의 정략적인 이해관계에 의해서 반대하는 사람도 있

고, 또 추종해가지고 그런 사람도 있고 그러니까, 가급적이면 국민들도 이런 제도는 이런 문제가 있고 이런 것이 있다는 것을 알게 해야죠. 과거에는 몇 사람이 올라가 가지고 뒷방에서 앉아가지고 써가지고 던져서 국회서 했지, 그런 것을 한 번도 재대로 해 본 적이 없다. 그래야 민주주의가되지 않겠느냐. 대통령이 뭘 선호한다고 신문에서 이런 식으로 생각을 하는데 최 대통령이 뭐한다고 선호를 하겠어요? 자기가 대통령으로서 권력을 휘두르는 분도 아니고 자기 주장이 있을 게 없어요. 자기는 국민 대다수가 제일 지지를 하고 납득을 하고 이해를 하고 또 국민 대다수의 복지가되고 국가의 이익이 되는 그런 헌법을 만들자는 이야기지.

그때 이선중 씨가 법제처장을 하면서 감사를 했거든, 그분이 서울대학교 법과대학교 내 은사에요. 여러분들의 의견을 들었는데 그 양반이 와서이야기를 해요. 대통령께서 어느 것을 선호를 하시는가? 없다고 그랬어요. "대통령은 절대 없다. 그러니까 당신네들이 신 총리가 책임을 지고 그야말로 우리 국민 생각에 맞는 헌법을 만들어 내는 것이 대통령의 희망이다." 그러니까 대통령은 이거였어요. "난 정치라는 것을 잘 모르는 사람이니, 괜히 쓸데없이 나한테 물어보지 말라." 참 이것도 한쪽으로 몰아가지고. 설사 절충형이라는 것도 있다 칩시다. 절충형도 쉐이드가 많으니까, 뭐 블랙도 있고, 어느 것이라고 할 수는 없지만 그걸 큰일난 것처럼 몰아갔죠. 다만 대통령께서는 권력이 너무 집중되는 것은 문제라는 생각뿐이셨어요. 결국 대통령제가 불행하게 끝나고 큰 정변이 생기고 하는 것은 권력의 집중에서 생겨나는 것이란 말이에요.

이승만 박사도 결국은 삼선개헌하고 대통령 선거제도를 바꾸고 자꾸 문제가 많이 나왔으니까, 또 유신 헌법도 역시 대통령에게 강력한 권한을 주는 법이란 말이야. 그러니까 그거 하나는 우리가 심사숙고해야 한다. 최대통령이 늘 말씀하신 것이 그거에요. 나도 늘 전적으로 동감을 했는데, 대통령 중심제를 하더라도 대통령이 헌법대로만 할 것 같으면 권한을 가질 수가 없어요. 우리 법에도 그때 총리가 제청을 안 할 것 같으면 장관도 임명을 못하게 돼있어. 그런데 이게 전부다 권한이 강하거나 인사권을 쥐고 있기 때문에 꼼짝을 못하거나 이런데서 결국은 무리한 것도 나오게 되고 이치에 맞지 않는 것도 나오게 된단 말이에요. 그러니까 그런 것은 제도적으로 막자. 이것이 대통령의 권한을 깎아 내리자는 데 있는 것이 아니에요. 대통령이 국가를 대표하고 국군의 최고 통수권자로서 군을 지휘하고 국정의 최고책임자로서 국가를 지휘하고 다 좋은데, 그런 과정에서 혼자서만 다할 수 있는 그런 사람을 만들지 말고 제도적으로 권한을 분배할 수 있는 제도를 만들자. 지방자치도 상당한 권한분배란 말이죠.

전상숙: 그러면 지금 질문들을 계속하게 되고 또 그런 연구자들이 답답하게 생각하는 그 부분에 대해서 해석을 굳이 어느 쪽으로든 하려는 이유가 말씀하신 것처럼 최 대통령께서 과도정부로서의 위기관리에 치중하셨다라는 것을 충분히 알겠는데요. 그런 면에서 긍정적으로 평가할 부분이 있는가 하면, 다른 한편으로 또 당시 상황을 '프라하의 봄'에 빗대어서 '서울의 봄'이라고 이야기하고 있듯이, 대다수 국민들이 더 이상 뭐가 민주적인지, 절차상 민주주의를 어떻게 할 것인지에 대해서는 잘 공론화 되지도 않았었고 합의가 이루어졌던 것도 아니죠. 지금 하시는 말씀을 들어보면 전문 관료로서의 합리적이고 이성적이고 절차를 중요시하는 모습들은 굉장히 높이 평가가 될 수 있겠지만, 군부통치에서 정상국가로 이행을 원했던 당시 상황을 고려할 때 아쉽다는 생각들을 합니다. 그것은 당시 시기와 맞물려서 후대 연구자들이나 혹은 당시에 사회 비판을 하던 사회 젊은 층이나 혹은 중산층에서 가지고 있었던 생각은 그럼에도 불구하고 무언가 강력한 카리스마가 있는 리더십 같은 것들을 발휘해 주었더라면 또 어떠했을까? 이런 생각들을 한단 말이죠.

최광수: 최 대통령께서 통일주체국민회의에서 선출하는 대통령으로 선출이 안 되시고 가장 민주적인 방법으로 자유로운 선거를 거쳐서 당선이 돼서 탄탄한 정통성을 가지고 계셨을 것 같으면 그런 것이 가능했고요. 그런데도 불구하고 그걸 못했다고 할 것 같으면, 그건 본인의 책임이 커요. 그러나 그때 상황이 그렇게 갈 수는 없었단 말이에요. 결국은 쭉 내려온 우리의 역사가 그렇게 안 되어 있었단 말이에요. 그러니까 최 대통령은 정치적 배경이 아무것도 없는 분이에요. 정당 배경도 없고 정치도 해본 적이 없고, 자기 추종자가 많은 사람도 아니고, 군을 지휘해서 마음대로 할 수 있는 사람도 아니고, 경찰이 뭐 충성을 다할 사람도 아니에요. 자기에게 주어진 형식과 자기 양심을 가지고 최선을 다한 사람인데, 결국은 그게 안 되었지만, 지금 정통성을 가지고 있는 정부도 매일 발목을 붙잡고 늘어질 것 같으면 일을 못해요. 바꾸는 것은 선거를 통해서만 가능한 거예요. 그렇지 않습니까? 무슨 정당이나 군의 배경을 가지고 있는 것도 아니고, 무슨 경제를 쥐고 흔드는 것도 아니고, 대통령은 가지고 계신 양심과 용기와 자기의 풍부한 경험만을 가지고 애를 썼지요.

지금도 돌이켜 생각을 해볼 때, 참 아쉬운 것이 매일 같이 고민을 하고 저분이 그런 힘만 뒷받침 될 것 같으면, 그때 우리가 뭔가 이상향까지는 안가더라도 우리 국가의 정치체제로서 하나의 큰 도약을 할 수 있는 기회가 있었는데 그게 모자랐어요. 국민이 그분의 경력도 잘 알고 있다 보니까 다 이해를 하고 그걸 강력하게 지지를 해주거나 그렇게는 안 되고, 그분과 관계없이 그동안에 쌓이고 쌓였던 불만과 욕구가 전부 다 한꺼번에 분출을 했단 말이야. 좀 참고 기다리고 그런 것을 만들었을 것 같으면, 뭐 달라질 수도 있었겠다는 생각이 드는데요. 그런데 그것도 나무랄 수는 없어. 오랫동안 눌려있었으니까요. 그 욕구가 어떻게 안 나올 수 있어. 이제 후세가 평가를 내리고 지금 이 기초를 마련하시는 것 아닙니까? 거기서 지금 평가까지 하시려는 것 아니지 않겠어요? 당시 한쪽에는 그런 상황이 있고,

다른 한쪽에서는 그것을 어떻게라도 극복을 해가지고 무엇을 만들어 내려는 사람도 있고, 또 그렇지 않은 또 사람들도 많이 있고요. 하여튼 당시 상황을 그런 눈으로 좀 봐주세요.

가까운 장면 씨 같은 분은 큰 욕심이 있어가지고 한 것은 아닌 것 같은데, 그것도 지금 보면 전혀 다른 여건이야. 그때는 정권이 붕괴되어서 정권에 반대하던 세력이 들어섰고, 그것이 민주적인 선거에 혼이 났기 때문에 그때 선거만이 그래도 민주적으로 된 것이라고 우리가 볼 수 있고 국민의 지지를 받았는데 그걸 해내지 못했다. 그분들이 무능했는지 아니면 또 거기에 감투를 썼던 사람들이 너무 나간건지, 또 거기에 다른 힘이 들어왔는지. 또 장면 씨는 그런 좋은 기회를 갖고 그런 좋은 백그라운드를 가지고도 당내에서 힘든 싸움을 해야 했지. 거기서도 구파, 신파 나뉘어가지고 신파 내에서도 싸움이 나는 판인데. 그러나 어쨌든 그래도 최규하 대통령이 한 제일 큰 업적을 따져볼 것 같으면 그 후에 나라가 스톱되지 않고 이어나갔던 것, 석유를 받아오고 국민을 위해 뭔가 장래를 내다보고 기초를 놓으려는 노력도 했고.

전상숙: 최규하 대통령이 권력에 대한 욕심도 없고 헌법 개정 문제에 대해서도 당시 야당이라든지 3김이라든지 그런 문제에 대해서 명확하게 남들에게 불만도 제기했고, 혹은 이원집정제가 아니냐는 여러 가지 논란도 있고 했는데, 그러한 면에 대해서 최규하 대통령은 자기의 진심을 몰라주니까 섭섭함도 있고 거기에 대해서 부정적인 생각도 가지셨을 거 같아요.

최광수: 최 대통령이 제일 못마땅하게 생각하는 것은 그 당시 안개정국이라는 것. 물론 그 나름대로 이유가 있으니 전면 부인하는 것은 아니지만, 거기에 대해서 상당히 섭섭해 하셨죠. 마치 최 대통령이 신 총리하고 사이가 크로스하게 되어 있지 않고, 신 총리가 다른 생각을 가지고 있다는

이야기 말입니다. 세상에는 본인이 옳다고 생각하면 안 들어 주는 사람, 자기 입장을 생각해서 안 들어 주는 사람도 있고요, 또 그게 뭔지 잘 몰라서 안 들어 주는 사람도 있고, 또 그걸 알긴 알되 직접 나서서 이야기할 필요가 없다는 사람도 있지요.

윤민재: 그 당시 합수부 책임을 지고 있던 전두환 장군이 중앙정보부장 서리로 취임을 하게 되지요. 국가 안보라는 문제 때문에 그 자리를 궐석으로 두기에는 위험하다는 것이 있지만 또 한편으로는 민과 군의 모든 정보를 장악한다는 굉장한 파워를 갖는다는 상징적인 의미가 있는데요. 그걸 최규하 대통령이 승인을 하시게 되지요. 그 과정에서 어떤 최규하 대통령도 자연스럽게 그 문제가 정당하다, 그래야 된다고 생각을 하시고 승인을 하신 겁니까?

최광수: 중앙정보부 책임자가 국가 원수를 시해한다? 그건 아니라. 중앙정보부 대부분의 간부가 합동수사본부에 수사를 받고 완전히 기능이 마비가 되었어요. 빨리 정상화를 시켜야 된다고 대통령께서도 늘 걱정을 했지요. 이희성 씨를 정보부 서리로 임명을 하셨는데 참모총장도 공석이 된단 말이에요. 윤일균 씨라고 차장 또 국장 대리로 오래했고 참 훌륭한 사람이에요. 정승화 장군이 계엄사령관인데도 불구하고 전두환 측이 합동수사본부를 구성을 했는데, 계엄법령에 의해 합동수사본부가 국내의 모든 정보를 관리하게 되어 있어요. 경찰이고 검찰이고 중앙정보부고 전부 거기의 통제와 감독을 받게 되어 있단 말이에요. 그러니까 합동수사본부의 통제를 받기 때문에 거기를 통하지 않고는 일이 안돼요. 그래서 대통령께서는 저사람 이미 다 알려진 사실이니까 자세하게는 이야기를 안 하겠어요.
　윤석민 차장하에서 그거를 유지하려고 했는데 도저히 유지가 안되었어요. 우선 거기에 있던 사람들은 전부가 죄인이고, 또 합동수사본부를 통해

야 뭐가 되게 되어 있었어요. 그러니까 비상계엄 아래에서 그게 존재하는 한에는 다른 방법이 없지 않겠느냐. 여러 번 중앙정보부 이걸 그럼 어찌할까 생각을 하다가, 거길 지휘 감독할 수 있는 사람에게 책임을 차라리 줘서 우선 중앙정보부를 정착 시키는 것이 중요하다고 판단했겠지요.

윤민재: 정보기구를 정상적으로 유지시키는 것이 중요하기 때문에 권력이 그곳에 집중되어 있어도 그랬다는 말씀인가요?

최광수: 그곳이 상당히 큰 기구예요, 그때 중앙정보부라는 게 인원도 많고 예산도 많고 또 세계 각국에 정보망을 갖고 있고.

윤민재: 그 후에 5 · 17 때 비상계엄이 확대되지 않습니까? 최 대통령이 그 다음날 성명을 발표하고 알리기 때문에 성명의 내용이라든가 계엄조치 확대도 당연히 타당하다고 생각하시고 바로 승인하신 겁니까?

최광수: 타당하다... 이건 정보부장 이야기를 조금 더 추가할게 있는데, 그때 많이 고민하셨어요. 정보부를 그냥 그렇게 둘 수는 없다고 생각했어요.

윤민재: 그 다음에 아까 제가 말씀드린 성명을 내고 그 다음에 5월 말쯤에 국보위가 정식 기구로 발족을 하지 않습니까? 거기에 대해서는 흔히 세상에서 말하는 대로 정치적인 내각의 힘이 약화되는 부분이거든요. 그럼에도 불구하고 최규하 대통령께서는 그렇게 하셨지요?

최광수: 최 대통령이 오랫동안 열심히 지휘계통이라든가 행정절차라든가에 대해서 존중을 하신 것이고. 노재현 국방장관 케이스처럼 대통령은

자기가 해임을 시키는지 모르지만 현 직위에 있으면 책임을 지는 자리에 그것도 외교정책에 있어서 외무부장관이 건의를 하면 외무부 전체의 의견이라고 하면 거기에 대해서 반대하시는 분이 아니었어요. 자기 생각은 분명하시지만, 자기가 지시한 어떤 일에 대해서 책임지는 부처가 건의를 해오면 상당히 무게를 두고 생각하시는 분이었죠. 그런데 계엄확대 문제는 전군지휘관이 결정했어요. "지금 상태에서 군이 도저히 그걸 할 수가 없으니 계엄을 전국으로 확대해 군이 책임을 져야 되겠습니다." 그런데 지휘체계가 바뀌어요. 전국계엄은 대통령이 계엄사령관을 지휘한단 말이야. 그 전에는 국무총리를 거쳐서 국방부장관 거쳐서 결재를 지시를 받게 되어 있었죠. 그날 먼저 총리한테 국방부장관, 육군참모총장, 계엄사령관이 가서 건의를 했고, 총리가 그러면 대통령께 가자고 해서 대통령께 건의를 드렸던 일입니다. 군이 그걸 꼭 필요로 한다고 건의를 하고, 군의 책임자가 국방부장관하고 계엄사령관이란 말이에요. 육군참모총장은 다른 문제고, 다른 사람이 할 수도 있는 거예요. 두 사람이 건의를 하고 총리도 그러니까, 토의를 해보라고 지시를 하셨고, 신 총리가 내려가서 토의를 거쳐 국무회의를 소집했죠. 그런데 그때 당시에는 모르고 후에 알게 되었지만 삼엄하지 않았어요? 어쨌든 신 총리가 결의를 했단 말이에요. 그러니까 최 대통령께서도 최선을 다해서 이 상황을 극복을 해보라는 의미였죠. 신 총리하고, 국방부장관하고 보고 했으니 그 자리에서 대통령이 결정할 수도 있는 건데, 국무회의에서 논의를 해보라고 해서 그 밤 국무회의 결정을 하게 된 거예요.

윤민재: 5월에 중요한 두 가지 결정을 내리죠. 최 대통령이 계엄확대, 국보위 설치를 승인하면서, 6월부터 국보위의 활동이 전면적으로 나서게 되고 상대적으로 내각의 힘이 약화되었던 상황이었습니다. 언론에 따르면 '무력화' 이렇게 표현을 하는데요. 그렇다면 최규하 대통령이 스스로 8월에

성명을 내시고 하야를 하시는데, 그 과정도 흔히 말하는 본인이 결정 내리신 것이고 거기에 뜻이 있을 테고요. 그런데 전두환 전 대통령의 수사 기록을 보니 이런 내용이 있더라고요. "자기를 최 대통령이 7월에 불렀다. 본인보고 내각, 정치, 경제 등 여러 가지 문제를 더 이상 해나갈 힘이 없으니까 당신이 중심을 맡았으면 좋겠다. 그렇게 건의를 했다." 증언을 했는데요.

최광수: 그건 모르겠어요. 그건 전두환 씨가 그렇게 검찰에 아마 이야기를 한 거라고요. 저는 거기에 대해서 들어본 적이 없어요. 그런 이야기를 전두환 사령관한테 했다든지, 그건 내가 모르는 이야기에요.

윤민재: 8월 16일 하야를 발표하시더라고요. 첫 주에 강원도로 여행을 가시고, 그때 보름 전에 이미 마음속으로는 결정을 내리시고 여행을 가신 겁니까?

최광수: 떠나시는 날 아침에 그 날인가, 그 전날인가 부르셔서 갔더니 "여러 가지 생각을 해봤는데, 내가 물러서는 것이 좋을 거 같다." 이렇게 말씀하셨죠. 그런 상황에서 그렇게 결정하셨다니까 나로서는 죄송하기 짝이 없단 말이에요. "내가 그렇게 결심을 했으니까 그렇게 알아라. 그리고 성명을 발표를 해야 할 텐데 이렇게 작성을 해봐라." 하셨어요. 나한테 초안을 작성하라고 하고, 그 후 여행을 갔다 온 다음에 둘이서 작성을 하자. 그 다음에 대변인을 줘서 대변인 줘서 덧칠을 시키자. 우리는 포인트만 제출을 하는 거니까.

거기에 이제 그 성명 발표한 것 그대로 들어있어요. 본인이 생각하시고 직접 쓴 거예요. 그리고 "우리나라에서 한 번도 대통령이 평화적인 정권교체에 의해서 그만두고 취임을 한 일이 없었다. 어쨌든 새로운 대통령이 와서 새로운 일, 그것도 역사의 또 하나의 진전이라면 진전이라고 볼 수 있을 거다. 우선 박충훈 씨가 총리니까 박 총리에게 맡기고." 그런 게 그때 상황이에요. 그 이상은 내가 여쭤어 볼 수도 없고, 또 말씀도 더 이상 안하시고. "미안하지만 실장은 남아서 초안을 잡아라." 8월 15일인가 발표를 하시려고 했는데, 8·15는 안되겠고, 나한테 주시고 이제 갔다 오셨죠. 그 당시 대통령의 심경이랄까, 그런 것은 거기 사퇴 성명에 들어가 있습니다. 거기에는 우리가 보태거나 빼지 못하니까. 본인이 쓰신 거니까요.

윤민재: 중요한 사건들 있을 때마다 비상계엄조치 확대도 그렇고, 국보위 설치도 그렇고, 신군부하고 청와대가 대화를 한 것 아닙니까? 여러 가지 문제 사안에 대해서요.

최광수: 그건 뭐 책임 진 사람이 있으니까. 군에 관계된 사람은 국방장관과 계엄사령관이죠.

윤민재: 저쪽에서 실무자 역할을 한 사람은 어떤 사람인지요?

최광수: 그거는 실무자가 하고 그런 이야기는 아니고. 건의할 게 있으면 가져오고 지시할 게 있으면 지시하셨죠.

윤민재: 제가 기록을 보니까 저쪽에서 권정달 전 의원이 여러 가지 의견들을 전달하고 했다고 하더라고요. 반대로 이쪽에서는 또 거기에 맞는 파트너가 있지 않았나요?

최광수: 박 대통령 때부터 그 당시에 중앙정보부, 경찰, 보안사에서 매일 일일보고를 합니다. 그러니까 권정달의 책임이 일일보고에요. 작성을 해

서 청와대에 보낼 거 같으면 대통령이 보시는 것, 내가 보는 것도 있고, 그 전부터 다 그렇게 되어 있어. 대통령이 보시는 것을 내가 다 보는 게 아니에요. 그건 과거의 박정희 대통령 시절부터 그렇게 했고, 그러니까 대통령께만 드리는 자료가 있고 또 비서실장한테 오는 자료도 있었죠. 똑같이 다 보는 자료도 있고. 그러니까 그게 다 들어와요. 그 책임자가 권정달이에요. 그렇지만 여기에 카운터파트너가 있는 것이 아니에요. 그건 자동적으로 채널을 통해서 올라오는 거니까. 그 기관의 생각이 거기에 반영되어 있는 것도 있고, 또 정보부자료 같으면 어떤 정보가 들어오는 것이 있고, 또 가끔 가다가 경찰이나 정보부 보고하고 정보가 다른 것이 있고. 그건 보는 사람이 판단을 하는 수밖에 없지. 그런 시스템 아래에서 대통령이 매일 불러서 물어볼 수는 없으니까. 어쩌다 중요한 일이 있으면 물어보고, 또 중요한 일이 아니더라도 와서 확인하는 것도 있고, 그런 것을 민정수석 비서관실에서 해요. 거기에는 비서관이 있으니까, 나한테 와서도 하고 대통령께 직접 가서 보고하는 것도 있고, 그러니까 그거를 일괄적으로 이야기할 수는 없지요. 저쪽 부대 내에서는 정보처장이 참모장이라든가 부사령관이나 사령관에게 보고를 하겠죠.

윤민재: 1988년도에 5공화국 청문회가 열리는데요. 전두환 대통령은 어쨌든 참석을 해서 발언을 했는데 최규하 대통령은 참석을 안 하셨어요. 그 문제를 둘러싸고 논의가 있었을 것 같은데요.

최광수: 완전 차이가 있지요. 전두환 대통령하고 비교해서도 그렇고요. 왜냐하면 전두환 대통령에 대해서 물어보는 것은 그때 대통령에 대해서 물어보는 것이 아니라 대통령이 되기 전의 이야기를 물어보는 것이에요. 보안사령관, 합동수사본부장 할 때의 이야기였죠. 또 국가 정책에 대해서 물어보는 것이 아니라 형법적인 문제들 예를 들면 돈 문제도 나오고 현행

법에 저촉되는 부문도 나오는 그런 문제라고. 최 대통령한테 물어보는 것은 대통령이 되신 다음에 대통령으로서, 국가의 최고 책임자로서 정책적인 문제, 이런 통제에 관한 것을 물어보았죠.

그러니까 그 이야기는 근본적으로 차원이 달라요. 최 대통령의 생각은 대통령은 국가 최고 책임자로서 정책적인 분야에 있어서 매일매일 결정을 하지 않을 수 없는 사람인데, 그런 문제에 대해서 국회나 위원회에 나가서 증언하는 일은 세계 어느 나라에도 없고, 당시 미국에서 그때 노스 중령 같은 문제도 레이건 대통령이 끝까지 안 나갔거든요. 트루먼 대통령도 그랬고요. 역대 대통령도 물론 의회에서 요청한 것은 있는데 한 번도 나간 적이 없어. "이러한 선례를 만들어 놓으면 이제 국가원수는 뭘 하지를 못한다, 이러한 나쁜 선례를 내가 만들 수는 없다. 그때 내가 이런 상황 아래에서 이런 결심을 했느냐 하는 것을 어떻게 내가 할 수가 있느냐" 하는 거지. 그러니까 "그 문제는 통치의 일부니까. 거기에 대해서는 국회나 법정에 나가서 내가 증언할 수 없다." 이것이 대통령의 근본적인 생각이세요.

그러니까 이제 말씀하신 것처럼 실례지만 일반적으로 전두환 씨는 나가는데 최 대통령은 못 나가느냐? 전혀 다른 문제에요. 차원이 다른 문제에요. 대통령이 그런 사람이 아닐 것 같으면 왜 현행범인데도 불구하고 형사적인 소추가 불가능합니까? 그건 대통령이 자기의 소신과 의견을 가지고 정치를 하라고 하는 것을 만들어놓은 것이에요. 설사 형법상에 저촉되더라도 대통령 재임 중에는 소추를 못한단 말이에요. 우리나라 국회의원들이 뭐 잘났다고 국회기간 동안 왜 체포를 못합니까? 그건 국회의원의 기능을 다른 간섭을 받지 않고 하라고 해서 그런 특권을 주는 거란 말이에요. 그런데 대통령이 국회 요청 있을 때마다 나가서 "내 정치는 이렇게 했소." 그럴 것 같으면, 그 다음에 들어가는 사람은 그게 무서워가지고 일을 아무것도 못하게 되어 있어요. 그래서 그런 나쁜 전례를 나는 만들지 않겠다, 그거 하나에요.

신두순: 민주주의 국가는 3권 분립이 분명하게 되어 있는데, 대통령이라는 사람이 국회에 가서 그런 증언을 하게 된다면 자기가 한 통치행위를 후임 대통령들이 그거 어떻게 하겠어요. 대통령들이 매일 국회에 가서 증언하다 끝나는데, "그런 선례를 나는 만들 권리가 없다." 그게 첫 번째 이야기입니다.

윤민재: 참석해서 말씀은 못하시더라도 기록으로는 남길 수 있는 문제인 듯 한데요.

신두순: 그때 그런 이야기도 오고가고 그랬는데. 국회 관할 특위에서 그것을 거부했죠.

최광수: 최 대통령이 말 못할 사정이 있다거나 나가기 싫다거나 체면이 깎인다거나 그런 생각이 전혀 아니에요. 아주 생각이 처음부터 분명했어요, "내가 그건 못한다." 재판 과정엔 한 번 나가셨었지. 그런데 일체 말씀을 안 하셨지. 구인을 당하셨어도 말씀을 안 하셨어요. 나는 옳은 생각이라고 생각이 들고. 또 나한테 "당신 어떻게 생각하느냐?" 그렇게 의견을 물어보셨습니다. 저는 "대통령께서 생각하시는 것이 옳습니다."라고 했죠. 역사적으로 그런 일이 될 것 같으면 그 후임 대통령이 일하는데 대단히 좋지 못하죠. 이론은 나보다 더 밝으셨죠. 세계 어느 나라 민주주의 국가를 보더라도 그런 적이 없는데 어떻게 대통령이 재임 중에 한 일에 대해서 일일이 나가서 청문회를 한다는 것이 옳으냐. 자기의 생각만 하신 것이 아니에요. 말씀을 하시면 그분처럼 유창하고 논리정연하게 말씀하실 분이 없을 겁니다. 그런 것이 내용에 대해서가 아니라 하는 행위 자체에 대해서 생각을 하셨어요.

전상숙: 고맙습니다. 최 대통령에 대해서 오늘 말씀을 듣다 보니 사실 기간이 짧기도 했었고, 다른 한편으로는 선생님께서 아까 말씀을 하시기도 하셨지만 당시 상황에 대한 국민들의 정서라고 하는 것, 안타까움이 컸기 때문에 과도정부라는 생각보다는 정상 국가의 정상적인 집권기와 같은 잣대로만 그동안 봤었기 때문에 그 평가 부분이 폄하되는 부분이 많았었던 거 같아요. 이 국면을 어떻게 관리했어야 하는가 하는 차원에서 다시 재정의 해 볼 필요가 있을 것 같은데요.

최광수: 정부가 상당히 진심을 가지고 이야기를 해도 그게 그대로 받아들여지지 않는 부분이 상당히 많습니다. 정부에서 자기만 일을 열심히 하고 자기만 잘 할 것 같으면 전혀 문제될 것이 없는데, 저도 그때 정치라는 것은 전혀 모르고서 해보니까 자기가 암만 잘해도 그것이 어떻게 비추어지느냐, 어떻게 받아들여지느냐, 수많은 이해관계를 가진 사람들이 다 있을 테니까. 최 대통령 같은 분도 말씀을 잘하시고 분명하니까, 직접 나서서 이건 이렇고 어떻고 나를 믿고 참아달라든지, 이렇게 하면 된다든지, 이렇게 나가려고 하는데 거기에 반대하는 사람들 말씀을 하시라든지, 이런 이야기를 참 속 시원하게 했으면 좋겠는데, 결국 설명할 기회가 안주어졌죠. 그러니까 그런 부분은 부글부글 끓지. 아마 최 대통령께서도 "왜 그리 나를 이해해 주지 못하느냐?" 그런 답답함은 상당히 느끼셨을 겁니다. 그런 이유에서 자기가 할 수 있는 역할에 대해서 회의를 느끼실 수 있겠고요.

윤민재: 장시간 소중한 말씀 감사했습니다.

신두순

(전) 대통령 의전비서관

1. 개요

최규하 대통령은 1979년 10월 27일부터 1979년 12월 6일까지 대통령권한 대행으로, 1979년 12월 6일부터 1980년 8월 16일까지 대통령으로서 약 10개월의 짧은 기간 동안 국가를 이끌었다. 그러나 이 10개월은 한국의 정치사에 있어서 짧다고 할 수 없는 기간이다. 지도자의 갑작스런 유고는 정치지도력의 부재와 극심한 정치적 혼란을 초래하였다. 이러한 현상은 12·12와 같은 정변으로 귀결된다. 오랜 독재정치에 저항하던 민주화에 대한 욕구가 봇물처럼 분출되었다. 통제되거나 조정되지 않은 정치적 요구는 5·18과 같은 비극을 낳았다. 이 시기는 격변의 현장이었으며 한 국가의 정치가 나아갈 방향을 찾는 중요한 기로였다. 본 연구원은 국가적 전환의 국면을 관리하였던 최규하 대통령의 국가운영의 계획과 내용들을 구술자료로 기록하려 하였다. 당시의 시대적 상황과 대통령의 국정운영을 이해하는 데 필수적이지만 글로 밝힐 수 없었던 사실들을 구술을 채록하여 사료화함으로써 문헌기록으로 남겨지지 않은 역사적 사실들을 기록하려 한 것이다.

최규하 대통령과 관련된 문헌들과 연구논문들을 검토한 결과, 당시의 정치적, 사회적 상황과 그러한 시대적 조건하에서 최규하 대통령의 대응 및 전략, 국정운영 등에 관해 증언해 줄 수 있는 인물로서 대통령비서실의 비서관들에 주목했다. 그 가운데 대통령의 공식, 비공식 행사를 수행함으로써 지근거리에서 대통령을 보좌하였고, 최규하 대통령의 퇴임 후에도 가까이서 대통령을 도왔던 신두순 의전비서관을 구술대상자로 선정하였다. 신두순 의전비서관은 1975년 12월 최규하 총리 임명 이후 국무총리 의전비서관으로 재직하면서부터 최규하 대통령과 인연을 맺게 된 후 약 30년간 최규하 대통령을 보좌한 최측근 중 한 사람이다. 최규하 대통령 재직 시에는 청와대 의전비서관으로 근무하였으며, 1980년 8월 16일 하야 이후에는 국정자문회의 의장 비서실장으로 1982년부터 1987년까지 보좌하였다. 이후에는 가스공사, 에너지 관리공단, 가스안전공사에서 재직하다 1998년 4월 퇴직하였다.

신두순 비서관의 구술은 2009년 10월 15일(목)과 동년 10월 22일(목)에 성남시 분당구 금곡동 소재 자택에서 이루어졌다. 주요 구술 내용은 다음과 같다. 국무총리 시기의 정책스타일, 지방행정 관리, 박정희 대통령에 대한 기억, 10·26 당시 청와대의 정황과 김재규 체포 과정, 12·12에 대한 최규하 대통령의 인식과 대응, 전두환 장군과 군부, 정승화 육군참모총장 체포과정과 재가 관련 논쟁, 12·12와 긴급조치9호, 최규하 대통령의 국보위에 관한 입장, 국보위와 청와대의 관계, 5·18 진압작전에 대한 최규하 대통령의 인식과 입장, 5월 18일 최규하 대통령의 광주 직접 방문설에 관한 진위여부, 하야 직전의 권력누수 현상, 국회청문회와 최규하 대통령의 입장 등이 두 차례 구술과정에서 상세히 논의되었다.

이 가운데 주목할 만한 내용을 정리하면 다음과 같다. 우선, 10월 26일 당일의 총리실을 비롯한 정부 주요 부처 인사들의 인식과 정황이 자세히 구술되었다. 특히 이 부분은 최규하 대통령으로부터 직접 들은 내용을 구술한 것으로 일반에 널리 알려져 있지 않은 부분이 포함되어 있다. 최규하 대통령은 10월 26일 저녁에 김계원 비서실장의 전화를 받고 대통령비서실장 집무실로 향했으며, 김계원 실장으로부터 불명확하나 김재규의 범행사실과 대통령의 유고사실을 전해 들었다. 이 직후 정부 주요인사들이 국방부에 모이게 되는 과정과 김재규의 비정상적인 행동과 정신상태, 체포과정이 상세하게 구술되어 있다. 특히 김계원 비서실장은 노재현 국방장관에게 김재규의 시해사실을 확인시켜주었다. 이후 김재규를 체포하기에 이르게 되는 과정에서 최규하 국무총리와 신현확 부총리의 대응과 전략, 그리고 보안사의 역할들이 구술되어 있다. 총리를 비롯한 주요 국무위원들에게 김재규가 범인이라는 것을 확인시킨 것은 비서실장 김계원이었으며,

그의 이러한 발설의 이유에 대하여도 긍정적으로 판단하고 있지 않은 이유와 정황이 포함되어 있다. 박정희 대통령의 유고가 확인된 이후 국방부 상황실에서 열린 국무회의에서 신현확 부총리는 대통령의 유고로 헌법에 의해서 국무총리가 대통령권한대행으로 승계한다는 것을 선언함으로써 최규하 총리는 대통령 권한대행의 역할을 수행하게 된다.

둘째, 박정희 대통령의 검소함과 안보에 관한 철저한 준비에 대한 구술이 있었다. 국장을 마치고 청와대에 들어갔을 때의 정황과 대통령의 생활상, 그리고 비밀금고에서 유사시 미국이 한국에 필요한 유류를 공급하기로 한 것에 대한 양해각서를 발견할 수 있었다는 진술이다. 또한 대통령 유고 발표의 과정과 내용이 상세히 구술되었다.

셋째, 전두환 당시 보안사령관이 권력의 중심으로 부상하게 되는 이유에 대해 구술하였다. 본 연구진은 10·26 직후 전두환 보안사령관의 등장에 대해 그의 개인적 야욕 또는 역관계가 원인이 되지 않았는지에 대해 질문하였다. 이에 대해 구술자는 전두환의 등장은 전두환 보안사령관 개인에게서 이유를 찾기보다는 당시 제도에 따른 결과임을 강조하였다. 즉, 계엄하에서의 합동수사본부를 구성함에 있어 보안사령부와 중앙정보부, 경찰조직을 통괄하는 합동수사본부의 제도적 구성의 성격과 당시 중앙정보부의 무력화에 따른 결과로 보고 있다.

넷째, 당시 계엄사령관이었던 정승화 육군참모총장의 체포과정에 대한 상세한 진술이 포함되었다. 특히 정승화 계엄사령관의 체포에 대한 대통령의 재가 과정과 관련하여 전두환을 비롯한 신군부의 행동과 노재현 국방장관의 행적, 최규하 대통령의 입장을 중심으로 사건의 전개과정과 그 내용이 구술되었다. 이 구술에는 최규하 대통령이 노재현 국방장관의 동의를 요구한 이유와 전두환 보안사령관의 반응, 그리고 양자간의 대화의 일부가 구술되었다. 국무회의의 의결과정을 거쳐 임명한 계엄하 군정의 책임자를 헌법적 절차에 따르지 않고 체포할 수는 없다는 것이 최규하 대통령의 입장이었다는 점이 구술되었다. 또한 전두환 보안사령관이 최규하 대통령을 대하는 자세와 관련하여 고압적이고 강제적이었다는 일반의 인식을 부정하는 내용의 구술도 포함되어 있다. 정승화 계엄사령관 체포 재가과정에 대한 이 구술은 기존의 밝혀진 사실들과 비교분석을 통하여 당시의 상황을 재구성하는데 상당히 중요한 역할을 할 수 있을 것이다.

다섯째, 5 · 18 당시 최규하 대통령이 광주를 직접 방문하였다는 주장과 관련하여 당시의 자세한 정황과 사실을 진술하였다. 5 · 18과 관련하여 책임을 지고 사퇴한 신현확 총리의 후임으로 박충훈 국무총리가 임명되었다. 박충훈 총리의 임명식이 이루어지는 현장에서 최규하 대통령은 박 총리에게 현장상황 파악을 하기 위해 먼저 광주를 방문할 것을 지시하였다. 박충훈 신임총리는 전용헬기편으로 당일 광주를 방문하였다. 이후 최규하 대통령이 광주를 방문하기 위해 내려간 것은 사실이나 광주에는 진입하지 않았으며 대신 상무대 녹음실에서 녹음 후 이를 방송하는 것으로 하고 바로 상경한 것으로 증언하였다.

여섯째, 1980년 5월 10일부터 16일까지의 중동방문의 이유와 귀국과정에 대한 증언이 있었다. 이 부분은 광주의 대규모 시위사태와 같은 국내적으로 대단히 불안정한 정치적 환경에도 불구하고 대통령의 해외순방결정이 이루어진 것에 대해 군부의 외압이 있지 않았는가 하는 의혹이 있다. 이에 대해 신두순 비서관은 그러한 의혹을 부정하였다. 당시 사우디아라비아와 쿠웨이트 순방은 이미 2차 오일쇼크라는 위기를 극복하기 위해 박정희 대통령 시기에 기획된 일이었으며, 당시 대통령이 이 문제를 해결하지 않을 수 없는 상황에 처해 있었기 때문에 단행된 해외순방임을 강조하였다.

일곱째, 청와대와 국가보위비상대책위원회(국보위)와의 관계에 대한 중요한 내용들이 구술되었다. 5월 16일 전군지휘관회의에서 결정된 국보위 설치와 관련하여 최규하 대통령은 이를 헌정중단으로 인식하고 초헌법적 국가기구의 설치에 반대하였다. 5월 17일 중앙청에 군인들이 점령한 듯한 비정상적인 상황에서 열린 1분 남짓한 국무회의에서 전국계엄 확대가 가결되었다. 최규하 대통령은 국보위의 실무를 담당하는 국보위 상임위원회를 법적 체제 안으로 제한시키려 노력하였으며, 이에 대한 법률검토를 통해 5월 31일에 발족되도록 하였다는 것 또한 구술되었다. 국보위 상임위원회의 설치 이후 비일상적이고 주요한 행정업무들을 상임위에서 처리하고, 대통령의 결재가 필요한 사항들은 청와대에 가지고 와서 결재 받는 과정에 대하여도 구술되었다.

이외에도 권력누수현상의 실상과 김정렬 전 총리의 방문과 하야권고 의혹, 퇴임 후의 개인생활상, 가족 관련 증언들이 구체적으로 이루어졌다.

2. 구술

〉〉〉〉〉 1차 구술 _____

조수현: 안녕하십니까 비서관님, 바쁘신 가운데 이렇게 시간을 내주셔서 감사합니다. 저희 연세대학교 국가관리연구원에서는 우리나라 역대 대통령에 관한 연구를 진행하면서 그 일환으로 당대에 활동하셨던 중요한 인물들을 대상으로 인터뷰를 진행하고 그 내용을 구술사료로 남기는 작업을 하고 있습니다. 오늘은 비서관님께서 최규하 대통령의 의전비서관을 지내셨기 때문에 최규하 대통령과 관련된 사건들에 대해서 말씀을 해주셨으면 하는 자리입니다. 먼저 비서관의 아주 간단한 본인 소개와 최규하 대통령을 만나게 된 계기 등에 대해서 말씀해주셨으면 좋겠습니다. 그리고 근황에 대해서도 말씀을 해주셨으면 합니다.

신두순: 길게 질문을 주셨습니다. 중요한 인물이라고 말씀을 하셨는데, 어떻게 하다 보니 국가 공무원으로서 대통령을 모시게 되었다는 것뿐이지 뭐 그렇게 중요한 인물은 아닙니다. 저는 1971년 대통령 선거가 끝나고 1972년 1월에 김종필 국무총리 재임 중에 의전비서관으로 갔어요. 거기서 한 4년여 근무를 하는 중에 1975년 12월 김종필 국무총리가 그만두시고 최규하 외교특보께서 총리로 새로 임명 되셔서 중앙청으로 내려 오셨지요. 그래서 계속해서 제가 그 자리에 앉아서 그분을 뵙게 되고, 그 뒤로 한 30여 년 인연을 갖게 되었습니다. 그래서 그 중에 한 4년여 같이 총리실에서 모시다가 1979년 10 · 26이라는 사건이 나고 권한대행, 대통령이 되시고, 그 이후 1980년 8월 16일 그만두시고 한 1년여 공백이 지난 다음에, 1982년 새로 된 헌법에 의해서 설립된 국정자문회의에 자동으로 전직대통령이 의장

신두순 **|** 59

이 되는 그런 헌법규정에 따라서 의장이 되셨을 때 의장 비서실장으로 제가 1987년까지 그 어른을 모셨죠. 그 이후에 전두환 대통령이 국정자문회의 의장을 이어받는 과정에서 대통령의 배려라고 할까요? 내 의사하고는 상관없이 국영 기업체인 가스공사에 임원 자리를 배려를 해주셔서 거기서 4년, 에너지 관리공단이라는 데서 또 임원으로 6년 또 끝으로 정부 산자부 산하 기관인 가스안전공사에서 한 7개월. 그래서 김대중 정부가 시작되었을 때 그해 4월에 사표를 내고 나왔습니다.

조수현: 국무총리 시절부터 최규하 대통령과 인연을 맺으셨으니까 정말 오랜 세월 입니다. 해주실 말씀이 상당히 많으실 것 같아요. 그러면 이제 순서적으로 국무총리 시절에 처음 뵈었을 때이니까 최규하 대통령, 당시 총리의 정책 스타일이나 행정 스타일에 대해서 해주실 말씀이 있으실 것 같습니다.

신두순: 제가 직접 모시고 일을 해보니까 그 어르신의 인품이나 이런 것들이 굉장히 중후하고 신중합니다. 그리고 매사에 불여튼튼이라고 하시는 일마다 본인이 확인이 되지 않는 것은 결론이 나지 않습니다. 그런 것들을 저희들이 느꼈습니다. 총리라는 자리가 헌법기관이기는 하지만, 대통령책임제하에서 국무총리의 역할이란 건 다른 내각제 총리하고 달라서 할 수 있는 행동반경이 굉장히 한정되어 있고 제한되어 있습니다. 대통령께서 총리에게 권한을 많이 위임을 하면 파워를 행사를 할 수 있고, 대통령께서 직접 모든 업무를 관장하는 경우에 있어서는 총리로서는 그저 내각의 수장이 되는 것뿐이지 그 이상도 이하도 아닙니다. 박 대통령께서 김종필 총리에게 지방행정에 대한 내적인 업무를 많이 위임을 하셨던 전례도 있고 해서 그 어르신께서는 총리로 오셔서는 외교 국방 등 대외적인 큰 문제는 대통령께서 직접 지휘를 하시고 감독하고 정책결정을 하고 하는데 그 뒤

에서 도움은 주셨지만 직접 일선에서 하신 일은 없고, 본인이 외교관이었음에도 불구하고 주로 지방행정과 정책 등 국내적인 사항에 대해서는 상당히 깊은 관심을 가지고 매주 정부에서 시행한 현장사업 등에 대해서 현장 독려, 시찰, 감독 등을 아주 열심히 하셨어요.

예를 들자면 이 어르신이 다른 취미가 없습니다. 골프도 안 하시고. 또 어떤 잡기라고 할까, 바둑 장기 뭐 이런 것을 일체 하신 것이 없기 때문에 일이 바로 운동이고 그러셨습니다. 하나 있다면 자동차 드라이브를 굉장히 좋아하셨어요. 그래서 하루 다닐 수 있는 거리, 일례로 들어서 천안, 원주, 춘천, 포천, 문산 이런 행동반경 안에서 시장 군수 도지사 이런 사람들이 주말이 없다고 불평을 할 정도였습니다. 또 어디를 가신다는 예고를 사전에 하는 것이 아니라, 토요일이고 일요일이고 차를 타고 그냥 나서셔서 평소 본인이 생각했던 현장을 가십니다. 그래서 현장에 가서 책임자가 있든 없든, 일하는 사람들이야 현장에 있지 않겠어요? 그 사람들한테 하고 있는 진행과정이라든지 그것이 제대로 시공이 됐는지 여부 그런 것들이 적절한지 이런 것들을 직접 감독을 하시고 하는 일들을 굉장히 즐겁게 여기셨었어요.

그리고 총리시절에 여러 가지 일이 있습니다만, 1979년에 호주, 뉴질랜드, 동남아 순방이 있었습니다. 해외 모시고 나가서 외국 국가 원수들하고 이야기를 하시는 것을 보면 현지인들보다 영국식 영어를 더 잘해요. 로얄 잉글리쉬가 아니고 퍼블릭 잉글리쉬를 하는 사람들이 호주에 와서 정착을 했기 때문에 런던하고 호주의 영어가 악센트가 다릅니다. 이 어른은 예전에 학교에서 유학을 하지는 않았습니다만 영국식 영어를 완벽하게 하세요. 호주 의사당에서 런천 스피치를 하는데 호주 수상이 답사를 하면서 그렇게 놀래요. 자기도 못하는 그런 영어를 어떻게 하시느냐고. 그러면서 자기가 한국말은 더 모르지만 하시는 영어에 아주 감복을 했다고 하셨습니다.

그렇게 완벽한 로얄 잉글리쉬를 하셨고 예의범절이라든지 이런 것들이 너무너무 정중하셨습니다. 1978년, 1979년에 사우디를 방문했을 때에 정중히 앉아서, 미국의 백악관 대통령들 사진 보면 보통 벽난로 앞에 턱하고 다리를 꼬고 앉잖아요? 그런 자세가 사실은 그렇게 폴라이트 하지 않거든요. 그러니까 정중히 그리고 공손히 앉아서 "전하 우리가 지금 사정이 이렇습니다. 지금 우리는 공산 그러니까 이슬람도 좋아하지 않는 공산국가하고 대치를 코앞에서 하고 있고 언제 전쟁이 날지도 모르는 형제국가인데, 우리에게 기름을 안주면 우리가 어떻게 그런 사람들하고 전쟁을 해서 이길 수가 있겠습니까?" 하니, 국왕 파드가 "내가 당신하고는 진짜 공산주의에 대해서 저항을 하는 형제국가가 아니냐, 내가 그걸 안 도와주면 누굴 도와주느냐?" 하는 겁니다. 그런 감동적인 현장에서의 화술이라고 할까 이런 것들이 참 상대방에게 감명을 주는 그런 장면들이 굉장히 인상에 남고 그래요.

그리고 신문잡지에 난 이야기지만 1979년 초에 석유파동이 났을 적에 가장 중요한 것은 연료 아닙니까? 그 겨울에 장성광업소를 저희들이 방문했었어요. 지하 수직으로 막장까지 한 1킬로는 내려갑니다. 그러면 지열이 높아져가지고 한여름 같아요. 막 덥고 땀이 나고 거기서 또 한 1킬로, 1.5킬로미터 정도를 터널을 타고 들어가야 탄을 캐는 현장이 나와요. 사람들 보면 랜턴하고 눈하고 입 주위 말고는 하얀 것이 없어요. 다 새카맣습니다. 그 속에서 그분들이 그렇게 고생하시는 것을 보고 와서 연탄을 장려하자고 그러면서 자기는 집에 연탄을 꼭 쓰겠다는 말씀을 하셨어요. 하여튼 지금도 난로가 집에 있습니다. 그때 정상천 씨가 서울시장 하실 때인데 돌아오셔서 불러서 "당신이 그 현장을 봐야한다."고 말씀하셨지요. 그래서 서울시에서 시장이 부녀회 각 지역대표 부인들을 전부 모집해서 장성광업소 현장시찰단으로 보내서 광부들을 보고 위문하고 그랬습니다. 그분의 애민정신이라고 할까요? 이런 것들이 대단하셨습니다.

조수현: 지방행정에 관심이 많으셨던 것 같습니다. 갑자기 시찰도 나가시고 그러는 와중에 특별히 재미있었던 일화나 그런 것은 혹시 말씀해 주실 게 없으실까요?

신두순: 당시 총리도 그렇게 좋은 것은 아니지만 전용기도 있고 전용열차도 있고 그래요. 한 두 량쯤 연결을 해가지고 철도청에서 왔다 갔다 하는 기동차가 그것입니다. 한번은 장항선을 타고 충청도를 시찰하는 출장을 가셨습니다. 보니까 경상도, 전라도, 경기도야 말할 것도 없고 어디를 가든지 굴뚝에 연기도 나고 기계 돌아가는 소리가 여기저기서 나고 그랬는데 충청도는 조용했지요. 그때 충남지사가 유흥수라는 분이셨는데, "여보게 유지사 충청도엔 이거 어떻게 되는 거야?" 그러니까 도지사가 갑자기 이게 무슨 말씀인줄 모르고 멍하니 있다가 하는 소리가 "저희는 전원도시로 남기로 했습니다." 공업도시가 아니라 전원도시로 말이지요. 충청도가 좀 그런 산업 개발에 있어서는 늦어요. 그러니까 같이 동행했던 분들이 "와" 하고 웃고 그랬습니다.

나중에 월남 패망 후에 연중행사로 안보정세 보고회를 저희들이 시행했어요. 각 시도를 다니면서 지방 유지들을 모아서 한국의 안보가 지금 어떤 위치에 있다, 그리고 경제 상황은 어떻게 되어 있다, 그래서 우리는 어떤 마음을 가지고 무엇을 해야 한다 하는 내용을 시군 또 읍면단위로 전파를 하는 일련의 사업입니다. 한번은 춘천에 가서 보고대회를 마쳤습니다. 그런데 이 양반이 갑자기 국수 생각이 나신다는 겁니다. 원래 국수를 많이 좋아하시고 그래요. 그래서 물어봤더니 춘천 도청 앞에 막국수 집이 있는데 그 집이 제일 잘한대요. 그래서 그것을 시켰었습니다. 그런데 이게 양이 적은거야. 두 그릇을 그냥 드시더라구요. 사람들이 역시 하여튼 체격도 크시고 그러니까 잡숫는 것도 많다고. 맨날 판에 박은 음식을 먹다가 이제 고향 근처에 오니까 막국수 생각이 나셔가지고 얼마나 잡숫고 싶으셨으면 그렇게 맛있게 드셨나 하는 생각이 들었지요.

그 외에 또 뭐가 있을까? 1970년대 중반 당시 정부에서 역점을 뒀던 것이 방위산업이에요. 그때는 미국에서 주한미군 철수를 한다는 것이 이슈였습니다. 철수를 단계적으로 하기 위해서 동두천에서 미 7사단도 빠지고 그러지 않았어요? 안보가 굉장히 어렵고 그랬을 시절이니까 박 대통령께서 하신 것이 자주국방은 어떻게 해야 되느냐, 그러니까 우리가 무기체제를 스스로 갖추어야 되는 게 아니냐, 원조나 외국에서 무기를 사서 전쟁을 할 수 없는 것이니까요. 그래서 방위산업을 굉장히 활발하게 추진했습니다. 기업들에게 거의 반강제하다시피 그런 것을 맡겼어요. "너는 발칸포를 생산해라, 105미리 포를 만들어라, 탱크를 생산하라." 이런 식으로 말입니다. 그러니까 그 현장을 독려를 하지 않으면 생산이 제대로 되기 어려울 때였습니다. 그래서 방위산업 시찰을 저희들이 많이 다니고 그랬지요. 그리고 한해나 수해가 있던 현장에는 꼭 총리가 있었고, 그 폐허가 된 현장에 수해로 도시가 막 떠내려간 현장에 복구가 제대로 됐는지 꼭 확인을 하시고 하는 이런 확인행정에는 누구도 정말 거짓말을 할 수 없는 정도로 현장에 와서 직접 보셨습니다. 그러니까 그것을 그렇게 이행을 않고는 못 배기죠. 그래서 공무원들이 제일 무서운 어르신이라고 그때 그렇게들 말했어요.

조수현: 최규하 대통령의 행정 스타일이나 이런 것을 보통 책자 등에서 언급하는 것을 보면 확인행정, 위민행정 이렇게들 많이 이야기를 많이 합니다. 사례는 몰랐는데 비서관님 말씀을 듣고 보니까 어떠한 뜻으로 언급을 했는지 알 것 같습니다. 그러면 조금 시점을 전환해서 우리 현대사에서 대단히 중요한 1979년, 1980년 당시의 말씀을 몇 가지 여쭈어 보겠습니다. 1979년을 먼저 말씀을 드리면 그때를 이야기할 때 빼놓을 수 없는 것이 10 · 26과 그 이후 12 · 12를 이야기를 할 수가 있을 것 같습니다. 10 · 26

이후에 12 · 12가 벌어지기까지 사이에 정치적인 상황이라든가 사회적인 분위기라든가 정부와 정책에 있어서의 일들이라든가 이런 것에 대해 말씀해 주실 수 있을까요?

신두순: 그것에 대해 이야기하기 전에 1979년에 전반적인 상황이 어떻게 되었느냐, 어떻게 되어서 10 · 26이라는 그 엄청난, 국가 원수가 시해를 당하는 일이 생겼느냐 하는 그 배경이 더 중요한 거 같아요. 그렇지 않아요?

조수현: 네, 그 부분부터 말씀을 해주시죠.

신두순: 1979년은 정치적으로 매우 혼란스러웠습니다. 대개 국회의장은 지역구 출신이 맡아서 합니다. 그런데 뜻밖에도 국회의장이 지역구가 아닌 유정회 의원인 백두진 씨가 선출이 됩니다. 그때 백두진 씨가 유정회 1번인가 그랬어요. 거기에 대해 야당에서 문제를 제기해요. 그것이 정치 이슈화하는 초기에 그러니까 1979년 초기에 있었던 일들이에요. 이제 그런 것들이 조금씩 조금씩 여론화 되면서 사회가 불안해지고, 소위 래디컬해지는 무브먼트가 거기서부터 시작을 하는 겁니다.

그 상황에서 한 가지 더 힘들게 된 것은 5월 달엔가 미국에서 카터대통령이 방한을 해요. 이제 문제가 뭐냐 하면 주한미군을 철수하겠다는 것을 카터가 직접 와서 전하겠다는 그러한 그 뜻을 가지고 오시는 겁니다. 박대통령께서는 이러한 주변정세의 변화를 위기로 받아들였습니다. 만약에 휴전선에서 전쟁이 나 중공군이나 소련의 지원을 받는 북한이 남침을 했을 때, 여기서 철군을 해가지고 하와이나 본토에 가있는 미군이 우리를 상호방위조약에 의해서 지원을 한다 하더라도 시차적으로 그 시간의 갭을 매울 수 있는 타이밍을 못 맞출 수 있는 것 아닙니까? 1948년에 주한미군이 철군을 하고 애치슨라인을 태평양에 그었을 때 김일성이 미군이 다시는 한국에 오지 않는다는 것을 전제로 남침을 하지 않습니까. 그러니까 거기에 대해서 굉장히 우려를 표시하고 우리가 정말 독자적으로 그러한 큰 전쟁을 한국군만으로 치를 수 있는 장비라든지 인력이라든지 모든 것이 부족한 상태, 준비가 되지 않는 상태에서 철군을 한다는 것에 대해 걱정하셨습니다. 6·25와 같은 그러한 일이 재발할 수 있는 가능성에 대해서 굉장히 우려를 하셨던 거예요. 그런데 사회적인 문제라든지 이런 것들이 일각에서는 주한미군 나가라는 거 아닙니까? 그렇지만 국가를 경영하는 대통령의 입장에서는 그럴 수가 없는 것이고, 또 그렇게 해서도 안 되는 것이지요. 우리 힘만으로 감당할 수 없을 때에는 지원을 받아야 되는 것이지 않습니까.

그런 가운데 노동분규라든지 학생 소요 이런 것들이 지속된 결과 결국은 부마사태라는 엄청난 봉기가 일어난 것 아니겠습니까? 그러니까 여러 가지 정책 집행을 하는데 있어서 외적으로도 힘든데 내적으로 이런 일들이 생기고 하니까 그 문제들을 정리를 하는 과정이 쉽지는 않았어요. 박대통령께서 육영수 여사가 돌아가신 다음에 마음에 굉장히 허전함을 느끼시고 큰 따님, 지금 박근혜 의원은 그때 퍼스트 레이디로 새마음 봉사단인가 한마음 봉사단인가 해서 어머니의 역할을 하려 여기저기 다니지 않았었습니까? 지만이는 육군사관학교에서 기숙사 생활을 하죠. 둘째 따님은 사람이 굉장히 활발하고 그랬어요. 그때도 집에 있는 시간보다 나가서 노는 시간이 많고 그러니까 혼자 저녁을 드시게 되고 외롭고 그러셨습니다. 그 옆에서 차지철 경호실장이 좀 더 안정되고 마음을 가라앉히고 그러한 것을 위해서 혼자 저녁을 드시게 되는 경우 술자리를 준비를 해서 식사를 하게 하니까 만날 수 있는 기회가 많아지잖아요.

그 사이에 한국의 가장 중요한 중추적인 정보기관이라는 것이 중앙정보부인데 이제 김재규라는 분이 정보부장을 했고, 그 양반도 뜻이 여러 가지가 있으셔가지고 대통령께 옆에서 이야기를 하곤 했습니다. 그런데 남산에서 청와대까지 오려면 시간이 있잖아요. 정보라는 게 잘 쓰면 약이고 잘 못 쓰면 독이라구요. 똑같은 사안을 가지고도 옛날에 이조시대에도 일본에 간 수신사들이 돌아와서는 자기 분파에 따라서 십만양병을 해야 된다는 분도 계셨고, 전쟁은 없다고 그렇게 이야기를 하셨던 분도 있던 거와 마찬가지로, 대통령이 차지철 경호실장의 보고와 중앙정보부장 보고하고 이게 헷갈리는 거예요. 그러니까 가까운 사람 이야기는 잘 들리고 먼 데서 온 사람 이야기는 신빙성이 떨어지는 거 같으니까, 그리고 대통령이 듣기에 좋지 않은 이야기를 자꾸 하니까 짜증이 나고 신경질이 나고 했겠지요. 그런 것들이 결국은 10 · 26의 동인이 되는 것이 아닌가 그런 생각이 듭니다.

그러한 두 사람의 갈등이 결국은 여러 가지가 있겠지만, 저분도 십 몇 년 전에 총 들고 새벽에 한강을 건너와가지고 뭐 어떻게 하다보니까 최고회의 의장도 되고, 대통령도 하고, 장기 집권도 했는데, 난들 왜 못하겠느냐 하는 그런 단순논리죠. 사람이 자기가 자기 자신에게 어떤 위기의식을 느꼈을 때 너 죽고 나 죽어 하는, 글쎄 거기까지는 모르겠지만, 하여간 그런 생각이 갔는지도 몰라요. 왜냐하면 보고할 적마다 자기는 정말 중요한 보고를 대통령과 국가를 위해서 그러한 심각한 보고를 드렸는데, 그 보고를 가지고 결정을 하셔야 되는 분이 그 말은 무시해버리고, 말도 안 되는 소리 하지도 말라고 하시고, 강경해야 되고 그 어떤 유화책도 안 된다고 그랬을 때, 오는 심적인 타격이 얼마나 크겠어요. 그러니까 "나는 정말 존경하던 분으로부터 신임이 떨어졌구나, 그렇다면 내가 갈 길이 뭐냐, 과거에 정보부장들이 어떻게 되었느냐, 김형욱이나 이후락 부장이 그랬고, 그렇다면 나도 결국은 그런 신세가 된다면 어떻게 할 것인가?" 그런 복잡한 자기의 갈등이겠죠. 그런 것들이 결국은 "저놈을 없애야 되겠다." 그러니까 차지철이가 간신이라고 생각을 했겠죠. 그래서 그놈을 잡았는데, 잡다보니까 그 놈만 잡아서는 안됐겠죠. 사람을 죽였는데 나중에 문책을 당하지 너 영웅이라고 할 사람이 어디 있겠어요? 결국은 총부리가 자신이 그렇게 존경했던 분에게도 가게 되는 그런 미증유의 있을 수 없는 사건이 발생을 하게 된 것이죠.

그래서 그 이후의 이야기를 한다면, 10·26이 나던 그날, 저희는 정상적으로 퇴근을 했습니다. 집에 있는데 한 9시쯤 되었나 전화벨이 막 울려대기 시작했습니다. 중앙청 출입기자실의 기자들도 모두 퇴근한 시간이라 각 사에서 이제 정보가 막 들어오고 하니까, 기자들이 확인차 제일 먼저 전화를 건 거였습니다. "청와대에 뭔 일이 있다는데 아느냐? 총리는 어디 계시냐?" 전들 퇴근해가지고 집에 와서 밥 먹고 텔레비전 보고 앉아있는데 무엇을 알겠습니까? "나도 모르는 일이다."라고 말해주었습니다. 그래서 삼청동 총리 공관에 전화를 하니까, 당번하고 있는 경찰관들이 받고 보고를 하는 겁니다. "청와대 김계원 비서실장이 급한 일이 있다고 총리께서 좀 올라오시면 좋겠다는 전화가 있어서 그 전화를 받으시고 지금 막 올라가셨다."고 하더군요. 그게 언제냐고 그랬더니 한 7시 반에서 8시 사이에 그렇게 되는 것 같다는 겁니다. 그런데 그 뒤는 전화가 빗발치듯 오고 그래요. 하여튼 무슨 일이 있는데 뭔지는 아무도 모르겠고, 총리는 지금 청와대에 가 계신데 왜 갔는지도 모르겠는 상황이 된 거죠.

이제 그 다음부터는 서교동 최규하 대통령한테 들은 이야기입니다. 그 사람이 전화를 해서 갔더니, 그곳이 지금은 새로 지어서 틀리지만 옛날에는 일본 총독 관저였어요. 마루바닥이 밑에 있어서 아래 위층이 막 삐거덕거립니다. 이층에 비서실장실이 있어요. 그래서 이제 올라가서 들어갔더니 김계원 비서실장이 눈물이 글썽글썽하면서 "김재규하고 차지철 두 놈이 쌈박질을 하다가 그만." 쌈박질을 하다가 어떻게 되었느냐고 다시 묻던 중에 구자춘 내무장관하고 김치열 법무장관이 들어오시더랍니다. 그쪽에도 김계원 비서실장이 전화를 했던 모양이에요, "좀 오셨으면 좋겠다고." 안보장관들이고 그러니까 아마 불렀던 거 같아요. 그러니까 이야기가 중간에 끊어지고 뭐가 어떻게 되었는지도 모르고 그래서, 그러면 "차지철이는 어떻게 되고 김재규는 어떻게 되었느냐?" 그랬더니 "김재규는 어디로 차를 타고 갔고, 차지철이도 뭐가 어떻게 되었는지 모르겠다." 상황이 뭐 그런 이야기더라 이야깁니다.

그래서 조금 있으니까 전화가 왔는데 그게 김재규가 김계원 비서실장한테 한 전화에요. 그러면서 "형님 이리 오시죠." 그랬답니다, 전화통에다. 그래서 무슨 전화냐 그랬더니, 지금 국방부에 중요 인사들이 모여 있으니까 그곳으로 총리를 모시고 오라는 겁니다. 그래서 어차피 안보상에 중요한 문제가 생겨 그에 대한 조치를 하려면 군 지휘를 할 수 있는 그런 지휘소(Command Post, CP)가 있는 국방부나 육본 근처에 가서 하는 것이 훨씬 유리할 거 아니겠어요. 그래서 청와대에서 가자고 하셨답니다. 그래서 이쪽에서 구자춘 장관, 김치열 법무장관, 그리고 유혁인이라고 정무수석이 있었어요. 박 대통령 시절에 정치담당 수석이죠. 그 양반들과 같이 국방부를 간 겁니다. 가보니까 김재규라는 사람이 하여튼 반이성을 잃은 정도로 상의도 없고 와이셔츠 바람에 왔다 갔다 하면서 물만 찾고 그러더래요. 그러면서 이거 빨리 비상계엄을 선포해야 한다고만 하더랍니다. 그래서 사람들이 비상계엄에 이유가 있어야 비상계엄을 하지 무슨 놈의 비상계엄이냐 하니까, "대통령이 유고다." 아니 대통령이 유고라니 무슨 유고인지 이야기를 해야지. 그건 뭐 소용없고, 하여간 비상계엄을 빨리 선포를 해서 이것을 안정을 시켜야 되고, 이북 아이들 알고 그러면 더 큰일난다는 둥 김재규가 하는 짓이 수상하니까, 이쪽에 국무위원들을 다 그 곳으로 오시라고 불러 모은 모양이에요.

그래서 이제 신현확 부총리도 오시고 문공부 김성진 장관도 오셨습니다. 그런데 이 양반들이 깐깐하시거든요. 그러니까 김재규를 제쳐놓고 집중적으로 김계원 비서실장을 붙들고 물어본 모양이에요. "저놈 어째 저 모양으로 하고 돌아다니고, 도대체 유고라는데 유고가 어떻게 된 거냐, 돌아가신 거냐, 아니면 누가 납치를 해간 거냐, 어떻게 된 거냐?" 이제 그 지경이 되니까, 시간도 한 11시 가깝게 되었을 때 김계원이 이 판세가 그냥 쉽게 넘어갈 수 없다는 생각이 들었던지 장관 보좌관실 별도 방에서 노재현 국방장관에게 김계원 비서실장이 "유고의 범인은 저 놈이다." 하는 것을 처음 발설을 했다는 겁니다. 그러니까 노재현 장관이 총리한테 보고를 했죠. 그러면서 바로 보안사에 연락을 해서 김재규가 범인이니까 잡으라고 지시해서, 정말 007작전을 해가지고 김재규를 정말 아무런 사고나 다른 피해가 없이 잡았습니다. 만약에 거기서 "저놈 잡아라." 하고 소리를 친다든지, 잘못해서 무슨 일이 있었으면 많은 사람이 살상을 당했을 겁니다. 왜냐하면 중앙정보부장 수행하는 애들이 전부 권총을 가지고 있었고, 본인도 총을 차고 있었습니다. 그러니까 거기서 비무장된 사람을 상대로 해서 위협을 하면 그것이 어떤 판국으로 가게 될 지는 누구도 모르는 거죠. 그래서 김재규를 방카로 유인을 해서 잡은 거예요.

그 후에 이제 김계원에게 다시 전 국무위원이 앉아 있는데서 이야기를 한 거죠. 확실히 이야기를 해라 그랬더니, 저녁을 먹고 그런 일이 있어 둘이 그러다가 그 놈이 총을 쐈다는 겁니다. 그래서 각하를 분원에 모셨는데 생사가 어떻게 되었는지 잘 모르겠다. 그러면 이제 진짜 유고인지 어떻게 된 것인지 확인을 해야 할 거 아닙니까. 그래서 최규하 총리, 신현확 부총리, 내무장관, 국방장관, 문공부장관 이렇게 다섯 분이 삼청동 분원에 가서 시신을 확인을 한 거예요. 그랬더니 이미 돌아가신 후였습니다. 그래서 흰 천을 이렇게 덮어놓았대요. 그렇게 유고를 확인을 하고 이제 다시 이분들이 국방부 상황실에 와서, 임시 국무회의에서 신현확 부총리가 "대통령께서 돌아가셔서 여기 계신 국무총리가 헌법에 의해서 대통령 권한대행으로 승계를 지금부터 하는 것이다." 하는 것을 정식으로 선언을 하고, 거기에 있는 군인들이 국가원수에 대한 충성경례를 하고 권한대행이 되신 거죠.

그날 저녁에 국방부 국무회의에서 다 결정을 하고, 새벽에 그러니까 10

월 27일이죠. 정일권, 김종필, 이효상, 박준규 또 한 분이 더 계셨는데, 그 분들이 자다 말고 뛰어 오셨습니다. 삼청동 공관으로 박 대통령께서 돌아 가셨다는 이야기를 정부 주요 인사들에게 설명을 할 때 새벽 5시 반쯤이었 습니다. 총리가 5시에 전화를 해서 오라고 그러니 자다가 무슨 일인지 모 르고 그냥 양치질만 하고 오신 겁니다. 그래서 그때 김계원 비서실장이 그 상황을 모두 설명을 했죠. 그리고서 김성진 장관이 새벽에 중앙청 기자단 을 전화로 불렀습니다. 기자들도 거의 우리와 같이 도착을 했습니다. 중앙 청 출입기자실에 칠판이 있어요. 김성진 씨가 그 칠판에 써서 처음 유고 사실을 공포하고 비상계엄을 발표했습니다. 그때 제일 중요시 했던 것이 국가 안보입니다. 전방에 어떤 충돌이라든지 이런 것을 막고 남북 간에 긴 장이 전쟁으로 이어지는 불상사가 나지 않도록 하는 것 그것이 제일 큰 일 이었습니다.

후에 우리가 국장을 마친 다음에 청와대에 가보니까 참 박 대통령께서 얼마나 검소하신 분이셨는지 금방 알 수 있었습니다. 그분이 조금 허리도 안 좋았어요. 옛날 스프링 침대가 있어요. 옛날에 병원 같은데 가면 이렇 게 스프링을 연결해가지고 출렁출렁하고 삐꺽삐꺽 소리도 나고 그 위에 매트리스 깔고 그랬습니다. 이 양반은 매트리스도 안 깔고 합판을 까셨더 라구요. 허리가 안 좋으시니까. 그리고 화장실의 욕조가 대통령 때부터 쓰 시던 건지 언제부터 쓰시던 건지 모르지만 사기가 깨져서 금이 가서 그 사 이사이에 때가 껴서는 까만 모자이크 타일 같아요. 그렇게 검소하시게 지 내셨더라구요. 그래서 그걸 수리해서 저희들은 다음해 1월 달인가 입주했 습니다. 벽지 다시 바르고 뭐하고 그러는 동안에 후임 총리하시는 분에게 는 죄송스럽게 되었지만 총리공관을 못 비워 주었습니다. 총리공관에서 청와대 출퇴근하시고 생활을 했죠. 그러면서 국장을 9일장으로 모셨습니 다.

박 대통령께서 참 훌륭하신 것이 금고를 열어보니까, 밖으로는 아직도 그런 이야기가 안 나가고 그런 것 같은데, 거기에 중요 서류가 하나 있었어요. 그게 뭔지 알아요? 모르시는구먼. 이야기를 안 하시는 것을 보니. 그게 하나의 양해각서인데 미국에게 받아놓은 것입니다. 한반도에 유사시 군수품 중에서 제일 중요한 게 현대전에서는 유류 아니에요? 군수 유류가 원활하게 공급이 안 되었을 때에는 미국이 이것을 전량 지원을 한다는 각서를 받아놓은 페이퍼에요. 그게 얼마나 중요한 서류에요? 이북에서 1980년도에 남쪽을 무력으로 점령할 수 있는 황금시기를 놓쳤다고 하는 이야기를 한 뒤에는 이유가 있습니다. 중화인민공화국에서 압록강을 넘어오는 송유관 파이프가 세 개가 있어요. 그런데 중공 정부가 북한에 대주는 이 기름 수송라인 두 개를 잠가버린 거예요. 북한이 병력을 휴전선 쪽으로 전진 배치를 하고 전투 준비태세를 갖출 적에 중국이 그 정보를 입수해서는 파이프라인 두개를 잠가버렸어요. 그러니 기름 없이 뭐 비행기가 떠요, 탱크가 와요, 대포가 와요? 그래서 얼마 후에 뉴스위크에 북한 누군가가 인터뷰를 하던 중에 황금시기를 놓쳤다고 그런 이야기를 한 적이 있습니다. 박 대통령께서는 이러한 것을 방지하기 위해서 미국과 한미방위조약과 같은 일반적인 조약문서에는 없지만 사이드 각서를 받아 놓으신 겁니다. 그게 대단한 거지요.

보통 권한 대행이 해야 하는 가장 첫 번째 일은 대통령을 뽑아야 되는 것 아니에요? 대통령을 뽑는 것. 그런데 당시 제일 중요한 것은 안보, 북한의 무력적 도발 그것을 경계를 하는 것이고, 그 다음에 대통령을 뽑고, 그 다음에 사회안정을 하고 나름대로 경제가 흔들림 없이 발전할 수 있는 토양을 준비하는 이러한 것들을 하나하나 해 나가는 일이었지요. 그 중에서 이제 정치적으로는 공화당에서는 정풍운동 한다고 노인네들은 가라고 그러고 젊은 사람들이 해야 된다고 그러고, 김대중 씨는 그때만 해도 긴급조치 9호에 걸려서 정치적인 활동을 아무것도 할 수 없는 상태였고, 그러니 김영삼 그때 신민당 총재께서는 자기 외에는 아무도 없잖아요. 무주공산에 따논 당상으로 자기는 밥도 안 먹고 이제 소화제 먹을 판인데, 그렇게 아주 의기양양했고 모든 것에 대해서 과도기가 필요 없다, 내일이라도 정권을 내놓으면 자기가 대통령을 하겠다는 식으로 나섰지요. 그 양반이 성격이 급하다보니 정치 현장에서는 문제가 생기고 피차지간에 갈등도 생기죠.

조수현: 그런데 당시에 10·26 당시에 전두환 전 대통령이 군부에서 세력을 많이 확충하고 있던 상황이었나요?

신두순: 세력을 확충한 게 아니라 보안사령관이라는 그 자리가 당시에는 중요했어요. 한국의 정보기관이라는 것이 군에서는 보안사령부가 있고, 이쪽 내무부 사이드에서는 경찰이라는 정보기관의 정보가 있고, 그 다음에 국가 안보를 책임지는 정보활동을 하는 중앙정보부가 있고, 이것이 한국의 3개 정보 축입니다. 보안사는 군의 방첩 업무가 주죠. 그러니까 이 안에도 잘 몰라서 그렇지 평양의 인민무력부라든지 또는 정치보위부에서 여기 심어놓은, 저쪽에서 교육받고 넘어오는 간첩 말고 고정간첩이 있어요. 6·25때 퇴각하면서 심어놓은 사람도 있고 아버지의 뒤를 이어서 그 후손이 계속해서 여기서 농사짓고 무슨 공장하고 자전거포 하고 살면서 정보를 전달하는 그런 고정간첩들이 있다구요. 이런 대남 첩보하는 그런 사람들을 잡고 군 안에서의 기밀을 적에게 넘겨주고 하는 그러한 것을 막는 소위 방첩활동을 하는 것이 보안사의 주요임무입니다. 개중에는 정치하는 사람중에서도 그런 첩자가 없으리라는 법 없지 않습니까? 독일 같은 경우에도 서독 정부의 고위 관료가 동독의 첩자고 그러지 않았어요? 마찬가지로 그런 일들을 하다보면 상대편 쪽에서는 왜 우리를 정치사찰을 하느냐 하고 그러지만, 그런 의심을 가지고 보는 쪽에서는 그게 정치사찰이 아니라 소위 방첩활동을 하는 거죠. 정상적으로 혐의가 없으면 그만이지

만, 그 사람이 혐의가 있을 적에는 그게 국회의원이 아니라 무슨 장관이라도 자기 부장이라도 잡아야죠.

그리고 계엄하에서는 합동수사본부라는 것을 설치하게 되어 있어요. 법적으로 합동수사본부의 장을 누가 하게 되어있냐면, 그 세 개의 정보기관 중에서 보안사령관이 하게 되어 있어요. 왜냐하면 비상사태가 되니까 군이 우선이잖아요. 군정이니까 이제 중앙정보부, 경찰, 보안사 이 기능을 모두 합해서 슈퍼비전을 보안사령관이 하게 된 거죠. 그리고 더구나 그때는 중앙정보부는 자기 부장이 대통령을 시해한 원흉이 되어 있어서, 그 사람들이 정상적인 활동을 할 수가 없잖아요. 그러니까 전두환 보안사령관 개인이 위대해서 그런 것이 아니라, 정부 조직상 그렇게 막강한 정보기관을 운영하다보니까 힘이 그 쪽으로 쏠리게 된 거죠.

장훈각: 12 · 12에 대해서 몇 가지 여쭈어 보겠습니다. 당시에 계엄사령관이었던 정승화 육군 참모 총장이 10 · 26과 관련이 있다 해서 연행하겠다고 재가를 받기 위해서 당시 전두환 합동수사본부장이 최규하 대통령을 찾아 왔었습니다. 그때 당시의 전반적인 상황에 대해 말씀을 듣고 싶습니다.

신두순: 지금 국회의원하고 있는 황진하라는 분이 있어요. 그분이 그때 보안사령관 부관이고 소령이었어요. 12월 12일 그날 한 오후 4시쯤 되어서 전화가 왔던 것 같아요. 제 기억에 4시나 4시 반쯤 되었던 것 같습니다. 그때까지는 피차지간에 만날 일도 없었습니다. 보안사령부에서 사령관 부관하는 장교를 중앙청에서 보안사령부에 가서 만날 일도 없고 와서 만날 일도 없는 것이었지요. 보통 연락사항은 전부 유선으로 다 하는 겁니다. 합동수사본부가 설치되고 나서는 이제 창구가 저니까 이제 나한테 보안사령관이 권한대행께 보고를 드릴 사항이 있다고 연락이 온 겁니다. 당시에 합동수사본부장이 대통령 권한대행에게 보고를 드린다는데 그 순위를 봐서

일정의 우선순위에 들어가는 거 아니겠어요?

12월 12일 그 시간은 신현확 총리하고 조각에 대해 얘기하기로 되어있었습니다. 12월 6일 통일주체 국민회의 대의원 대회에서 권한대행에서 대통령이 되셨지요. 그때 취임사를 보면 전임 대통령의 잔여임기를 다하지 않고 위기관리 정부로서 이 난국을 수습하고 헌법을 가장 민주적으로 만들어서 다음 정권에 승계를 하는 것을 목표로 하겠다고 취임사를 하셨습니다. 새로운 조각을 하기 위해서 그전에 아주 실무적인 내각을 만드는 거예요. 무슨 정치를 하고 장기집권을 하고 4년이고 6년이고 뭐 임기를 전임 대통령 임기를 다 채우고 그런 것이 아니니까. 그때 국무위원들을 보면 거의 유임되었습니다. 그때 외부에서는 김옥길 문교장관만 오신 것 같습니다. 아, 법무부장관 백상기 씨 두 분만 밖에서 들어오고, 차관급 중에서 8분 유임하고 8분은 승진을 시켰다구요. 하여튼 실무내각을 하는 거예요.

그래서 12월 9일인가 며칠날인가 신현확 부총리를 국무총리로 지명을 하셔서 국회 승인을 받고, 14일 조각 발표를 예정하고 12일 저녁에 인선을 해가지고 국무총리하고 조각에 대한 것을 사전 협의를 하신다고 해서, 저녁 드시고 6시 반에 삼청동 총리 공관 관저에서 두 분이 국무위원 정하는 일을 하려고 시간 약속을 드렸던 상태였습니다. 그런데 그때 보안사령관, 합동수사본부장이 보고를 할 것이 있다고 시간을 달라고 한 겁니다. 얼마나 걸리느냐 그랬더니 뭐 간단한 보고라고 그래요. 그렇다면 조각이야 밤을 새고 할 수도 있는 거고 그래서, 그때 신 총리께서 후암동 어디에서 사셨어요, 거기 연락을 해가지고 30분만 뒤에 오셨으면 좋겠다고 말씀드렸죠. 그래서 7시에 오시는 것으로 약속변경을 하고, 보안사령관에게 공관에 와서 보고를 하라고 6시 반에 시간을 줬어요. 그래서 6시 반에 온 겁니다.

전두환 합동수사본부장이 노란봉투인가 뭔가를 들고 오셨습니다. 공관에 서재가 있어요. 지금 뭐 다 부수고 새로 짓고 그랬습니다만, 하여튼 리빙룸에서 접견을 하셨습니다. 그 다음부터야 두 분이 한 이야기이니까, 내가 직접 들은 것도 아닙니다. 내가 거둔 것도 아니고 잘 모르는 이야기입니다만, 어르신 말씀을 전한다면 다음과 같습니다. 전두환 합동수사본부장이 간단한 보고라고 하면서 서류를 내놓더라는 겁니다. 10월 26일 저녁 궁정동에 정승화 육군 참모 총장하고 김정섭이라는 보안차장보가 그 현장에 와 있었어요. 궁정동 현장에. 그래서 그 서류가 "아무리 생각을 해도 자기네들이 조사결과로는 정승화 육군참모총장이 박 대통령 시해 사건에 김재규하고 연루가 되어 있는 것 같다는 확신이 서서 정승화 총장을 체포를 해야 되겠습니다." 하는 내용입니다. 그러니 "재가를 해주십시오." 하는 이야기를 하더랍니다. 그런데 이 어른이 그냥 "어 그래? 잡아야지." 하고 사인을 할 분이 아니시잖아요. 그러니까 정승화 육군참모총장이 그냥 참모총장이냐? 현재 계엄사령관을 겸직하고 있는 게 아니냐, 그럼 계엄사령관은 뭐냐? 그게 다 법에 의해서 국무회의에서 의결하고 그래요. 지금 국가의 누란의 위기에서 그런 중요한 군정의 최고책임을 맡고 있는 사람을 주무 장관의 아무런 소견이 없이 대통령 혼자 단독으로 결정할 수 있는 것이 아닙니다. 왜 그러냐하면 임명을 할 때에는 국무회의 의결을 거쳐서 임명을 했는데 체포할 때에는 자기 혼자 잡는다? 이건 말이 안 되니까, 국방부장관의 의견을 듣는 것이 중요하겠다. 그러니 "이것을 나한테 결재를 하기 전에 국방장관의 의견을 먼저 듣고 그쪽의 의견이 당신 의견하고 같다고 한다면 모르지만, 그렇지 않다고 한다면 재고를 해야 되는 것이 아니냐? 그러니 장관의 의견이 가장 중요하니 국방장관을 대동을 해서 오시오." 그랬답니다.

그랬더니 하는 이야기가 "옛날에 박 대통령께서는 당시 수경사령관이었던 윤필용 장군도 그리고 5·16혁명 때 1군이었던 이한림 장군도 막 잡아왔는데, 무슨 국방부장관의 배서가 필요합니까?" 그랬답니다. 그래서 "아이 사람아, 윤필용장군은 육군 소장이고 하나는 육군 중장이고 뭐 그런 사람들 잡는 거야 글쎄 혐의가 있으면 그렇게 할 수도 있지만, 아까도 이야기했지만 그렇게 육군참모총장 겸 계엄사령관인 중요 직책을 맡고 있는 사람을 대통령이 혼자 그렇게 한다는 것은 이야기가 안 된다." 그래가지고 조금 더 이야기를 한 모양이에요. 그러니까 이제 안 되는 것이죠. 못 하시 겠다는데. 그러니까 이제 노재현 장관을 찾아와야 했던 겁니다.

그게 이제 한 7시가 훨씬 넘어 7시 반인가 시간이 그렇게 되었습니다. 신 총리는 밖에 와서 기다리셨고. 그때 당시 전두환 합동수사본부장이 떠 날 때, 그거 자기가 일어나서 가기보다도, 보안사 이학봉 중령이 그때 전 화를 한 거예요. 당시 저희는 모르고 있었지만 육군 총장에 가서 정승화 체포 하는 시간을 결재 맡는 시간하고 같이 맞추어 작전시간을 정한 거예 요. 그런데 정상적으로 참모총장을 못 잡고 공관 경비대하고 충돌이 나서 는 한남동이 마비가 되고 전쟁터가 되지 않았어요? 그러니까 현장에서 그 렇게 된 상황을 본부에 연락을 하니까 본부에서 이학봉이 전사령관에게 연락을 한 거죠. 그렇게 돼서 한남동 공관이 쉽게 자기들이 생각한 것 같 이 집행이 안 되고 있다는 상황을 전달을 하니까, "뭐야?" 그러면서 공관에 서 뛰어 나갔다는 거예요. 이제 여기서야 우리가 방법이 없잖아요. 그래서 신 총리께 이런 이야기를 하고 두 분이 앉아 계시는데 최광수 비서실장도 오시라고 해서 오셨습니다. 그때부터 상황이 둘로 갈라져서 우리 군에 문 제가 생긴 거죠. 그게 결국 12·12가 되었던 겁니다.

거기에서 우리가 가장 중요시 했던 것이 북한문제였어요. 휴전선 북쪽 에 있는 아이들이 알아보세요. 그때 금촌에 있는 탱크 부대가 서울로 다 왔어요. 그리고 9사단의 최전방 수색, 전투연대만 빼고 2개 연대가 다 서 울로 빠졌습니다. 그러니까 이쪽 서부 전선이 통일로를 중심으로 해서 미2 사단을 빼고 완전히 공백이었다구요. 아무것도 없었어요. 밀면 40분이면 서울에 와요. 그래서 그것을 제일 걱정을 했습니다. 두 번째로는 만약에 정말 우리가 어떤 액션을 취했었을 때에는 서울 시내에서 전투가 납니다. 안 나겠어요? 한 쪽은 죽기 살기로 하는데. 그러면 밤중에 다 정말 곤히 자는데 서울 장안에서 시가전이 벌어졌다고 합시다. 탱크가 막 대포를 쏴대고, 어떤 놈이 적군인지 아군인지도 모르는 거야. 깜깜한 밤중에 어디에다 표시한 것도 없고, 다 전방부대 아이들 색깔도 똑같고 군복도 똑같고 그렇죠. 20사단에서는 도농에서 들어오지요, 30사단은 수색에서 들어오지요, 저기 어디야 용인이야 양지야? 3군사에서는 막 전군이 다 일어난다고 난리죠. 그러면 어떻게 돼요? 자중지란이 나면 그냥 그대로 다 주저앉는 겁니다.

그런데 그 다음날 아침에 다 조용했잖아요. 13일 아침에 세상이 어제 밤에 뭔 일이 있었는지 발표하기 전에는 서울 시민들이 아는 사람들이 별로 없었을 거예요. 사실 그러면 그런 것을 칭찬을 해줘야 한다고 생각해요. 그런 것을 인내하고, 수습이 a가 되었든 b가 되었든 간에... 그런 상황에서 바둑판이 엉망진창이 안 되고 그런대로 개가를 할 수 있을 정도로 모든 것이 조용하게 끝났다면, 그런 것들을 사람들이 인정을 해줘야 되는 것 아닌가 합니다. 그런데 앉아가지고 뭐가 어떻고 어떻다고 그런 이야기들을 할 적에 답답한 마음도 듭니다. 당사자로서는 그렇지요.

그렇게 해서 나중에 알고 봤더니 새벽에 국방장관이 연락이 안 되는 거예요. 한남동 한 콤파운드 안에 국방장관 공관, 합참의장 공관, 육군총장 공관, 외무장관 공관 네 개가 이렇게 같이 있어요. 그런데 거기서 막 난리가 나니까 이 양반이 무슨 북한 특수부대가 와가지고 큰 난리가 난 줄 알고 그냥 차를 타고 어디론가 가신 거에요. 후에 공관에 왔는데 보니까 집 안에서 신던 구두를 그대로 신은 채 뒷축도 끌고 잠바 바람에 그러고 왔더라구요. 부관이 해병 소령 출신인데, 장관을 차로 모시고 행주대교로 어디로 그냥 밖을 헤매신 모양이야. 공관에 있던 차였는데, 무전기 있는 차도 아니고 그러니까 연락이 안 됐던 겁니다. 이 양반이 나중에 다시 와서 미8군 벙커 거기 어디 계셨나 봐요. 이때 공수병력이 와서 국방부에 들어가지 않았어요? 그때야 그곳에 계신 것을 확인을 해서 그 양반을 국방부에서 발

견해낸 거죠. 그렇게 대통령하고 연락이 된 거에요. 그래서 "이 사람아 뭐 하고 아직 그러고 있느냐?" 빨리 오라고 그러니까, 저쪽에선 자기가 지금 상황에서는 거기서 갈 수가 없다는 이야기에요. 그러면 이쪽에서 가면 될 거 아니냐 그래서, 신 총리하고 그때 이희승 중앙정보부장 직무대리, 두 분이 노재현 장관을 인수 하러 국방부로 그 새벽에 갔습니다.

그래서 거기 가서 보니까 국방부 청사의 유리가 다 깨지고 난리가 난 거예요. 전쟁을 했으니. 위에서는 발칸포를 쏘고 난리를 쳤으니까요. 그래가지고 좌우지간 이제 만나서 모시고 왔습니다. 그런데 신 총리는 오셨는데 보니까 혼자 오셨어요. 그래서 노재현 장관은 어디 가셨냐고 그랬더니, "아니 뒤따라 왔는데..." 그러니까 뒤따라 온 차를 붙들어 놓은 거예요. 신 총리가 앞차를 타고 거기서 우회전을 시켰는데, 와보니까 없는 거예요. 삼청동 공관을 들어오려면 보안사를 지나야 되잖아요? 거기 국립민속박물관 앞이 보안사에요. 통합병원 분원도 있고 화랑들 있는 데, 그 쪽에서 "대통령을 뵙기 전에 보안사로 먼저 모셔라." 그랬던 거 같아요. 그래서 거기서 대통령께서 국방장관의 의견을 들어야 재가를 하시겠다고 이야기를 했겠죠. 상황이 이렇게 되고 이렇게 돼서 이런 혐의가 있어서 이렇게 해야 된다고. 그러니 "장관님께서 결재를 해주십시오." 그랬겠죠. 하여튼 후에 노재현 장관이 전두환 사령관이 초저녁에 들고 왔던 그 봉투를 들고 온 거에요. 그래가지고 "재가를 해주시는 것이 좋겠습니다." 그러니까 "그럼 신 총리도 보시라고." 그런데 거기서 신 총리의 기억은 분명치 않은 것 같아요. 자기는 그냥 보라고 해서 보기만 했다고 그러십니다. 대통령께서는 신 총리께서 거기다 부서를 하셨다 그러셨는데, 하여튼 보기는 하셨나 봐요. 그 서류에 사인을 하고 12월 13일 05시 십 몇 분인가 시간 분을 딱 적으셨더라구요.

이제 그게 역사적인 기록이라고 해서 그 서류를 내 놔라 하니까 보안사에서 안 내놓잖아요. 없다고 하고 모른다고 하고. 지금도 그 서류가 미싱

이에요. 없습니다. 우리가 그 서류를 갖고 있나요? 사인을 받은 곳에서 가져가는 것이지. 그 이야기는 결국은 대통령의 사전재가 없이 그런 주요 직책에 있는 육군총장 겸 계엄사령관을 합동수사본부가 먼저 체포를 했다. 그것이 하극상이 아니냐 하는 이야기가 된 겁니다.

조수현: 지금까지 최규하 대통령의 총리 시절부터 12·12사태까지 많은 말씀을 해주셨는데요.

신두순: 조금 했지요.

조수현: 오늘은 여기까지로 하고 다음번에 5·18광주 민주화 운동, 최규하 대통령 하야 과정, 그리고 하야 이후의 일들과 관련한 부분에 대해서 더 말씀을 해 주셨으면 합니다. 네, 오늘 말씀해 주시느라 고생하셨습니다.

신두순: 아이 천만에...

조수현: 감사합니다.

>>>>> 2차 구술 ──────────────────────────

신두순: 제가 그분의 우선 행정적인 정책결정이든지 또는 리더십에 대해서 몇 가지 이야기를 하려합니다. 재미있는 에피소드를 겸한 정책결정이라든가 총리로서의 행정지도에 속하는 이야기입니다. 총리가 그 시절만

해도 지방자치 단체장도 정부에서 임명하던 시절이었기 때문에, 다른 시·도는 내무부장관이 감독을 하지만 서울시만은 국무총리가 감독을 해요. 지금은 안 그렇지만 그 시절 서울시에 이 어른이 시장한테 지시를 해서 만들어 놓은 일들이 몇 가지가 있습니다.

그중에 테헤란로 있죠. 그 테헤란로가 이란의 팔레비 왕정시절에 울산에 비행기 기름을 만드는 정유공장에 쌍용과 함께 투자를 해서 만든 것이에요. 친선의 뜻으로 서울에는 테헤란로, 이란 테헤란에는 서울로를 양쪽에 만들었습니다. 지금도 보면 테헤란로가 다른 곳보다 에비뉴가 넓고 크고 좋잖아요. 강남에서 삼성역까지. 1978년에 저희들이 파리를 갔었습니다. 파리의 샹젤리제 거리에 5월에 가면 마로니에가 개선문 주위로 두 줄씩 네 줄이 쭉 심어져 있습니다. 마로니에 꽃송이가 얼마나 탐스러워요. 파란 잎 위에 하얀 꽃이 정말 유리등같이 가로등같이 너무 예쁘고 냄새도 좋습니다. 구자춘 서울시장에게 기왕에 좋은 길을 이왕에 이렇게 만드니 그곳에 마로니에를 심어서 더 길을 아름답게 하라고 지시를 했어요. 하지만 거기까지만 이야기하면 괜찮았는데, 마로니에라는 것이 식물의 과가 밤나무과고 뭐고 한참 그 나무 설명을 했다고요. 그러니 서울시장이 바빠 죽겠는데 이 양반 이야기는 하는데 안 들을 수는 없고 가다가 잊어버렸어요. 시장실에 돌아가서 도로국장을 불러서는 총리께서 테헤란로에 밤나무를 심으라고 하신다고 그러셨답니다. 얼마 있다가 도로국장이 왔어요. 아니 총리께서 테헤란로에 밤나무를 심으라고 했다는데 무슨 소리냐고. 그래서 그런 이야기를 해서 돌려보냈습니다. 지금 보시면 알지만 테헤란로에 마로니에가 어떻게 되어 있어요. 있어요? 없어요? 있기도 하고 없기도 하고 그래요. 강남역에 가면 네 귀퉁이에 마로니에가 있어요. 삼성역에 가면 로터리 네 귀퉁이에 마로니에가 있어요. 서울시 친구들이 그러고는 와서 마로니에를 다 심었다고 보고를 하는 겁니다. 나중에 가보니까, 양쪽에만 심어놓았더군요. 왜 그랬냐고 그랬더니, 묘목이 없어 모자라서 상징적으로 심었다는 이야기였습니다.

그리고 또 하나는 지금 한강에 열여덟 개인가 몇 개의 다리가 있지만 그렇게 아름다운 다리라고 할 수 있는 것은 참 보기 힘들지요. 옛날엔 경제적으로 쉽게 건너다니는 게 다리니까 그런 식으로만 다리를 지은 겁니다. 그런데 성산대교 있지요? 보면 다리가 조금 특별나지 않아요? 아치형으로 되어 있지요. 그것이 세종로에서 김포공항을 나가려면 지금도 서대문 독립문 있는데, 금화터널을 넘어서 연세대 앞으로 해서 성산대교를 건너서 김포공항을 가잖아요. 그러면 사실 우리 서울을 들어오는 제일 첫 번째 다리입니다. 처음에 서울시에서 설계를 해 왔었는데 그냥 평면 다리에요. 성산대교는 그렇게 해서는 안 되지 않겠느냐 그래서, 그것을 한 석 달인가 서울시하고 총리실이 논쟁을 한 겁니다. 정말 미적인 감각이 있는 서울을 상징하는 다리를 만들자 그러니까, 서울시는 예산이 없어서 못한다. 그리고 그렇게 하려면 철판이 어떻구 뭐가 어떻구 말이 많아요. 이 어르신이 고집도 세시지만 인내심이 강하기 때문에 그 친구들과 결국은 한 석 달은 전쟁을 해가지고 총리께서 그것을 관철을 하셨습니다. 그 과정을 거쳐 오늘의 성산대교가 된 거에요.

그리고 또 하나는 다리하고 관련된 건데 성수대교 있잖아요. 옛날에는 다리는 다 건너서 왔다 갔다 하는 것으로 되어 있지 인터체인지라는 것이 없었습니다. 서울에서 인터체인지를 제일 먼저 그것도 양쪽은 못하고 북단 한쪽이라도 인터체인지를 한 것이 성수대교에요. 그때 설계를 해서 만드시고 이 양반이 일주일 거리로 주말이면 거기 가서 잠깐 감독을 하시곤 하셨습니다. 그러니까 그런 것이 일종의 정책결정들에 이르면 총리로서 감독관으로서의 행정지도에 의해서 생겨진 그러한 작품들입니다.

그리고 지방에 내려가면 울진에 백암온천이라고 있어요. 백암온천 가는 그 도로가 한 십 몇 킬로가 되는데 비포장이었어요. 처음에 거기 좋은 온천이 있어서 사람들이 한참 찾아다니고 그러니까 관광버스가 얼마나 많이 다니겠어요. 그런데 그 도로가 지방도로가 되어서 국비로는 지원이 안 되고, 관광버스가 하루에서 수백 대가 왔다 갔다 하니까 그 동네에 사는 사람들은 그 먼지 때문에 빨래도 못 널었습니다. 그게 큰 민원이 된 거에요. 어느 해 동해안에 해일이 나서 강릉에서부터 포항까지 어촌에 피해지역 시찰을 나갔습니다. 가는 길에 한 떼의 사람들이 길을 막고 수 백 명이 서 있더군요. 백암온천 들어가는 입구 어디인지 우리도 해가 떨어져서 잘 모르겠는데 보니까, 그곳 지역 국회의원하고 도지사하고 그 동네 주민들이 다 나와서는 여기를 포장을 해달라는 이야기에요. 그러니까 요즘 경우를 보면 지도자들이 결심을 빨리해서 그것은 안 된다고 하라고 이야기들 하고 그러지만, 이 신중하신 어른이 알았다고 뜻은 충분히 알았으니까 서울 가서 검토를 하겠다고 하셨습니다. 그리고 돌아오셔서는 행정조정실에 담당조정관을 세 번인가 네 번인가 보내 실사를 하고 소요예산과 재원을 경제기획원하고 검토를 해서 그것이 성안이 된 다음에 삼년에 걸쳐서 완공을 해서 줬어요. 느리지만 완벽한 행정을 하셨던 좋은 예지요.

여기까지 이야기를 하고 오늘 12·12 이후부터 하란 이야기죠? 그래서 조금 전에 이야기했던 대로 80년 서울의 봄, 서울 안개정국이라는 것이 긴급조치 9호가 해제된 다음의 일입니다. 대통령 취임하시면서 제일 먼저 하신 것이 긴급조치 9호 해제입니다. 김대중 씨를 포함한 반체제 인사들 전부 정치활동 재개를 할 수 있는 그 길을 다 터준 거죠. 그러면서 민주당 대표도 만나셔서는 "나는 정치를 않겠다. 그러니 내가 맡고 있는 동안에 좋은 헌법을 만들어서 정말 누가 선수가 되든지 간에 나는 심판을 충실하게 보겠다." 하여간 이 정치판에서 집권할 생각이 없다는 것을 천명을 하시고 묶여있던 사람들도 다 이제 조치를 해제하고 그런 일들이 생긴 것이 80년 봄의 일입니다. 그랬는데 정치인들이 나와서 민주적인 헌법을 만들어 거기서 정당을 통해 뭘 한다는 것보다는, 하여간 빨리 당겨서 자기가 나라의 주인이 되고자 '정권 물러가라, 내놔라' 하는 것이 이슈가 되었습니다. 그리고 그런 것이 학생 캠퍼스 사회에도 넘어와서 학생들까지도 또 전부 그런 운동에 앞장을 서고 노동계는 노동계대로 많은 노사분규가 생기잖았어요.

그때 가장 큰 사건이 사북사태입니다. 탄광지대에서 임금인상과 인권문제를 거론하기 시작한 거죠. 그래서 그때 청와대에서 민정비서관이 현장에 나가서는 받아온 그 육감적인 느낌이 저런 사건들이 전국적으로 번졌을 적에 큰 힘이 물리적인 힘이 없어서는 해결하기가 어려운 세상이 오지 않겠느냐 하는 판단을 했고, 또 그런 것을 대통령께 보고를 드린 적이 있습니다. 그러한 우려가 현실로 나타난 것이 결국은 그 80년 5월의 사건들이며 이제 그런 상황으로 넘어가는 계기가 되는 거죠.

그런 와중에서 우리가 중동을 가지 않습니까? 석유문제로 인한 두 번째 오일쇼크시기였어요. 당시 석유는 85%정도가 중동에서, 거의 사우디에서 들어왔습니다. 중요한 것은 많은 우리 회사들이 그곳에서 일을 하고 있는데 그것도 장사니까 좋은 여건 속에서 더 많은 장사를 하기 위해서 약간의 좋지 않은 관행이 있었고, 사우디 왕실 사람의 어떤 부정하고 연결이 되었습니다. 그것을 국왕이 인지를 하게 됩니다. 아무리 공산주의를 적으로 하는 형제 국가라고 하더라도 내 인척을 그렇게 좋지 않은 일로 해서 이용을 하는 사람들은 더 이상 형제라고 이야기하기가 힘들지 않느냐, 그래서 징치를 해야 되겠다 하는 겁니다. 그 일 이후부터 석유수입량이 매일 줄어요, 몇 만 배럴씩. 국왕의 지시에 의한 것이었습니다. 그러니까 그냥두면 다른 수입선을 개척을 하기 전에는 석유가 수입되기 힘들지 않겠어요. 석유는 값이 비싼 것이 문제가 아니라 물량을 확보하는 게 중요하거든요. 그래서 1979년 10월에 박정희 대통령께서 그러한 문제를 해결하기 위해서 사우디 방문을 이미 약속을 하신 바가 있었는데 10 · 26에 의해서 그것이 이루어지지 않았던 겁니다. 그러니까 누군가가 가서 진사를 하지 않으면 이게 해결이 안 되는 것이에요. 신군부가 무슨 자기네들 뭘 하기 위해서 등

떠밀어 내보냈다 그런 이야기를 하지만, 그게 아니라 그러한 위급한 상황에서 결국은 박 대통령을 위해서 후임대통령께서 다시 교섭을 해가지고 방문을 하겠다고 했더니, 저쪽에서 좋겠다고 그런 약속을 받고 날짜를 조정해서 잡은 것이 5월 10일인가 며칠인가 되었던 거죠. 그래서 중동을 다녀온 겁니다.

당시 국내정치는 헌법문제로 시끄러웠습니다. 국회에서 헌법을 만들려면 헌법을 만드는 위원회가 있어야 되고 그 위원회에서 헌법을 만들어서 그것을 국민투표를 부쳐야 되지 않겠느냐 해서 김택수 의원이 위원장이 되어서는 직선제 개헌안을 일방적으로 만들어 정부에 던지려고 했습니다. 그런데 10·26이라는 엄청난 사건이 대통령중심제 헌법 하에서 일어났던 거 아니겠습니까? 그러니까 어떤 또 다른 케이스로 국가의 책임자가 유고를 당했을 때에 올 수 있는 정치적인 공백을 어떻게 수습을 할 거냐 하는 것이 중요한 헌법적 관심의 하나였어요. 그래서 차제에 좋은 헌법을 만든다면 국회만이 그 개헌 심사 심의위원회를 만들 것이 아니라 정부도 심의위원회를 만들어서 여러 케이스의 안을 검토해서 그것이 서로 맞으면 좋고 안 맞으면 좋은 안을 서로 보완할 수 있는 여지도 있는 것이니까 그렇게 하는 것이 좋지 않겠느냐 하는 의견이 있었어요. 그래서 정부도 법제처장인 김도창 처장을 중심으로 해서 그것을 만들었죠. 국무총리가 위원장이고 그리고 간사가 법제처장이고 이쪽에서 전부했죠. 그것이 헌법개정심의위원회였습니다.

그랬더니 정부가 구상하는 것이 이원집정부제 아니냐는 문제제기가 나왔습니다. 그것도 하나의 안이 될 수 있다고 봐요. 권력이 양분되어 있으면, 한 쪽이 잘못되는 경우가 있더라도 한쪽이 커버를 할 수 있는 여지가 있지만 모든 권력이 하나의 축으로 이렇게 돌아가다가 그 축이 부러졌을 때에는 그것은 엄청난 내란도 예견이 되는 것이고, 외환도 있을 수 있는 것 아니겠습니까? 그런 그 어려운 상황을 우리가 극복을 하는데 국가의 틀을 어떻게 하는가 하는 것은 굉장히 중요한 일이고 그러니까 이제 여러 가지를 해보자고 했던 것이지요. 그런 점에서 이원집정부제도 연구를 해볼 수 있던 것이었습니다.

그랬던 것이 신군부가 실권을 장악을 하고나서 이원집정부제에 대한 것으로 시끄러워졌습니다. 그 옛날에 4·19 후에 민주당 정부가 그렇게 하지 않았습니까? 윤보선 대통령이 외교국방을 책임을 지시고 장면 내각이 실무적인 그 국정운영을 하던 그런 케이스도 있고 그랬던 것처럼 말입니다. 정통적인 대통령 직선제로 하는 것이 전능한 것으로 이렇게 생각하는 사람들 측에서 보면 이단적인 또 다른 정치세력을 만들려고 하는 것이 아닌가하는 그런 시각에서 그렇게 그 이야기도 할 수 있었겠지요. 5·17 전에 4월까지의 한국의 소위 안개정국이라는 상황 속에서 그런 것들로 세월을 보냈죠.

장훈각: 네, 그러면 5·16일 그때 국보위 설치안에 대한 안이 결정되었다고 알고 있습니다. 최규하 대통령께서는 국보위 설치에 대해 어떤 입장이셨는지요?

신두순: 그 부분을 이야기를 한다면 그때 국방부에서 전군 주요 지휘관 회의를 했답니다. 우리는 사우디에서 돌아오는 길이었지요. 서울시청앞, 서울역 이런 곳에서 수십만의 인파가, 경찰도 며칠 전에는 차에 깔려 죽고 하는 인사사고도 나고 하는 속에서 이제 그러한 난국을 수습한다는 명목이었겠지요. 하여튼 주요 지휘관 회의를 하는데서 나름대로 그런 것들이 결정이 된 거 같아요. 우리는 당시 잘 몰랐었습니다. 그래서 서울에 와서 그러한 이야기를 들었었을 때, 말씀드린 대로 그러한 헌정중단이라는 것은 후진국에서나 하는 것이지 있을 수가 있는 일이 아니지 않느냐. 국회 해산은 차치하더라도 초헌법기구를 만든다는 것은 이것은 우리나라에서

는 있을 수가 없는 일이다. 그 나머지는 한번 각의에서 검토들을 해보는 것이 좋겠다. 그것이 그 당시 대통령 입장이었습니다. 그래서 국무회의를 한 결과가 그 지경이 된 거에요. 1분 몇 십 초만에 끝이 나는 국무회의가 되었어요. 그때 상황이 수경사에 있던 군인들이 중앙청을 다 점령을 하고 동선을 전부 끊어가지고 전화가 안 되고 그랬었어요. 중앙청에 군인들이 점령을 하다시피 한 그러한 분위기, 그렇게 정상적인 분위기가 아닌 상태에서 하여간 그것이 가결이 돼서 전국으로 계엄이 확대되고, 그러한 초헌법기구안에 이제 보통 우리 일반법에 의한 기구로서의 변형이 생기니까 그것을 정리를 하는데 시간이 필요했습니다. 그래서 국보위 상임위원회가 바로 발족한 것이 아니라 5월 31일날 발족하게 된 것입니다. 청와대 법률비서관이 그것을 맡아가지고 당시 현행법에 맞추어서 다시 시안을 만들어서 한 것이 이제 그 국가보위비상대책위원회고, 그 실무를 담당하는 상임위원회가 생기게 된 거죠. 그래서 전체적인 반대를 했다는 것보다도 그런 초헌법기구는 해서는 안 된다는 것이 당시 대통령으로서의 강한 의지였지요.

장훈각: 국보위가 발족해서 운영되는 과정에서 지도급 정치인들이 정치활동을 못하게 한다든가 아니면 국가관료들을 강하게 통제하다든가 이러한 일들이 있었다고 들었습니다. 그런데 실제로 비서관님께서 청와대에 근무하시면서 국보위와 청와대 간의 관계가 어떻다고 느끼셨는지 말씀해 주실 수 있으신가요?

신두순: 관계라기보다 당시 계엄사가 하던 일이 확대개편 되어서 일반 행정업무도 국보위 상임위원회에서 전부 하게 되었죠. 그러니까 각 부처의 기획관리실장들이 대개 거기에 파견을 나갔습니다. 그래서 일반 행정업무도 이제 군정이니까 행정부처에서 하던 일들이 전부 국보위 상임위원

회에서 일을 추진하게 되는 그런 일이 생깁니다. 거기에 별도의 예산이 배정이 되고 그쪽에 이제 하나의 군정에 행정을 겸한 종합행정의 기능을 국보위 상임위원회가 맡아서 하고 거기에 대한 대통령의 결재가 필요한 것들은 와서 결재를 하고 그랬던 거죠. 그러나 일반 부처에서 정상적으로 수행하던 일반적인 일이 아니고 소위 군정에서 있을 수 있는, 예를 들어 삼청교육대를 만들어서 깡패를 소탕을 한다든지 부정 공무원들을 색출해 낸다든지 부정축재자를 처벌한다든지 하는 혁신적이고 개혁적인, 비통상적인 일들이 거기에서 이뤄진 거죠. 이제 그런 것들이 사전이든 사후든 간에 형식상으로는 대통령에게는 보고되었습니다. 그런 것들이 이뤄져서 나중에 문제가 돼서 삼청교육대 받은 사람들, 죽거나 다친 사람들의 가족이나 유족들이 당시 대통령이 책임지라고 서교동에 와서 데모도 하는 그런 일이 있었습니다.

장훈각: 그러면 당시의 상황에서는 국보위가 전반적인 행정에 관해 관할을 했다면 경제정책이나 다른 일반적으로 이뤄지는 정책이…

신두순: 과도기고 혼란기이기 때문에 그런 장기적인 경제개발계획이라든지 이런 것들이 성안되는 것보다도 우선 급하게 일어날 수 있는 일들, 그러니까 할 수 있는 일이라는 게 그 폭은 단기간에 짧으면서 단기적인 것들이 주가 되었던 거지, 국가의 백년대계를 위해서 큰 그림을 그리는 그런 일들을 거기서 할 수가 없었죠. 그리고 또 그것이 계엄 기간 동안에 계엄이 언제까지 가느냐가 문제지만 계엄기간 동안에만 있을 수 있는 일들이기 때문에 그렇게 한시적인 일이지만 굉장히 과단성 있는 일들을 처리를 했다고 보면 됩니다.

장훈각: 아까 5·17 계엄확대 조치에 대해서 잠깐 말씀을 해주셨습니다.

5·18과 관련해서 조금 더 여쭈어보겠습니다. 당시 상황이나 최규하 대통령께서 5·18 진압작전에 대해서 가지셨던 입장이라든가 그런 부분에 대해서 아시는 부분이 있으시면 말씀을 해주셨으면 합니다.

신두순: 그 문제는 광주문제가 왜 일어났느냐 하는 것하고 연관이 됩니다. 직접적인 동기라기보다 그러한 요인이라는 게 전반적으로 한국의 정치적인 상황이 급히 이렇게 돌아가면서 어떤 정상적인 방법에 의한 정권교체라든지 이런 것들이 그렇게 쉽게 이뤄지지 않지 않겠는가 하는 것들이 당시 야당들이 보는 시각이었던 것 같습니다. 사실은 우리가 중동으로 떠날 때도 야당총재 김영삼 씨나 공화당 총재를 한 김종필 씨한테 떠나기 전에 전부 전화를 드렸었어요. 대통령이 그러한 중요한 문제 때문에 불가피하게 해외 방문을 하게 되니까 그동안 서울의 질서를 안정이 되도록 지도자분들께서 좀 도와주셨으면 좋겠다고. 그랬더니 상도동 계신 어른 대답이 "아 그런 이야기라면 저한테 안 하는 게 좋겠습니다. 못 들은 것으로 하겠습니다." 대답이 그거에요. 그러니까 그분들은 굉장히 그게 바빴고, 빨리 자기가 새 정부를 세우고 싶은 생각들이 더 앞서 있던 거 같습니다.

그리고 그런 것에서 소외되었던 김대중 씨는 나름대로 자기의 세력을 구축하기 위해서 자기의 조직을 가지고 부단히 움직이는데 그 기점을 광주로 한 겁니다. 그래서 이제 그런 문제들이 나중에 대법원에서 무죄판결이 나고 그랬지만 대단한 조직력과 좋은 머리를 가지신 분이 그 당시 할 수 있는 모든 지략을 다 동원을 해서 대중 동원을 했던 것은 사실이고요. 그 과정에서 광주가 굉장히 다른 데보다는 메카가 되었던 거죠. 그랬는데 5·17 그 뭡니까 비상국무회의, 0시를 기해서 다시 수감이 되는 거 아닙니까? 그게 이제 하나의 자극이 된 것이죠. 광주에서는 자기네들의 지도자가 그렇게 된 거니까 전남대학 같은 곳에서 학생들이 나오고 그곳에 나가있던 계엄군들이 진압하는 과정에서 물리적 충돌이 생기고 그런 것들이 점

점 다른 방향으로 커진 거예요. 그것이 이상한 루머를 타고 전 시민들이 일어나는 그런 엄청난 일이 생긴 거죠. 그래서 신현확 총리께서 그때 사임을 하시게 되었습니다. 그래도 박충훈 총리 서리하시던 분이 사실은 고향이 제주도분이세요. 그러한 여러 가지 사항을 염두에 둔 결정이었어요. 제주도는 옛날에 지금처럼 자치도가 아니라 전라남도 제주군이었거든요. 그래서 거기 출신이고 마침 부총리도 하고 계셨고 그분을 이제 총리서리로 모시고 했던 이유가 있었습니다.

그런데 상황이 위급하게 되면 모든 좋은 그 비상채널이든지 이런 것들이 연락이 잘 안 되는 것 같아요. 현장에서도 상황이 급박하게 돌아가고 바쁘고 이 상황을 보고하려면 다른 상황이 뭐 옆에서 나오니까 5분전에 있었던 것은 역사가 되고 또 다른 새로운 것이 나타나고 그러니까, 사실은 정확한 보고가 대통령 집무실까지 전달이 된다는 게 그렇게 간단하지가 않는 것 같아요. 그냥 떠도는 풍문에 누가 거기서 장거리 전화로다가 광주는 이렇게 하는 것을 그 이야기를 받아서 대통령께 그렇게 이야기를 드린다고 해서 그게 보고라고 생각할 수는 없는 거 아니겠어요. 최소한도 대통령께 보고를 한다면 계엄사령관이 육하원칙에 의한 문서를 써서 들고 말씀을 드리는 것이 정말 보고인데, 그런 위급상황에서는 그렇게 할 수 있는 시간도 없고 되지도 않고 이런 것들이 커뮤니케이션이 아래 위가 잘 안 맞는 거죠. 그러니까 총리를 임명장을 주시면서 바로 가서 현지를 보고 오시라 그래서, 청와대에서 박 총리가 바로 대통령 전용헬기를 내서 임명장 받고 거기서 비행기 타고 바로 광주로 가셨어요.

장훈각: 그러면 최규하 대통령께서 직접 가신 것이 아니었나요?

신두순: 아니요. 박 총리가 먼저 갔다 왔죠. 그리고서 그 주말에 본인도 현장을 보러 내려갔었습니다. 그러나 그때는 이미 광주시가 완전히 무정

부상태가 되어서 외곽에 군인이 이렇게 외곽을 경계를 하고 광주시내 안에는 정말 정부가 없는 그런 독립된 이방지대가 되어 도저히 접근이 불가능한 상태였습니다. 그때 상무대 녹음실에서 육성 녹음을 해서 그것을 방송을 하고 그러고 올라오셨죠. "다 우리 형제인데 우리가 이렇게 해서 되겠느냐, 모두 자중을 하고 더 이상의 희생이 없도록 하고 대화로서 이 문제를 푸는 것이 좋겠다." 그런 말씀을 남기고 올라오셨죠.

장훈각: 그러면 최규하 대통령께서는 5·18 진압작전에 대해서는 어떠한 입장이셨던 건가요?

신두순: 글쎄 고인이 되신 분께 물어봐야 되겠는데 물어볼 수도 없고, 입장이라는 것보다도 하여튼 전 이렇게 생각을 합니다. 대통령의 입장보다도 모셨던 비서관의 한 사람으로서 우리가 생각을 한다면 어떤 정권이든지 그 어떤 시대든지 간에 기존 질서에 대해서 반대를 한다면 어떻게 하겠어요? 집에서도 아버님이 계신데 그 아들이 행패를 부리고 뭐를 하고 한다면, 그 아버지가 그 아들에게 '아버지 그만 할 테니까 네가 아버지 대신 해라' 이렇게 할 수는 없는 것 아니에요. 마찬가지로 정부나 국가라는 것은 소위 국태민안이라고 나라를 태평스럽게 하고 국민을 안정되게 하는 것이 제일의 목표인데, 어떤 지역의 한 부분에서 그러한 소요가 나서 그런 것이 폭동이 되어 어떤 반정부 폭동으로 번지게 된다면 그것은 당연히 막아야 되겠죠. 그것이 동학난 때에는 내가 힘이 없으니까 일본군이나 청병을 불러서 막는 그런 해괴한 일도 있었습니다만, 그런 건 아니고 하여간 질서유지를 하고 안정된 사회로의 복귀를 위한 정부의 노력이라는 것은 있어야 되겠지요. 그리고 그것이 커졌을 때에는 어떤 약간의 희생이 있더라도 해야 되는 것이 당시 그 정부를 책임진 입장에서는 있어야 되는 일이 아닌가 저는 그렇게 생각을 합니다. 과잉 진압이 되었다든지 정말 있을 수

없는 불상사가 난 것에 대해서는 참 유감으로 생각하고, 그렇게 안 되고 좋은 정말 평화적인 방법으로 대화에 의해서 그러한 사건들이 정리가 되었으면 좋았을 일들이 불행하게도 엄청난 인명피해가 나고서야 수습이 되었다는 것은 바람직한 일은 아니었지요. 그러나 그분들에게 정권을 내준다든지 또는 그분들이 만든 국기를 걸도록 하는 일은 정부의 입장에서는 있을 수 없는 이야기가 아니겠는가 합니다. 대한민국은 건재해야 되는 것이고, 이어져 가야되는 것이니 그렇게는 할 수가 없는 거죠. 누가 당국자가 되었든 간에 말입니다. 그게 제 생각입니다.

장훈각: 최규하 대통령 재임기간이 상당히 짧으셨잖아요. 하야과정을 두고도 다양한 의견들이 있습니다. 하야하시기 직전인 1980년 7월 30일에 김정렬 총리께서 다녀가셨습니다. 그런데 그것을 두고도 신군부의 하야 권고 사절로 다녀가신 것이 아니냐 하는 평가도 있습니다. 물론 추측에 근거한 것 같기도 합니다. 옆에서 비서관으로 보시면서 좀 더 정확하게 사실을 알고 계시리라 생각합니다. 하야과정 전반에 대해 말씀을 해주셨으면 합니다.

신두순: 글쎄요, 뭐 여러 가지 이야기가 있겠지만, 두 분은 굉장히 가까운 사이에요. 자유당 때 김정렬 총리가 국방장관을 하셨고, 4·19직전 이 어른은 외무차관을 하셨습니다. 그래서 국무회의 석상에서도 자주 만나고 5·16혁명 후에 한동안 한직에서 쉬고 있을 때에 두 분이 돈암동 김정렬 장관 댁에 맨날 국수식객으로 다니시던 가까운 사이였습니다. 그러니까 그런 격동기를 잘 아시는 것 아니겠어요? 그리고 지금도 누가 데이트하다 어그러지면 가까운 친구하고 의논할 거 아니에요. "저 사람이 나를 싫어하는 거 같은데 왠지 모르겠다. 이런 때는 어떻게 대처하냐?" 그거 물어 볼 수도 있겠죠. 그런 뜻에서 뭐 누가 와서 무슨 종용이라고 이야기를 한다기

보다는, 내각을 포함해서 모든 부문의 상황이 그렇게 어렵고 힘이 발휘가 안 되고 있으니까, 왜냐하면 계엄 하의 군정에서 모든 것을 지휘통제를 하니까, 어떤 정규적인 일반적인 정상적인 차례에 의해서 이 정부 조직이 움직여지는 것이 아니니까, 그런 상황에서 본인이 할 수 있는 것이 어떤 것인지 친구지간에 의견들을 나눌 수가 있는 거죠. 그래서 이미 김정렬 씨가 다녀가시기 전에, 제 생각에는, 청와대에 와서 저녁을 드시고 두 분이 이야기를 하시기 전에 본인께서는 어떤 다른 생각을 하고 계셨던 것 같아요.

그것이 무슨 이야기냐 하면, 1980년 6월에 충청북도 보은에 대단한 폭우가 내려 홍수가 나서 제방이 무너져 보은 시내가 전부 물에 잠긴 일이 있었어요. 그래서 수해 현장을 가보시겠다고 그러셔서 저희들이 준비를 했습니다. 그런데 어디를 가시더라도 관계 국무위원들을 대동해서 같이 가야지 대통령 혼자 덜렁 가는 건 아니지 않습니까? 그래서 내무장관 건설장관 또 다른 한 분에게 대통령께서 보은 순회시찰을 가신다고 그러니까 올라오시라고 전화를 드렸어요. 차편이야 이제 청와대서 바로 전용헬기로 가는 거니까. 그랬더니 관계 장관들이 안 계시다 이거에요. 그래서 어디 가셨느냐 그랬더니 이 사람들이 우물쭈물하고 대답을 안 해. 그래서 무슨 일이냐, 아니 평상시 같으면 장관들이 어디 지방출장을 간다든지 어디 나가는 경우 사무실 비울 적에는 꼭 저희한테 리포트를 하게 되어 있습니다. 그것도 의무적으로요. 그래서 언제든지 자기의 현위치를 알려놓고 가게 되어 있어요. 그런데 그런 연락도 없이 없어진 거예요. 나중에 물어보니까 전부 국보위 상임위원장을 대동을 해서 보은을 갔다 이겁니다. 한 발짝 앞서. 그러니 이제 그 보고를 드릴 수밖에 없잖아요? 그래서 저희는 가는 것을 취소하고 이틀인가 삼 일 후엔가 갔다는 왔습니다만, 그때 그런 사건을 겪고 느끼시면서 이렇게 이중적으로 일이 집행이 돼서는 안되겠다는 본인의 심중이 생겼던 것이 아닌가 하는 생각이 들어요. 그 점잖으신 김정렬 선생이 "젊은 애들이 와가지고, 니 이제 그만 하라고 그런다." 그렇게 이야기하실 분도 아니시고 그렇게 무례한 분이 아니시거든요. 그러니까 김정렬 선생을 만났을 적에는 오히려 그 반대로 본인의 뜻을 굳히기 위해서 가까운 친구에게 자기의 뜻을 전한 것이 아닌가 저는 그렇게 생각합니다. 그러고서 그 31일 아까 이야기하던 강릉의 시조묘가 있는 사당이 있는 황산사를 들려서 설악산에 가서 이틀저녁 자고 돌아왔죠.

조수현: 하야하신 이후에도 비서관님께서는 최규하 대통령과 가깝게 지내신 것으로 알고 있습니다. 하야하신 이후에는 최규하 대통령께서 어떻게 지내셨는지에 대해서 말씀을 해주셨으면 합니다.

신두순: 잘 지내셨지요 유유자적하고. 뭐 글쎄, 본인이 욕심이 없으신 분이니까. 그러니까 재산을 모은다는 것도 권력이라는 것도 이게 다 욕심에서 나오는 것인데, 본인이 편안하게 생각을 하셨으니까요. 그래서 그때 대국민 성명을 내시는 그 속에도 그런 이야기가 나옵니다만, "역사라는 것은 연속의 불연속이고 불연속의 연속이다. 그러니까 내가 모든 것을 다 이루려고 하는 것은 허망이다. 내가 못한 것은 후임이 이어서 하고 그 사람이 또 못한 것은 그 다음 대에서 잇는 것이고. 결국은 고려가 망해도 이조가 있는 것이고 이조가 망해도 식민통치지만 그런 세월이 있었고, 지나면 결국 대한민국이 건국이 돼서 또 이렇게 몇 년 사이에 또 육십 몇 년을 이어오는 거 아니겠습니까? 그러니까 끊어지면서 이어지고 이어지면서 다시 끊어지는 그런 것들이 역사가 아니냐. 역사의 한 부분을 나는 이 만큼을 맡아서 책임지고 했던 것이고, 내가 못했던 헌법 개정이라든지 이러한 것들은 다음 정권에서 하면 되는 것이 아니냐." 사람들이 화가 나면 간장이 녹는다고 하잖아요. 하지만 대통령께서는 그런 정말 담담한 심정이셨고, 그러한 마음을 처음이나 그만 두신 후나 계속 가지셨기 때문에 유유자적하시고 못다 한 건강 진단도 하시고 해외여행도 하시고 그러셨죠.

그 양반이 그때 담배를 참 많이 피셨어요. 그런데 참 대단하신 게, 하루는 라이터 불을 붙이시면서 "이게 담배하고 안 맞아." 그러시는 거예요. 그래서 왜 저 양반이 무슨 말씀을 하시는 것인가 그랬더니, 그만두시고 나서 처음 이야기가 "내 눈 한 쪽이 안 보인다." 이거에요. 그래서 병원에서 보니까 이게 백내장이에요. 그런 불편을 느끼시면서도 재임 중에는 말씀을 안 하셔서 통 몰랐지요. 본인이 그런 증상이 있는 걸 우리가 어떻게 알 수가 없잖아요. 그래서 그 해 10월 달에 보스턴에 가서 한국인으로는 제일 처음으로 인공수정체 백내장 수술을 했죠.

그리고 그 후에 사실은 가장 우리가 우려했던 것이 나중엔 정말 현실로 나타나게 됐는데 광주문제입니다. 이게 엄청난 사건이었고 그랬기 때문에 그 문제에 대해서 어떻게 할 것인가 하는 그러한 문제들을 가지고 해외의 자료들도 많이 수집도 하고 뭣도 하고 그랬습니다. 1987년 명동 사건인가요? 6·10항쟁이라고 소위 이야기하는 직선제 개헌을 다시 들고 나왔고 어떤 경위가 되었든 간에 6·29선언 이후에 개헌을 하는 현상이 생기지 않았습니까? 그때 참 그 어려운 시기였죠. 그러한 시기에 이제 그러한 문제들이 다시 재발될 수 있는 것이 염려가 되서 아까 이야기한대로 자료도 모으고, 나름대로 대통령으로서 대통령비서실에서는 어떠한 입장이었는지를 정리를 하는 그런 시간이 있었습니다. 결국은 올림픽이 열린 1988년, 올림픽이 정쟁 중지 기간이었죠. 그것을 넘어서 10월부터 다시 노태우 정부 하에서 그걸 하잖습니까? 그걸 하기 전에 소위 민화위라는 게 생겼죠. 1988년 초에 그 대통령 인수위 산하에 민주화 운동 관련 위원회가 생기고 광주문제를 다루는 부서가 인수위원회 한 분과로 설치되었습니다. 거기서 그 분들에 대한 보상과 여러 가지를 하는 것들이 결정이 되었습니다. 그리고 광주문제에 대한 것을 청문회를 해야 하지 않느냐 해서 올림픽 끝난 다음 10월 하순인가에 국회에 문동환 씨가 위원장이 되가지고 광주민주화운동 특별조사위원회라는 것이 발족을 합니다. 거기에 노무현 의원님도 계셨지요. 정말 나중에 그 12월 31일 섣달 그믐 자정시간 가깝게 백담사 전두환 전 대통령에 대한 청문회가 있었지요.

그 과정에서 당시 대통령으로서 국회 청문회에 나와서 증언을 하라는 것이 특위의 일관된 주장이었습니다. 최 대통령의 입장은 대통령 재임 중에 있었던 그러한 정책을 그렇게 여기저기 다니면서 이야기를 할 수 있는 권리는 없다. 그리고 민주주의 국가에서 3권이 분립되어 있는데 어떻게 행정의 수반인 대통령이라는 분이 입법부에 가서 그러한 이야기를 하는 전례도 없고 또 그렇게 해서 후임 대통령들에게 좋지 않은 선례를 만들 권리도 없다. 그래서 나는 거기서 증언을 할 수 없다. 그래가지고 문동환 위원장하고 서교동 비서실하고 오갔던 편지가 한 열 댓 건이 되고, 짧은 기간 동안에 국회에서 불출석의 죄로 검찰에 고발을 해서, 나중에 그 사람이 검찰총장도 하고 그랬는데 박순영 검사라고 있었어요, 담당검사가 되어서는 그것을 기소유예 처분을 하는 그런 일도 생겼습니다. 그리고 1988년 후반기는 청문회 정쟁에 휩싸여서 같이 묻어가지고 정신없이 돌아갔고, 광주에서 몰려와서 서교동에서 데모도 하고 계란을 수 백 판을 들고 와 집어던져서 온 집이 단풍도 들기 전에 벽과 유리창이 노랗게 되는 그런 일도 있고 그랬습니다.

그런 와중에서 세월이 그런대로 많이 지나가면서 해외여행도 하시고 부부가 진짜 늘그막하게 시간을 가지고 카리브해로 지중해로 다니시는 그런 시간도 있었고 그랬습니다. 이제 김영삼 대통령이 합당을 해가지고 민정당으로 그리고 노태우대통령의 승계를 해서 대통령이 되지 않았어요. 그런데 뿌리가 틀리기 때문에 같지가 않으니까, 그 나름대로 맺혔던 것들이 결국은 다시 옛것을 뒤집어 검찰에서 조사를 하는 일들이 생기지 않았습니까? 그것이 1995년 1996년도 이야기가 되는 겁니다. 그래서 처음에는 지금 국회에 나가고 있는 장윤석 검사가 성공한 쿠데타는 처벌할 수 없다 그래가지고 그때 기소유예인가해서 소송 자체를 없애 버렸었어요. 그랬는데 그럴 수야 없지 않느냐 그래서 그때 소급 입법을 합니다. 그것이 일사부재리의 원칙에서 안 되지 않느냐 했는데, 소급입법을 한 그 처벌법이 다시 유효하다고 헌법재판소에서 판결을 하고, 전두환 노태우 두 분을 다시 법정에 세워 내란수괴죄로 사형선고도 하고 무기징역도 하고 무슨 부정축재라고 해서 몇 천 억씩 해서 추징금을 부과했습니다. 이 와중에 또 당시 대통령으로서 검찰에 나와서 증언을 해라, 법정에 와서 증언을 해라 하는 와중에서 다시 한 번 씨름을 하는 어려운 고초를 겪기도 했죠. 그때에도 역시 검찰이나 국회에 나가서 국정을 이야기를 하게 되면 그것이 국가 안보에도 문제가 될 수 있는 것이고, 그러한 이야기를 한다는 자체가 좋지 않은 선례가 된다고 생각했고, 앞으로 무수히 나올 후임 대통령한테 누구는 나가서 증언을 했는데 왜 안 나오냐고 했을 때 그런 어떤 전례가 돼서는 안 된다는 것이 우리의 생각이었어요. 그래서 우리는 그러한 전례를 만들지 않겠다는 것이 방침이었습니다. 어떤 사람들은 뭐 속 시원하게 이야기를 하는 게 어떠시냐고, 주변에 있는 분들도 그런 이야기를 하는 분들도 있었습니다. 일반 언론이라든지 이런 데서는 선의라기보다도 약간의 그러니까 사람들은 누가 뭘 가지고 있으면 드러내 놓으면 별것도 아닌데 하는 추임새도 있었습니다. 하지만 한 가지 분명한 것은 역사를 길게 볼 때에 그런 것이 그렇게 이야기를 해가지고 될 일이 아니지 않는가 하는 기본방침이 딱 정해져서 그때 확고한 그분의 의지가 관철이 됐던 거죠. 그래서 이제 저희들이 여러 가지로 증언을 해서 득이 되는 것이 어떤 것이 있고 해가 되는 것이 어떤 것이 있는지를 분석도 하고, 몇 번의 나름대로 우리 회의도 가졌습니다. 그런 과정이 결국은 지나놓고 보니까 잘했다고 생각이 듭니다. 당시의 이야기를 해서 사람들한테 궁금증을 풀어줬다고 해서 역사가 해결되는 것은 아니지 않겠어요? 그리고 그러한 이야기들이 결국 또 사회에 나와서 바람직한 이야기가 되는 것이냐 하면 그것도 아니고 말이에요. 그랬던 그 시절이 있었지요.

대통령 한 8개월 하고 그만두시고 나서 겪은 고초가 커요. 그래서 그때 본인의 이름으로는 아무데도 남긴 것이 없습니다. 그 대신 검찰에서 소위 주변에 있는 사람들에게 진술서를 정리를 해달라고 해서 우리 조 박사님이 만든 것 같은 질문서가 백 몇 개씩 해가지고 많은 질문을 해서는 저희들한테 던져서 개별적으로도 답했습니다. 또 비서실장 명의로 당시 상황을 정리를 해서 검찰에 낸 서류, 보셨는지 모르겠는데, 저도 뭐가 있어가지고 한 번 이야기를 했더니 그게 몇 트럭 된대요. 그래가지고 찾는 것도 무척 힘들더라구요. 그래서 비서실 명의로 당시 역사책 비슷한 것을 검찰에 제출한 적은 있지만 본인께서는 하나도 거기에 대한 그 자료를 내시지는 않으셨어요. 저희들 명의로 했죠. 그래서 사실은 짧은 기간 올라가서 고생하시고 나오셔서 더 긴 기간 동안 마음 하루 편할 날이 없으셨죠.

그리고 뭐 일화라는 것은 특별히 글쎄 뭐 내가 직접 들은 이야기는 아니고 들으신 분이 전언한 이야기인데, 동경에 있던 최서면 국제한국연구원 원장이라고 계세요. 그분이 유신 후에 청와대에서 일본사람들이 한국에 박 대통령이 이상하다 저런 헌법을 만들고 하는 것이 일본에게 더 이상 우방이 아니지 않겠는가 하는 정가에서 그 의구심을 가지고 한국을 들여다볼 때가 있었답니다. 그래서 그 이야기를 최서면 원장이 박 대통령을 만나서 "일본 정가에서 이런 이야기가 도는데 이론적으로 잠재울만한 분을 보내셔서 일본 정가를 다독이는 것이 좋겠습니다." 그랬데요. 그래서 그때 외교특보를 하실 때인데, 이제 그 최규하 특보를 지명을 해서 일본에 가서 유신의 당위성을 설명을 하는 것이 좋겠다 그래서 이제 뽑혀서 가신 모양입니다. 거기서 정말 성공적으로 임무를 수행하고 이제 저녁에 식사를 이렇게 하는데, 최서면 원장이라는 분이 원주 먼 친척집안도 되고 그래요. 평상시에 앉으면 뭐 "형님" 하고 그러는데 거기서 "형님 제가 보기에는 잘하시면 중학교 교장선생님이나 하실 줄 알았는데 어떻게 외무장관도 하고 특보도 하고 뽑혀서 일본까지 와서 이렇게 연설도 하고 그 비결이 뭡니까?" 그랬대요. 그랬더니 그 양반이 밥 먹다 우스갯소리로 "비결이 있지. 그것은 내 비서하고 마누라 잘 둔 덕이야." 그러시더래. 그게 무슨 소리냐고 했더니, 하는 이야기가 최 대통령이 장관을 하고 있는데 하루는 들어갔더니, 사모님이 겁에 잔뜩 질려가지고 누가 직원이 하나 와서, 그때 서교동 집으로 이사 가기 전에, 명륜동 한옥인가 어디서 사셨어요, 인사를 한다면서 케이크를 들고 와서 인사를 하고 놓고 갔답니다. 이게 그냥 케이크인줄 알고 먹다보니까 그 속에 봉투가 들어있더라는 이야기에요. 그래서 이거를 어떻게 하면 좋으냐고 집사람이 그랬대요. 그래서 자기가 대답하기를 "요즘에 외무부가 인사철인데 뭐 승진시켜 달라고 뭐 가져왔는지 모르지. 나는 그런 실력이 없으니까 받은 사람인 당신이 알아서 하쇼." 그랬대. 그래서는 놀래가지고 사모님이 그 다음날 총무과장을 불러서 이거 누가 갖고 온 건데 전해 주라고 그 뒤로는 다시는 그런 케잌 한 쪽도 집에서 받으신 일이 없으시답니다.

두 번째 비서는 지난번에 이야기한 정동렬 의전수석하시던 분입니다. 같은 해 벌써 3주기가 되었는데, 그분 이야기를 하실 때 우리 정동렬 비서관을 잘 만난 덕이라고 그러면서 극찬을 했대요. 그분이 고당 조만식 선생의 외손주입니다. 집안도 훌륭했고 사람이 반듯하고 주 말레이시아 대사 가셔서 그곳에서 두 분이 만났어요. 그때 그분은 대사관에 이런저런 일로 왔다 갔다 하시고 대사관에 정식 외교관은 아니시고 그랬는데, 일들을 깔끔하게 잘 처리하시고 사업도 하시고 그랬답니다. 장관을 모시면서 서울에 비서관으로 같이 가자고 하니까, "아니 나는 여기 와서 정착을 해가지고 지금 사업도 잘되고 잘하고 있는데 서울을 갈 이유가 없다." 그렇게 거절을 했나 봐요. 그 동생이 지금 평남 도지사 하는데, 정중렬이라고 이분이 그때 재무부에 있었대요. 하루는 사무관 근무를 하는데 외무부장관이 전화를 해가지고 "좀 봅시다. 차나 한 잔 합시다." 그러시더래요. 아니 외무부장관이 갑자기 전화해서 재무부 사무관더러 차나 한잔 하자고 부르니,

놀래서는 이 양반이 외무장관실에 달려갔대요. 그랬더니 "사실은 계씨 되는 것을 알고 내가 전화를 했는데 형님을 내가 필요로 해서 같이 들어오자고 그랬는데 안 들어오고 말레이시아에 그냥 있다." 이거에요. 그러면서 "웬만하면 내가 발령을 내면 자기가 안 오겠느냐. 그렇지만 그렇게 할 수는 없고 그러니 한번 가족회의를 해보세요." 그러시더라는 겁니다. 그래서 "알겠습니다." 하고 나와서 이제 말레이시아에 전화를 여러 번을 하고 그래가지고 이제 그 뜻을 이야기를 한 모양입니다. 그 후 한 2주인가 3주 만에 이 양반이 그 성화에 못 이겨서 서울에 들어왔더니 하루는 또 부르더래요. 직접 전화를 해가지고 차나 한 잔 하자고 해서 또 무슨 일인가하고 갔더니, 차 한 잔 이렇게 놓고 "드세요." 그랬더니, "그 가족회의 잘 됐습디다." 그러시더랍니다. 그런 일화가 있습니다.

그리고 내가 끝으로 할 이야기가 있다면, 뭐 글쎄 이것이 바람직한 소망인지 뭐 모르겠습니다만 한국에서 많은 사람들이 원로가 없다고 이야기를 하지요. 그런데 원로가 없는 것이 아니에요. 원로란 그 본인이 원로가 되는 것이 아니라, 후진들이 원로를 만들어 드리는 겁니다. 중국 같은데 보십시오. 옛날에 등소평이 집권했을 때 모택동을 웬만하면 전부 거세를 하던지 했을지도 모르죠. 그런데, 지금도 보면 중국에는 원로라는 것이 현에도 있고, 성에도 북경 정부에도 있고 다 있어요. 후한 은급을 주고 그분들을 편안히 모십니다. 그분들이 역동적으로 무슨 일을 해서가 아니라, 그렇게 잘 모시는 거예요. 그렇게 모시고 있음으로 해서 그분들이 빛이 나고, 그것이 중국을 버텨주는 힘이 되는 거라구요. 우리도 좀 더 넓은 아량을 가지고, 사람들은 누구든지 다 장점도 있고 단점도 있고 그런 것 아니겠습니까? 그렇다면 단점은 숨기고 장점을 키워서 스스로 참 저 분은 예술계에서 체육계에서 문학계에서 정말 원로시다, 정치계에서도 정말 저 분은 그런 흠이 있지만 그래도 이런 면에서는 잘했지 않느냐 하는 그런 원로를 만들어 추앙을 했을 때, 그 나라가 발전을 하고 국가가 융성하는 것이 아니겠느냐 그런 생각입니다.

특히 거기에 부연해서 제가 옛날에 유학시절에 본 건데, 한 때 닉슨과 케네디가 미 하원에 같은 분과에 있었을 때가 있어요. 그때 유명한 미국의 법률안 하나를 케네디가 발의를 해서 수정통과가 되었습니다. 그게 뭐냐면 미국의 이민법 개정안이에요. 60년대 초에 대통령이 되기 전에 하여튼 이민을 못 들어오게 막는 견제를 하는 것이에요. 미국이라는 대륙이지만 너무 그렇게 많은 사람들이 밀려오면 땅이 좁아지고 여기 있는 기존 세력들이 허물어지는 게 아니냐? 그러니까 이민을 이제 자제를 하고 억제를 해서 우리끼리 잘 살자 하는 그런 그 법안을 제출을 했습니다. 그것을 케네디가 개정 발의를 한 연설문이 있어요. 보니까 미국이라는 나라는 원래 이주민의 나라다. 그렇죠 사실. 그런데 이주민들이 여기 와서 이렇게 유나이티드 스테이트라는 큰 나라를 만든 뒤에는 자기 나라의 단점은 버리고 장점만을 이렇게 살린 게 오늘의 미국이 된 것이 아니냐. 예를 들어서 그 폴란드 사람들이 나무를 잘라서 집을 짓고, 독일 사람들이 소시지를 만들고, 중국 사람들이 계란으로 만두를 만들고, 이태리 사람들이 와서 뉴욕필을 만들어서 예술의 뭐를 하고, 이렇게 각자 민족들이 자기의 장점을 살려서 결국은 우리 그레이트 아메리카가 됐다 이겁니다. 그러니까 오히려 더 장려를 해야지 그렇게 막아서는 미국의 발전이라는 게 있을 수 없다. 마찬가지로 그런 장점을 살려서 원로들을 원로답게 우리가 대접을 해드릴 때 나라가 더 융성을 하지 않겠는가 하는 것이 제 생각입니다. 연세대학에서 그런 캠페인을 벌이세요. 원로를 만들어 드리는 거죠. 그러니까 미국 사람들도 대통령 선거 끝나고 보면 꼭 '메이킹 오브 더 프레지던트'라는 책을 만들어요. 그 뭐 자동차를 만들어서 상품으로 내놓는 거나 대통령 후보를 내놓고 그것을 상품화하는 거나 같다 이거에요. 그러니까 좋은 차는 결국은 어떻게 세일을 하는가가 중요한 것과 마찬가지로 그런 원로가 있는 사회를 만드는 그 기풍을 젊은 분들이 만들어 나가시라고 부탁드리고 싶습니다. 고맙습니다.

조수현: 간단하게 최규하 대통령에 대한 사회적인 평가 또는 일반적인 평가에 대해서 아까 말씀해주신 것과 연결이 될 것 같습니다. 오랜 시간동안 좋은 말씀해주셔서 감사합니다. 해주신 말씀은 저희가 사료로 남겨서 후대에 학자들이나 일반인들이 열람할 수 있는 그런 기회도 이제 갖게 될 것 같습니다.

신두순: 혹시 그렇게 되는 경우 딴 사람들한테 다 공개해도 좋은데... 우리 아들 손자는 보여주지 마세요.

조수현: 네, 오늘 고생하셨습니다. 고맙습니다.

신두순: 고맙습니다. 수고하셨어요.

정기옥

(전) 대통령 의전비서관

1. 개요

싱가포르 대사를 역임한 정기옥 전 최규하 대통령 의전비서관은 1969년부터 청와대 의전비서실에서 근무한 의전전문 비서관출신이다. 그는 박정희, 최규하, 전두환 대통령 시기에 의전비서관 역할을 수행하였다. 정기옥 전 대사는 최규하 대통령 시기에 의전비서관을 맡으면서 대통령 내외분을 근접 거리에서 보좌할 수 있었다. 또한 의전비서관과 함께 당시 조직구성상 제1부속실 비서도 동시에 역임하였다. 이러한 경력 때문에 정기옥 전 비서관은 가까운 거리에서 최 대통령뿐만 아니라 홍기 여사의 일상적인 활동 등을 목격할 수 있었고 각종 공식행사에 수행하면서 그 현장을 경험할 수 있었다.

정기옥 전 대사와의 인터뷰는 2009년 10월 20일 오후, 11월 3일 오후 두 차례에 걸쳐 연세대 국가관리연구원에서 진행되었다. 정 전 대사는 약 30년이 지난 시점이지만 최 대통령 당시의 청와대의 분위기, 당시 정세 등을 소상히 기억하고 있었고 매우 솔직하게 당시 상황을 생생하게 증언하였다. 1차 인터뷰에서는 국가관리연구원 연구교수 윤민재가 인터뷰를 진행하였고 2차인터뷰에서는 윤민재와 국가관리연구원 연구교수 전상숙이 함께 진행하였다.

정기옥 구술자의 진술, 특히 최 대통령이 권한대행을 맡고 퇴임하기 까지 격동기에 대한 진술 내용을 보면 일반적으로 언론에 알려진 사실과 다른 특이한 내용을 발견하기 어려웠지만 잘 알려지지 않는 일상사의 내용과 작은 사건 등에 대해서는 새롭게 드러난 내용도 있었다. 구술자가 오랜 기간 동안 의전업무를 맡았기 때문에 대통령의 공식행사 등에서 나타난 몇 가지 흥미로운 일들에 대해 이야기해준 점은 의미있는 인터뷰였다고 볼 수 있다.

구술 내용 가운데 몇 가지 주목할만한 점을 정리하면 다음과 같다.

첫째 최 대통령은 평화로운 정권이양에만 생각을 집중하였고 권력욕이 없었다는 점이다. 이러한 내용은 다른 구술자들의 증언에서도 나타나고 있는 내용이듯이 최 대통령을 모신 측근들은 일관되게 최 대통령은 권력에 관심을 가진 정치인이라기보다는 자신에게 주어진 소임을 최선을 다해 수행하고자 하는 전형적인 행정관료였음을 주장하고 있다. 또한 최 대통령이 학자들을 동원해 새로운 헌법내용에 대해 연구하도록 한 것은 다양한 제도를 비교 검토하고 그 가운데 최선의 것을 선택할 수 있는 상황을 조성하고자 한 것이지 개인적으로 선호하는 헌법제도가 없었다는 점이다. 당연히 최 대통령 본인도 자신의 역할을 과도정부로서 위기관리의 극복에 있다고 파악하고 있었다고 한다.

둘째 고건 전 총리의 5·17을 전후로 한 사표 처리 문제인데 구술자는 당시 사표를 받았느냐 안받았느냐는 객관적으로 입증할 수 없으며, 그 문제는 최광수 비서실장이 알고 있을 것이고 당시 비서실직원들은 받은 일이 없다고 진술하였다고 한다. 이 문제는 매우 논란이 될 수 있는 부분이고 당시 관련자들이 뚜렷하지 않은 기억으로만 증언하고 있고 분명한 물적 증거가 없다는 점에서 관련 증거가 제시되지 않는 한 입증하기 어려운 사실이라고 볼 수 있다.

셋째 구술자는 최 대통령이 행정, 외교 분야에 탁월한 능력을 가지고 있었고 매우 성실하였으며 대단한 집념의 소유자였다고 평가하였다. 또한 정치적인 경험과 배경이 부족했고 전형적인 행정적 리더십의 보유자였다고 보았다.

넷째 최 대통령이 일찍 사퇴했으면 하는 압력을 받고 있었고 신군부의 압력은 대단했을 것이라고 구술자는 보았다. 그러나 압력의 구체적 증거는 제시하지 못했고 당시 주변 상황을 보아 미루어 짐작할 수 있을 정도로 분명한 사실임을 증언하였다. 만약 압력이 있었다면 어떤 형태의 압력이 있었으며 신군부 측에서 동원된 인물이 누구였고 당시 신군부 측의 인사들을 접촉한 청와대의 인물이 누구였는지 밝히는 일도 역사적으로 매우 의미 있는 일이라고 볼 수 있다. 어쨌든 그럼에도 불구하고 최 대통령은 일관되게 헌법에 따라 평화적으로 국민이 원하는 정권에 정권을 이양하겠다는 신념을 가지고 있었다고 한다.

다섯째 신현확 당시 총리는 권력욕이 없었으며 충분한 과도기의 기간이 필요하다고 주장하였으며 업무처리를 단호하게 처리했다고 구술자는 평가하였다. 신 총리에 대한 이러한 평가는 다른 구술자에게서도 공통적으로 나타나고 있으며 신 총리도 최 대통령과 비슷한 전형적인 관료스타일이었고 단지 최 대통령보다는 정치적 식견과 안목이 조금 더 나았다는 평가도 있다.

여섯째 당시 비서실의 근무형태와 조직규모에 대한 구술을 하고 있는데 최 대통령은 위기관리 및 관리내각의 성격을 강조하면서 규모를 대폭 축소했다고 한다.

일곱째 홍기 여사를 비롯한 장남 등 가족 등과 얽힌 몇 가지 일상적인 일들을 구술자는 들려주었다.

결론적으로 구술자는 최 대통령이 오랜 공직자생활을 통해 균형 있는 업무감각을 가지고 있었고 매우 세심하게 일처리를 하였으며 때로는 대범하고 강직하게 업무처리를 했다고 평가하였다. 또한 전형적인 관료타입이었으며 매우 고지식하기도 하고 청렴했으며 정치적 파벌이나 인맥을 형성하지 않았고 세속적인 권력욕을 추구하지 않았다고 보았다.

2. 구술

>>>>> 1차 구술 ─────────────────────────

윤민재: 안녕하십니까? 만나 뵙게 되어서 반갑습니다. 저는 국가관리연구원의 윤민재라고 합니다. 선생님께서는 1979년도 12월 최규하 대통령이 취임을 하시면서 청와대에 들어가신 걸로 알고 있습니다. 들어가신 과정과 그 당시 들어가게 된 배경 등에 대해서 설명해 주시면 고맙겠습니다.

정기옥: 네. 10 · 26 이후에 대통령께서 유고하시고 최 대통령이 국무총리로서 헌법적인 절차를 따라 대통령 대행을 승계하신 것입니다. 원래 잘 아시는 대로 법률상으로는 대통령 유고시에 총리가 1순위이기 때문에 즉시 대통령 승계를 하신 거죠. 승계하시자마자 청와대로 들어오신 건 아닙니다. 청와대로 들어오신 것은 12월경일 겁니다. 대통령 권한대행 시절에는 총리 관저인 삼청동에 계셨고 사무실도 중앙청의 총리실을 계속 사용하셨어요. 그러다가 12월 21일에 통일주체 국민회의에서 대통령으로 선출되시고 나서 청와대로 들어오신 겁니다. 그러니까 정식으로 대통령으로 취임하시고 근무하신 것이 본격적으로 대통령으로서의 직을 수행하신 것이고 그 전까지는 대통령 역할 대행으로 계셨죠.

윤민재: 권한대행으로 계신 것이 한 달반 정도네요.

정기옥: 네. 10월 26일부터 12월 21일까지니까. 약 두 달.

윤민재: 근무지는 총리공관에 계신거구요.

정기옥: 그렇지요.

윤민재: 그러면 정식 내각도 12월 22일에 출범을 하시면서 내각이 발족된 건가요?

정기옥: 네.

윤민재: 그 전에는 임시내각이지요?

정기옥: 아니 임시내각보다도 박정희 대통령 시절의 내각이 그대로 이어져 온 것이죠.

윤민재: 선생님께서 정식으로 임명된 것이 그 날짜인가요?

정기옥: 저요? 저는 그 전부터 1969년부터 청와대에 근무를 했어요. 박 대통령도 쭉 모시고 있다가. 저는 원래 청와대 의전비서실에서 근무를 했기 때문에 박정희 대통령이 돌아가시게 되니까 그냥 저희들은 그 주인 없는 빈집을 지킨 거죠. 그러다가 권한 대행 때는 총리실의 비서진들이 모셨고 그 다음에 21일에 취임을 하신 다음에 청와대에 들어오시면서 그때 저에게 대통령께서 와라 해가지고 이제 임무를 계속 수행을 했죠.

윤민재: 그 당시에 의전수석이라고 하셨나요?

정기옥: 네. 의전수석은 박정희 대통령 시절에 최광수 비서실장인데, 나중에 최 대통령 비서실장에 임명이 되었고, 그분이 원래 박정희 대통령의 의전수석 비서관이었습니다. 그러다가 최규하 대통령이 권한 대행이

되시면서 최광수 의전수석 비서관을 권한대행 비서실장으로 발령을 내신 거죠.

윤민재: 발령이 나고 선생님께서는 의전비서관으로 가신건가요?

정기옥: 저는 계속 의전비서관으로 있었죠. 그 다음에 대통령으로 정식으로 취임하시고 나서. 아니 취임하시기 전이죠. 취임하시기 전, 대행 시절에 의전수석 비서관은 얼마 전에 돌아가신 정동렬 씨였고, 그분이 이제 총리실에서 의전비서관을 했어요. 그러다가 의전수석으로 최광수 의전비서관을 승계했죠.

윤민재: 권영민 전 대사께서는 어떻게 되신 거죠?

정기옥: 권영민 대사는 원래 외무부 소속인데, 청와대 부서라는 것이 대통령하고 대통령 부인, 영부인 두 분을 직접적으로 시중을 드는 그런 조직이 있습니다. 그래서 대통령을 직접 시중을 드는 일을 하는 실을 제1부속실, 그 다음에는 영부인에 대한 개인적인 일, 공적인 일을 맡아서 하는 실을 제2부속실이 맡았죠. 권영민 대사는 그 당시에 외무부에 있다가 영부인을 모시기 위해서 제2부속실 비서관으로 차출이 된 거죠.

윤민재: 선생님께서는 제1부속실에 계셨던 거죠?

정기옥: 그래서 저는 그 의전 비서관을 하면서 또 제1부속실까지 맡았죠. 그 전에 박정희 대통령 시절에는 완전히 분리되어 있었어요. 제1부속실은 또 별도로 담당하는 비서관이 있었고, 저는 의전 비서관을 했고. 그런데 최규하 대통령이 권한 대행이 되시면서 기구를 줄여가는 추세였기

때문에 일부러 거기 둘 필요가 없고 의전비서관이 겸하라고 해서 제가 겸했죠.

윤민재: 그러니까 선생님께서는 최 대통령이 퇴임하실 때까지 청와대 의전에서 계신 거네요?

정기옥: 그렇죠.

윤민재: 12월에 국내적으로 여러 가지 사건도 있었습니다. 최 대통령이 통일주체 국민회의에서 일단 선출이 되셨습니다. 당시 그 과정에서 통일주체 국민회의가 어쨌든 당시 야당의 입장에서 보면 다른 방법으로 선출하든지 혹은 새로운 방법으로 선출되어서 취임하는 것이 옳다든지 하는 여러 가지 방법이 있었을 텐데요. 최규하 대통령도 통일주체 국민회의에서 선출된 것에 대해서 그 후에 어떻게 판단하셨는지요?

정기옥: 어차피 최 대통령이 대통령직을 이제 권한대행으로 승계를 하시고 나중에 정식으로 대통령 통일주체 국민회의에서 선출이 되었지만 그건 과도정부였거든요. 그렇기 때문에 정식으로 출범했으면 당연히 선거를 했겠죠. 그런데 이제 원래 권한 대행이 되시면서 본인이 앞으로 한 1년여 동안 과도정부에서 그때는 개헌이 제일 중요한 문제였기 때문에 "과거 유신헌법을 새롭게 개정을 해서 새로운 헌법을 만들고 그 헌법에 따라서 정식으로 선거를 치러서 대통령을 선출하는 그 과정만 내가 맡겠다." 그러셨기 때문에 공식적인 절차를 통한 선거를 할 필요가 없었죠. 그리고 그러면서 헌법에 따라서 통일주체 국민회의에서 선출을 하게 되었습니다. 또 그 문제에 대해서는 야당에서도 대체적으로 동의한 사항이었어요. 왜냐하면 그 당시에 김대중, 김영삼, 김종필 소위 3김씨인데, 이분들은 그 후 정부에

서 자기들이 대권을 잡겠다는 뜻이 있었지요. 과도 정부, 무슨 권한대행 이런 것에 대해서는 자신들이 관심이 없었기 때문에 그런 막중한 임무를 수행하는데 대행체제로만 갈 수는 없잖아요. 그렇기 때문에 한 1년이라도 일단 헌법과 절차에 따라서 대통령 선출을 하자 그렇게 된 거에요. 그런데 그동안에 사실 김대중, 김영삼 두 분은 전혀 관심이 없었어요. 그런데 공화당에서 김종필 씨를 과도 대통령이라도 한 번 좀 내세울 필요가 있지 않느냐 하는 의견이 있었던 거 같아요.

윤민재: 공화당 내부에서요?

정기옥: 네. 그런데 그 당시에 김종필 씨가 전혀 여기에 관심이 없었어요. 왜냐하면 그분도 다음 대권에 관심이 있었기 때문이죠.

윤민재: 과도정부는 너무 짧으니까요.

정기옥: 그렇죠. 그러다 보니 이제 결국 과도정부를 이끌어 갈 사람이 전직 총리이고 지금 대행을 하고 있는 최규하 대통령이 그냥 하는 게 좋겠다. 그렇게 된 겁니다.

윤민재: 암묵적으로 동의한 내용이죠?

정기옥: 그렇죠. 대신 이제 야당에서 요구하는 것은 '기한을 줄여라, 단축해라, 1년은 너무 길다' 그런 의견이 분분했죠. 그런데 최 대통령은 개헌한다는 것이 쉬운 일이 아닌데다 아직 국민적 합의도 이루어야 되겠고, 또 이제 한 번 개헌을 하게 되면 또 수십 년 동안 계속 가야할 법이기 때문에 각국의 헌법도 같이 검토도 해야 한다는 생각에 헌법 개정 심의 위원회인

가 그런 기구도 발족을 했어요. 그래서 이제 그 작업이 '최소한 1년은 걸리지 않느냐', '너무 졸속으로 한다는 것은 나중에 또 어떤 문제가 생길 것이다' 그래서 1년을 잡은 것입니다. 그런데 아까 말씀드린 것처럼 야당에서는 반대했죠.

윤민재: 야당 입장에서는 당연히 직선제 개헌을 하면 되는데요. 물론 고치는 것이 어려운 것도 아닌데요.

정기옥: 그렇죠.

윤민재: 최 대통령도 그런 반발이 외부에서 많았기 때문에 고심이 많았겠네요?

정기옥: 많으셨죠. 오해도 많이 받으셨죠.

윤민재: 그러면 이제 권한대행이 아니죠.

정기옥: 그렇죠. 그래서 그런 오해도 많이 받았어요. 물론 개헌을 발의할 수 있는 주체는 정부도 있지만 국회도 있습니다. 그러니까 그 쪽에서 다 가져오면 헌법 안을 가지고 합의를 하면 되는 겁니다. 그런데 그 당시에 자꾸 야당에서는 정부가 빠지라는 거죠. 그러나 정부가 주도해야 하는 그런 입장이었기 때문에 그분은 "나는 사심이 없다."고 했죠. 일부에서 그렇게 오해와 비난을 해도 의연하게 이분이 "내가 할 일을 최선을 다하되 끝까지 임무를 완수하고 끝내겠다." 그래서 결과적으로 그렇게 됐지만, 좀 그런 기간에 대해서 갈등이 있었어요.

윤민재: 그러니까 외부에 헌법에 대한 연구를 위해서 학자들을 파견하고 관료들을 파견하고 그렇게 되었군요.

정기옥: 네, 그렇죠. 뭐 여러 가지 검토할 때 참고할 필요가 있으니까요.

윤민재: 그 나라들이 주로 어떤 나라들인가요? 직선제를 제대로 하고 있는 나라들인가요?

정기옥: 직선제뿐만 아니죠. 오랫동안 민주적인 제도와 헌법을 가졌던 나라들. 제가 정확히 어느 나라들인지는 기억은 안 나지만 그런 나라를 대상으로 했습니다.

윤민재: 최 대통령이 정식 대통령으로서 12월 달에 취임하셨습니다. 첫 번째 목표는 평화적인 정권 이양, 그것이 최고의 목표였죠. 그 다음에 마스터 플랜을 밝히시잖아요. 그런데 최 대통령이 역점을 두신 사업이 있었나요?

정기옥: 과도정부의 중요한 임무는 헌법 개정을 빨리해 헌법에 따른 새로운 정부를 발족시키는 것이 가장 큰 목표죠. 그리고 그 당시에는 굉장히 사회가 혼란스러웠기 때문에 무질서, 혼란, 불법, 이런 사회적인 불안 문제를 이제 좀 안정을 시켜야 되겠다. 그 다음에 10·26 이후에 경제가 굉장히 나빴습니다. 그래서 이제 특히 그때가 제2차 오일쇼크가 왔는데 그걸 해결하는 것이 급선무였죠. 1980년 5월에 사우디하고 쿠웨이트 다녀오셨지요. 이 시기에 "대통령이 거기까지 갈 필요가 있느냐? 무슨 딴 뜻이 있는 것이 아니냐?" 하는데, 그건 전부 추측이고 근거도 없는 루머죠. 왜냐하면 제가 기억나는 것이 배럴당 석유가 한 15불 정도였는데 며칠사이에 30불,

35불씩 뛰고 그러잖아요. 그러니까 석유 한 방울 나지 않아 중동으로부터 수입 의존도가 큰 데 부랴부랴 쫓아가신 겁니다. 사실 그때 여러 가지로 사회적으로 혼란하고 어지럽고 아까 말씀드린 것처럼 헌법 절차에 따라서 개헌도 해야 되고 대통령도 뽑고 이제 새로운 대통령도 발족시키는 아주 여러 가지로 복잡한 일이 많은데 그렇게 느긋한 마음으로 해외순방을 갈 여유는 없었죠. 단지 그런 석유문제 때문에 또 가서 실제로 뭐 일부에서는 무슨 성과가 있었느냐 그랬지만, 실제로 사우디와 쿠웨이트에서 국왕을 비롯한 정부 당국자들이 "한국에 대해서는 안정적으로 석유를 공급해주겠다." 그랬죠.

윤민재: 약속을 받으셨나요?

정기옥: 그럼요. 그리고 왔으니까 그건 다 지나갔고 오해도 다 풀렸겠지만, 당시에는 그러한 좀 복잡한 문제들이 있었지요.

윤민재: 그때 비서관분들도 수행을 하셨겠네요?

정기옥: 그렇죠. 그런데 비서실장은 못가셨어요. 왜냐하면 국내가 여러 가지로 복잡하니까요. 그래서 의전수석 비서관하고 저하고, 신두순 비서관하고 몇 사람이 갔지요.

윤민재: 그럼 예정된 날짜에 귀국을 하신 건가요?

정기옥: 못했어요. 원래는 돌아오시는 길에 중동이 멀다보니 오시는 길에 말레이시아의 페낭이라는 도시가 있습니다. 여기서 잠깐 쉬셨다가 들어오시기로 했었는데, 그 긴급한 상태가 생겼기 때문에 하루 앞당겨 5월

16일 들어오셨죠. 서울에 도착한 것이 한 밤 10시쯤이네요.

윤민재: 비서진 구성에 대해서 여쭈어 보겠는데요. 제가 기록을 보니까 당시에 후에 총리도 되신 고건 선생님이 정무비서였나요?

정기옥: 그 말씀을 드리려면 청와대 조직에 대해서 말씀을 드려야 되는 데요. 박정희 대통령이 돌아가시기 전까지는 청와대는 이원 조직이었어요. 비서실하고 특별보좌관이 있었죠. 그래서 비서실이라는 건 집행기관은 아니지만 국정에 직접 관련된 여러 가지 사항에 대해 대통령을 보좌하는 거였고 특별보좌관은 그야말로 보좌 즉, 어드바이저란 거죠. 수석비서관들은 대개 관료 출신들이 많았고, 이쪽 물론 특별보좌관은 관료 출신도 있었지만 학자, 또는 기타 각 계의 저명한 인사들이 있었어요.

비서실의 시스템이란 것이 비서실장 밑에 의전수석비서관이 있었고 정무 1, 2가 있었어요. 정무 1수석 비서관은 주로 정치 그 다음 정무 2수석 비서관은 행정, 경제 1, 2가 있었습니다. 경제 1수석 비서관은 일반 경제, 경제 2수석 비서관은 주로 중화학공업, 그 다음에 민정수석 비서관, 공보수석 비서관, 총무 비서관이 있었죠. 총무 비서관은 수석은 아니었고, 특별보좌관은 소위 정치 담당 특보, 외교담당, 국방담당, 사정특보가 있었죠. 그런 조직을 가지고 있다가 10·26이 일어나고 최규하 대통령 대행께서 어차피 정식 정부체제가 아니니까 그렇게 많은 사람이 필요가 없겠다고 보았죠. 조직을 좀 단순화 해야겠다고 해서 대폭 줄였죠. 그래서 비서실장 밑에 의전수석, 정무1, 2를 합했어요. 그 다음에 경제1, 2를 합쳤습니다. 그렇게 줄이면서 지금은 돌아가셨지만 그 당시에 정무1수석이었던 유혁인 씨가 그만두시고 정무 1, 2를 합해서 정무수석을 만들고 그 당시 정무2수석을 했던 고건 씨가 맡게 됐죠. 그 다음에 경제1, 2를 합해서 이제 이경식 수석비서관이 맡았고 그 다음에 특별 보좌관은 다 없었어요. 그 다음에 한 자리만 놔두었는데 그게 외교담당이죠. 왜냐하면 외교는 이제 계속 돌아가야 되니까요. 김경원 박사가 외교담당 특보를 했죠. 그리고 비서실 조직을 축소했습니다. 그리고 그 수석비서관 밑에 있는 비서관 내지는 행정관들, 타 부처에서 파견 나왔던 직원들은 다 돌려보냈죠. 왜냐하면 정부가 바뀌면 다 정리가 되잖아요. 그러면 갈 자리가 없어집니다. 그런 차원에서 다 돌려보냈고 순수하게 저처럼 청와대 소속으로 있던 직원들만 남았죠. 그래서 아주 굉장히 식구가 단출하게 남았죠.

윤민재: 슬림하게 만들었군요. 그러니까 아주 핵심적인 요소만 가지도록.

정기옥: 그럼요.

윤민재: 여러 책들의 자료를 읽다보면, 고건 선생님에 대한 말씀이 많이 나옵니다. 제 추측에 의하면 5·17에 대한 그 이전과 이후에 대한 태도 그런 것 때문에 그렇지 않나 생각됩니다.

정기옥: 사실은 저도 고건 총리하고 개인적으로 가까운 사이인데 그분이 5·17 이후에 군부가 개입되는 것을 보고 동시에 이래서는 안 되겠다고 이에 대한 항의 표시로 사표를 냈다는 것 아닙니까? 그런데 그 당시에 청와대 최 대통령을 모시고 있던 참모진에서는 받은 바 없다고 하구요. 뭐 이거 가지고 자꾸 갈등이 생기는 거죠. 그런데 그건 뭐 지금까지도 입증을 할 수가 없어요. 왜냐면 냈다는 분은 냈다고 하고, 받은 사람은 없다고 하니까요. 그러니 속된말로 귀신이 곡할 노릇이지요. 고건 총리도 옛날 일이라 기억이 좀 헷갈린다고 하시면서 저한테 사표를 전달했다는 말씀도 하시구요. 그런데 저는 분명히 받은 적이 없어요. 당시에는 비서실장실에 이

송룡이라고 또 비서관 하나가 있었어요. 그분은 총무처에서 왔던 분인데 그걸 내가 그 사람한테 보냈다고 하지만 그분도 돌아가셨죠. 그러니 증언할 길이 없는 거죠. 그런데 지금으로 봐서 저는 그때 사표를 받았느냐 아니냐 하는 것을 확실하게 알 수 있는 입장이 아니기 때문에 그게 어느 편이 맞다 하는 것은 확실히 말씀드릴 수 없어요.

그런데 받은 사람이 없으니까 그게 문제인거에요. 그래서 그걸 알 수 있는 것이 대통령 본인, 그 다음에 최광수 비서실장, 그 두 분밖에 모릅니다. 왜냐하면 비서관이 사표를 내면 그 두 분한테 해야 하니까요. 그렇다고 의전 수석 비서관한테 내는 것이 아니고 더군다나 저희 같은 밑에 있는 사람한테 내는 것도 아니란 말이에요. 그런데 고건 그 당시에 수석 비서관은 집에 칩거하면서 운전수 시켜서 사표를 보냈더니 운전수가 비서실장실에 갔다 줬다고 해요. 그런데 비서실장실에 당시 근무했던 분들은 "우리는 받은 적이 없다"고 하고요. 그러니 누가 받았는지 애매하게 되어 있는 거죠. 그래서 대개 대통령을 모셨던 분들은 "변명이다. 낸 바가 없다" 이렇게 결론을 내고 있는 거죠.

윤민재: 거기에 대해서 여태까지 전혀 사실을 밝힐 수 없는 그런 상태인가요?

정기옥: 글쎄요. 그렇습니다.

윤민재: 그거 때문에 어떻게 보면 고건 선생님하고 최 대통령 모셨던 분들하고 대개 오해를 하시는 거죠?

정기옥: 뭐 그럴 수밖에 없죠. 그래서 고건 총리가 노무현 정부 초대 총리를 하셨죠. 그때 청문회 할 때 증인으로도 많이 나갔죠. 뭐 저도 사실은

어느 야당의원이 불렀는데 저는 현직 공무원이기 때문에, 뭐 내가 아는 것도 없고요. 그래서 그때 저는 이제 사정을 이야기하고 안 나간다고 했죠. 그래서 지금도 공방이에요.

윤민재: 그 문제에 대해서 최 대통령이 따로 받았다고 말씀하신 적은 없죠?

정기옥: 그렇죠. 없죠.

윤민재: 그 다음에 다시 12월 달로 돌아가서요. 이제 순서대로 따지면 12월 20일경에 취임을 하셨는데 그 전에 12·12가 있었잖아요. 법적으로는 그 다음에 한 일주일 후, 며칠 지나서 취임을 하신 건데 그 과정 속에서 생각나는 일 있습니까?

정기옥: 그런데 사실은 저는 12·12는 잘 몰랐어요. 왜냐하면 아까도 말씀드렸지만 청와대에서 빈 집을 지키고 있었기 때문에 그 당시에 상황이 돌아가는 것에 대해서는 전혀 알 수가 없었죠. 왜냐하면 청와대는 완전히 권력의 공백상태였기 때문에 일단은 대통령 대행은 총리실에서 근무하셔서 사실은 나도 나중에 이야기만 들었지요. 12·12가 났다는 소식은 들었죠. 한남동에서 총소리가 들리고 그랬다는 거죠. 자세한 스토리는 저도 들은 것 이외에는 제가 직접 목도하고 경험한 것은 없어요. 그래서 그 이야기는 제가 이렇다 저렇다 말씀을 드리기가 좀 그렇습니다.

윤민재: 그 다음에 취임하시고 국무총리로 신현확 국무총리가 임명되신 거지요? 최규하 대통령이 임명을 하신거지요?

정기옥: 개인적인 친분보다는 총리, 부총리의 관계, 그런 공적인 관계는 있었을지 모르지요. 그런데 이 양반은 외교 분야였고 신현확 총리는 경제 분야였기 때문에 옛날부터 각료로서의 친분은 모르겠는데요. 글쎄 개인적으로 각별한 친분은 제가 알기로는 없으셨던 거 같아요. 그런데 워낙 경제 전문가이시니까요.

윤민재: 신 총리에 대해서도 여쭤보았는데요. 내각 구성에 있어서도 총리가 스스로 경제통이라든지 그분들을 추천하고 최 대통령이 수용하는 구성이었나요?

정기옥: 원래 장관이라는 것이 뭐 법적으로 총리가 제청해서 대통령이 임명하게 되어 있으니까 그 두 분들이 내각 구성할 때는 상의를 하죠.

윤민재: 어떻게 보면 데려왔다는 표현을 해야 하나요?

정기옥: 신 총리 몫이 얼마고 그런 것은 있을 수가 없지요. 그런데 이제 어느 특별한 자리에 대해서는 총리가 좀 어떤 사람을 추천할 수 있겠죠. 그럼 이제 거기서 결정하는 거니까. 그건 뭐 그 당시라고 해서 다른 때하고 특별히 다른 건 없었습니다.

윤민재: 그 당시 국방장관이 노재현 씨 인가요?

정기옥: 노재현 국방부장관이었죠.

윤민재: 노재현 국방부장관께서는 원래 그 전에 박정희 대통령 시절부터 계속 있어왔던 분이죠.

정기옥: 네.

윤민재: 어느 정치학자가 쓴 글인데 최 대통령의 내각 구성이 과도기 정부지만 그 안을 들여다보면 한편에는 최규하 대통령이 스스로 임명한 분들이 있고, 아까처럼 신현확 국무총리가 임명한 분들도 있고, 거기에 속하지 않은 세 개의 집단으로 구성된다고 해요. 예를 들어보자면 과도기적 내각이지만 의견 대립도 있고 그 이후에 진행되는 여러 가지 사건에 대한 시각이라든지 그 처리 방식이 좀 다르지 않았나 생각됩니다.

정기옥: 제가 보기에는 12·12 이전까지 대통령 권한 대행, 그 이전까지는 내각 구성이라는 것이 특별한 특징을 가지지 않았어요. 그 이후에 아시는 대로 군부가 강해지면서 내각 구성에도 입김이 들어 갈 수 있지요. 뭐 구체적으로 제가 어떤 자리가 그런 자리라는 것은 잘 모르겠지만, 세상이 다 아는 일 아니에요? 뭐 그럴 가능성은 있었을 겁니다. 최 대통령이 군은 잘 모르세요. 원래 국군 통수권자는 대통령이시고 또 박정희 대통령은 군 출신이니까 군에 대해서는 누구보다 잘 아시기 때문에, 뭐 일단 군 인사에 총리가 인사에 개입할 여지는 별로 없지 않습니까? 이런 이유 때문에 특별히 최 대통령이 대통령이 되셨다고 해서 어떤 사람을 국방부장관을 시켜야 되겠다는 아이디어는 없었을 겁니다. 그런 것은 아마 군에서 언질을 준다든지 영향력을 좀 가지고 있었을지 모르지요.

윤민재: 최 대통령이 외무장관이 되시고 그 다음에 특별보좌관으로 청와대에 계셨죠. 그 다음에 국무총리가 되셨는데요. 최 대통령이 외무장관 되실 때 1968년도에 한국에 여러 가지 사건들이 일어났는데 김신조 일당이 내려왔고, 그 다음에 푸에블로호 사건인가요? 그 사건이 있었을 겁니다. 제가 그 사건 기록들을 쭉 봤거든요. 그러니까 최규하 대통령이 그 당

시에 외무장관 이셨는데 당시 국회에 나가서 그 사건에 대해 설명하는 자료하고 그 다음에 미 대사관 관료들하고 만나서 협상하는 내용들이 있더라고요. 제가 평소에 최 대통령을 잘 몰랐지만 제가 받은 인상은 부드럽고 어떻게 보면 좀 모든 것을 순리대로 해결하시는 거 같은데, 미 관료들하고 협상하셨을 때는 단호하고 의외로 강경한 발언을 많이 하셨더라고요.

정기옥: 그분이 성격이 굉장히 과묵하고 온순합니다. 그런데 일에 관한 한 집념이 굉장히 강해요. 그러니까 그분은 사실은 정치가라기보다는 행정가이지요. 원래는 외무부서부터 시작해서 장관, 총리까지 올라가지 않았어요. 제 생각에는 아마 그 당시에 5공화국 아니 3공화국 때 비정치계 총리는 그분 하나 아니었던가 싶어요. 김종필 총리, 정일권 총리 이런 양반들은 전부 정치인 배경을 가지고 있었죠. 최규하 대통령은 전형적인 관료죠. 그러니까 그런 실무에 관한한, 행정, 외교에 관한한 아주 성실한 자세를 갖고 있었죠. 내가 물러서서는 안되겠다고 생각하면 끝까지 그 집념을 갖고 원칙을 지키는 분이죠. 그 유명한 이야기 있지 않습니까? 이야기가 잘 안되니까 문 닫아걸고 못나가게 해놓고 밤을 샜다는 거 아니에요? 그렇게 끈기가 있죠. 그 대신 정치적인 뚝심이 없어요. 정치를 안했고 정치적 배경도 없었어. 그러니까 어떤 면에서 보면 행정 대통령이죠.

윤민재: 그런 면에서 본다면 과도기 정부에 가장 적합하다고 볼 수 있는 인물이군요.

정기옥: 그렇다고 볼 수 있죠. 만약에 그때 그분이 정치적인 야심이 있었다면 그 후에 상황이 어떻게 달라졌을지 아무도 모르지요. 그 당시 아까도 말씀드렸지만 괜히 의심하는 사람들이 많았거든요. "저 양반이 딴 생각하고 있는 것이 아니냐?", 또 심지어는 "이원집정제를 생각하고 있는 것이

아닌가?" 물론 그분이 이원집정제에 대해서도 관심이 있었어요. 그것은 자기가 하겠다는 것이 아니라 과거에 대통령제하에서 제왕적인 대통령의 권한 때문에 결국은 이런 사태가 발생을 했다. 그렇기 때문에 우리가 한 번 정치적으로 다른 제도를 한 번 고려해 볼 필요가 있지 않겠는가, 이런 차원에서 그분이 관심을 가졌지요.

윤민재: 관심을 가진 것을 공개적으로 표현 안하셨죠?

정기옥: 물론 안했죠. 안했는데 그걸 의심들을 한 겁니다. 그 다음에 또 일부에서는 '이원집정제 체제를 갖추어야 앞으로 정치가 발전한다' 운을 띄우는 사람도 있었어요. 그분은 제가 옆에서 볼 때 그것에 대해 관심을 가진 것은 사실이에요. 그런데 '내가 이원집정제를 해서 대통령이 되겠다', 그건 아니었어요.

윤민재: 네, 알겠습니다. 그 다음에 혹시 권영민 선생님, 2부속실에 계셨었죠?

정기옥: 네, 책을 하나 썼죠.

윤민재: 네, 책을 쓰셨습니다. 12·12사태가 난 다음에 그 다음날 청와대에 출근할 때 상황을 묘사한 글이 있거든요.

정기옥: 뭐라고 썼어요?

윤민재: 여기에 보면 이런 글이 있습니다. 그 아드님이 최윤홍 씨인데 놀래가지고 막 공관으로 달려가니까 그 전날 있었던 일들을 다 알게 되었

나 봅니다. 그래서 달려가니까 거실에 최 대통령이 소파에 앉아 있으면서 덤덤하게 "늦었으니까 빨리 가자." 그 말 밖에 안하셨대요. 그런데 집 앞에 보니까 총리공관이겠지요. 중화기로 무장한 장갑차가 서있음에도 불구하고 전혀 내색도 안하시고 그렇게 출근하셨다, 정상적으로요. 그러면서도 업무도 정상적으로 하셨다 이렇게 되어 있거든요. 최 대통령이 갖고 계신 원래 성격이 대범하시고 그러니까 그런 것도 있지만, 한편으로는 어떻게 보면 너무 이런 일에 대해서 무관심한 것 아니었나요?

정기옥: 무관심은 아니죠. 대통령의 입장에서 어떻게 하겠어요. 그냥 무슨 뭐 호들갑을 떨 수도 없고 그런 일을 겪으셨지만 성격이 그러시기 때문에 굉장히 과묵하고 침착하고 그런 분이기 때문에 내색을 안 하죠. 속으로야 그분도 얼마나 이제 여러 가지로 착잡한 심정이었겠어요. 그런데 내색을 안 하신 것뿐이지요. 그 아들이라고 하더라도 그 아들을 붙잡고 "야 내가 어저께 아주 혼났다 뭐 어쨌다." 그런 이야기를 하실 분이 아니지요.

윤민재: 그런데 원래 최 대통령이 원래 외교 쪽 전문가이시다보니 국방 쪽 인재는 잘 모르시는데 정승화 육군참모총장하고 개인적으로 아는 관계가 아니었나요?

정기옥: 최 대통령하고요? 아까도 말씀드렸지만 이분은 군하고 거리가 멀기 때문요. 육군 참모총장이니까 공적인 관계는 있었겠죠. 그런데 제가 보기에는 정승화 총장하고 개인적인 관계는 없었을 겁니다. 워낙 군에 대해서는 총리가 관심을 쓰지 않으셨습니다. 그건 대통령 소관이었으니까요.

윤민재: 최 대통령은 강원도에서 성장하셨죠?

정기옥: 네.

윤민재: 그 당시에 이제 공화당이나 박정희대통령 그 시기에 강원도 출신들이 입각하시거나 그런 분들이 굉장히 적었죠?

정기옥: 그거는 제가 기억이 잘 안 나는데요. 대개 보면 지금도 그렇지만 개각을 할 때 보면 여러 가지 지역안배를 하죠. 그렇지 않았는지 모르죠. 강원도에서 굉장히 큰 인물이시죠. 최광수 비서실장부터 말씀드리면 비서실장이 각료 인사들을 인선을 할 때 보좌를 많이 해드리니까요. 가끔 말씀을 하시는 거 보면 어느 지역에서 하나를 누굴 발탁을 해야 하는데 사람이 없다던가 이런 이야기를 들은 거 같은데, 특별히 강원도라고 해서 본인이 강원도 출신이니까 거기에다 더 비중을 두어야겠다고 하시지도 않았고 그렇게 하실 분도 아니고요.

윤민재: 그 다음에 공화당이 박 대통령이 돌아가신 다음에는 야당은 아니지만 어떻게든 잠정적으로는 여당의 역할을 할 수 있었잖아요. 그렇다면 아무리 최규하 대통령이 정치적인 관심이 없다고 할지라도 공화당이 하나의 여당으로 중요한 역할을 했는데 최 대통령하고 개헌 문제 말고도 긴밀한 협조라든지 오늘날 식으로 말하면 당정 협의라고 하나요?

정기옥: 지금 말씀하신대로 공화당 입장이 아주 미묘하게 되었죠. 여당도 아니고 그리고 또 최규하 대통령은 무슨 당을 배경으로 하신 분이 아니기 때문에요. 그렇게 공화당의 무슨 관계라는 것이 서로 밀어주고 서로 돕고 그런 사이는 아니었죠. 왜냐하면 공화당은 공화당대로 김종필 씨를 차기 대권후보로 강력하게 밀고 있는 체제이기 때문에요. 업무적으로 국정운영을 해 나가는데 있어서는 여당 입장이 있었기 때문에 협조를 해야 하

는 입장이었지만요. 사실 그 당시 그렇게 지금처럼 정부 여당 그런 긴밀한 관계는 아니었단 말씀이죠.

윤민재: 네. 그렇다면 공화당 내부에서도 김종필을 미는 분도 계셨지만 한편으로는 반감을 갖거나 반대하던 사람도 있었겠죠. 만일 그렇다면 그런 분들이 최 대통령과 긴밀한 관계 속에서 김종필 세력들을 견제하거나 그런 일은 없었나요?

정기옥: 제가 보기에 그랬으면 사정이 달라졌을 겁니다. 그렇지만 제가 알기로는 전혀 없었어요. 최 대통령을 옹립하자는 이야기는 들어본 적이 없는데요. 오히려 빨리 그만두라는 압력은 받았지만, 그런 거는 제가 전혀 들어본 적이 없어요.

윤민재: 그 압력은 누구한테 받으신 건가요?

정기옥: 그건 아까 말씀드린 데로 신군부죠. 야당에서도 빨리 끝내고 나가라 이런 압력이죠. 그분이 삼당 지도자들을 다 돌아가면서 만났어요. 개인적으로 만나고 그랬는데 만나면 그분들이 하시는 말씀이 빨리 개헌일을 단축시켜서 끝내고 빨리 새 정부에 넘기라는 것이 그 당시 야당지도자들의 아주 일관된 주장이었죠.

윤민재: 그렇다면 12 · 12를 겪으면서 대략적으로 보면 신군부가 움직이고 있다는 것을 대부분 알았을 텐데요. 그러면 그 관계 속에서 최 대통령도 원만하게 국민들이 원하는 식으로 개헌도 하고 정권도 이양을 하고 그런 절차들을 염두에 뒀다면 또 그 저항으로서 신군부가 등장을 했을 때, 최 대통령 나름대로 심경이 복잡했을 것 같아요.

정기옥: 그렇죠. 10·26 이후에 제대로 계획대로 모든 일이 진행이 되었으면 여러 가지로 불상사가 없었을 텐데요. 그 당시에 군부가 대두하면서 사실 군부로 권한과 권력이 넘어간 건 오래되었어요. 아까도 말씀드린 대로 헌법에 따라서 평화적으로 국민들이 원하는 정권에 권력을 이양해 주는 것이 그분의 목표였기 때문에요. 그러나 다른 방향으로 정국이 흘러갔다는 데 대해서 더군다나 국정을 책임지고 있던 분이었고 비록 과도정부이긴 하지만 심정이 얼마나 착잡하셨겠어요.

윤민재: 옆에서 보시기에도 그런 것을 느끼셨는지요?

정기옥: 그렇죠. 그런 것을 가지고 말씀을 하시는 분이 아니죠. 우리가 보고 그렇게 생각할 따름이지요.

윤민재: 청와대 내부에서도 그 당시에 비서로 계시던 분들도 '아 이렇게 권력이 움직이고 있구나' 하는 것을 알았나요?

정기옥: 다 보이죠. 온 백성이 국민이 보고 있는데 저희들이 모르겠어요. 더군다나 저희는 모시고 있는 입장이니까 돌아가는 것이 다 보이지요. 그러니 권력이라는 것이 참 무상한 거지요.

윤민재: 결정적으로 힘이 옮겨졌다고 느끼신 것도 1979년 12월 이후부터인가요?

정기옥: 그때부터도 감지가 되었지만 결정적인 것은 국보위가 탄생하면서부터 그게 결정적이었죠.

윤민재: 그러면 중동외교를 가게 되었을 때, 주무장관이 외무장관이 취임을 했겠죠?

정기옥: 그럼요.

윤민재: 외무장관이 어떤 분이었나요?

정기옥: 박동진 장관이었죠.

윤민재: 최규하 대통령 바로 후배가 되시겠네요.

정기옥: 그렇죠.

윤민재: 귀국하신 날을 5월 16일로 말씀하셨잖아요. 그 다음날 5·17 계엄령이 있고요. 귀국하시고 그 다음날 바로 출근을 하셨겠네요? 대통령께서 5월 17일에 출근을 하신거지요?

정기옥: 5월 16일에 들어오셨죠. 그때 밤 한 10시쯤 되었나? 거의 다 보고 받으시고 그 밤에 임시 국무회의를 하시고 제가 밤 12시 넘어 집에 들어간 거 같아요.

윤민재: 임시국무회의가 새벽까지 열렸나요?

정기옥: 임시국무회의가 열렸을 겁니다. 계엄령 승인하고요.

윤민재: 어쨌든 승인을 하신 거죠?

정기옥: 그럼요.

윤민재: 그때 비서진들께서는 계엄에 대한 승인하고 5·17 국보위가 발족하고 그런 거에 대해서 조언이라든지 그런 것은 없었나요?

정기옥: 그러한 문제는 제가 조언할 입장도 아니고, 그 당시에 권력의 핵심에 있던 분들이 다 만들어 가지고 그렇게 진행이 된 것이기 때문에, 저희들이 그런 입장도 아니었지만 하여튼 저희들이 볼 때는 눈에 빤히 보이는 거죠. 여러 가지로 권력의 방향, 정국의 방향이라는 것이 보이죠. 이게 본래의 의도였던 방향은 아닌 것을 알죠.

윤민재: 거기에 대해서 동조하거나 오히려 이게 한국의 정치발전을 위해서 낫다고 생각하는 분들이 있었나요?

정기옥: 사실 역사가 평가할 일이지만 신군부가 등장을 해서 이런 혼란 사태를 조기에 장악해서 해결하는 것이 좋다는 사람보다는 그래도 모처럼 맞은 민주주의를 실행할 수 있는 시기인데 안타깝게 생각한 사람이 많이 있겠죠. 물론 여러 가지 이해타산을 봐서 뭐 그쪽에도 동조하는 사람들도 많이 늘었긴 늘었지만요.

윤민재: 그 후에 5월 20일이 넘어가면서 광주에서 여러 가지 상황들이 들려오고 더 안 좋아하셨겠네요?

정기옥: 쉽게 말씀드리면 국보위가 발족하고 나서는 모든 국정의 축이 그리 옮겨 가니까 청와대는 제가 지금 솔직히 말씀드리면 개점휴업 상태나 다름없었어요. 그러니까 물론 이제 그분들이 대통령한테 와서 보고를

합니다. 보고를 하지만 그래도 실질적으로 모든 국정을 관리하는 것은 국보위였기 때문에 주로 거기 가서 심도 있는 토의들을 하고 그랬죠.

윤민재: 그래도 국무회의는 계속적으로 열리지 않았었나요?

정기옥: 국무회의는 열렸죠. 그렇게 자주하는 것도 아니고 누가 보더라도 정국의 축이 청와대에서 국보위로 넘어가는 것을 느낄 수 있었습니다.

윤민재: 예를 들어 국무회의에 법안통과라든지 법안 심의 등의 과정은 계속 된 건가요?

정기옥: 그럼요.

윤민재: 퇴임 때까지 계속 진행이 된 것이죠?

정기옥: 그럼요. 그러나 실질적인 일은 국보위에서 했죠.

윤민재: 그럼 국보위에서 결정을 내린 것에 대해서 최규하 대통령께서 사후보고 그런 식으로 한건가요?

정기옥: 일단은 대통령은 국가의 원수이니까 국보위를 걸쳐서 대통령한테 올라오는 거죠.

윤민재: 거기서 결재에 대해서 최규하 대통령이 거부하거나 그런 일이 있었나요?

정기옥: 그런 건 별로 없던 것 같아요.

윤민재: 8월 달에 퇴임을 하셨죠?

정기옥: 그건 사실은 저도 정말 하루에 한 20여 시간 가까이 모셨는데 전혀 몰랐어요.

윤민재: 당일 날 아셨나요?

정기옥: 8월 16일에 하야 성명을 내셨는데 그 며칠 전에 휴가를 가셨어요. 그분이 제가 알기로는 그렇게 공직생활 수십 년 동안에 휴가를 가신 적이 없을 거에요. 더군다나 대통령이라는 막중한 임무의 자리에 계신 분이고 또 이제 그때는 참 정국이 혼란스러운 때 아닙니까? 더군다나 그런 상황에서 갑자기 휴가를 가시겠다고 그래요. 그때 조금 낌새가 이상했지요. 이분 성격이 아주 평안한 시기라 하더라도 절대 이렇게 휴가를 다니실 분이 아닌데, 이런 아주 혼란하고 위중한 시기에 휴가를 가신다고요. 뭐 그렇다고 왜 휴가를 가시냐고 여쭈어 볼 수도 없고요. 그래서 이제 아주 단출하게 갔어요. 정동렬 의전수석비서관하고 저하고 신두순 비서관하고 그렇게 대통령을 모시고 갔어요. 강원도를 2박 3일 정도 돌아보시고요. 그랬더니 그 다음날인가 하야 성명을 하셨어요.

윤민재: 여행 다니시면서, 전혀 몰랐나요?

정기옥: 전혀 몰랐지요. 혹시 정동렬 의전수석 비서관 정도는 가족 이상으로 가까우신 분이셨기 때문에 아셨는지 모르겠어요. 그렇게 가까이 모시고 있었는데도 저는 몰랐어요.

윤민재: 영부인도 같이 가셨나요?

정기옥: 아니에요, 혼자 가셨어요. 저희한테는 깜짝 놀랄만한 일이었죠.

윤민재: 그럼 선생님께서는 당일 날 아셨겠네요.

정기옥: 강원도 가셨을 때는 조금 짐작이 갔어요. 그렇게 돌아오시자마자 하야 성명을 내실 줄은 몰랐고요. 하여튼 굉장히 저희한테는 아주 충격적으로 받아들여졌죠.

윤민재: 그럼 그 당시에 경호를 담당하던 경호실장이 어떤 분이셨나요?

정기옥: 그 당시 경호실장은 정동호 장군이라고 그분이 원래 박정희 대통령 계실 때에 경호실의 상황실장인가 했습니다. 그런데 경호실이 아주 초토화되니까 그 양반이 경호실에서 서열이 한 서너 번째 됐어요.

윤민재: 정동호 그분이 경호실 담당을 하신거구요. 그분은 저쪽으로 가시죠?

정기옥: 신군부로 가시죠.

윤민재: 그렇다면 지방에 가셨을 때 별일은 아니지만 신군부에서 다 알았겠네요. 만약 그쪽에서 허락을 안했으면 못갈 수도 있었겠네요?

정기옥: 최 대통령께서 하야를 하신다는 것은 그 쪽하고 다 이야기가 된거죠.

윤민재: 가족분들이 그런 상황에 대해서 조금 불만도 많으셨을 것 같아요.

정기옥: 있었겠지요.

윤민재: 너무 상황이 안 좋게 흘러가니까요.

정기옥: 그렇죠. 그때는 가족들하고 이야기할 시간이 없으니까요. 뭐 직접 들을 일은 없지요. 그러나 가족의 입장에서는 그런 마음을 안 가질 수가 있겠습니까?

윤민재: 최 대통령께서 외교통이셨기 때문에 한미관계라든지 한일관계에 대해서 정통하셨을 것 같아요. 과거에 그 일본에서 공부하시고 그러셨지요. 처음에 이승만 정권 시절에는 농림부 쪽에 계셨더라고요.

정기옥: 원래 이분이 농림부 출신이에요. 그런데 영어를 잘하시니까 외무부가 발족하면서 사람이 없잖아요. 그래서 외무부로 오셨어요. 외무부 초창기에 김동조 대사, 김용식 대사, 최규하 대사 이 세분이 외무부 초창기에 중요한 일을 맡았죠.

윤민재: 그때는 한미관계, 한일관계에 전념하면서 자연스럽게 외교인맥들이 탄탄하셨을 것 같거든요. 대통령이 취임하면 그 당시 사회에서는 미 대사관이나 미국과 관련된 조직들의 힘, 정보라는 게 막강했을 겁니다. 최 대통령의 미 인맥들이 여러 군데 포진해 있을 것 같은데요. 그러면 그러한 과도기적 상황에서 그분들과 함께 여러 가지 정세에 대해서 교감을 나눈다든지 혹은 의견을 나눈다든지 그러지 않았을까요?

정기옥: 대통령이 되고 나서 미국의 인맥을 활용할 수는 없는 것이고, 그 당시에 다 알려진 이야기지만 5·17 이후에 5·18 등등에 의해서 미국이 어떻게 했느냐 말이 많잖아요. 그때는 국가 대 국가, 정부 차원에서 하는 것이지 최규하 대통령이 개인적으로 미국에 인맥이 있어가지고 사람을 움직여서 자기의 입신을 꾀했다든가 그런 것은 있을 수가 없죠.

윤민재: 하야를 하면서 최규하 대통령이 미국에 가시더라고요. 미국에 왜 가신건가요?

정기옥: 여행 때문에 그리고 그 양반이 백내장이 있어서 수술하러 가신 거지요.

윤민재: 최광수 비서실장하고 그 다음에 이창호 대사님이 가셔야되는데 못 가셔서 권영민 선생님이 대신 수행을 하셨다 하더라고요. 한국에 돌아올 때까지 한국을 담당했던 미국의 인사들을 많이 만나고 면담을 가졌나 봅니다. 그러면서 최 대통령이 하신 말씀이 "내가 물러나더라도 미국에서 한국에 대한 지원을 계속해 줬으면 좋겠다."라고 했다고 그래요.

정기옥: 그건 제가 잘 모르겠어요.

윤민재: 권영민 선생님이 말씀하시는 것이 뭐냐면 하야를 하게 된 배경과 왜 물러나야 되는지 그것에 대해서 이해를 구하기 위해서 미국의 주요 인사를 만나서 설명을 했다는 내용이 있습니다.

정기옥: 그럴 가능성이 있는 것이, 미국의 시각에서는 군부가 정권을 장악했다는 거죠. 그러니까 최규하 대통령은 타의에 의해서 물러났을 것이

라는 것이죠. 이제 '그런 것이 아니다'라는 그런 말씀을 하셨겠지요. 어디까지나 내가 판단을 해서 국가의 이익을 위해서 무엇이 가장 좋은 방법이냐 고민하셨겠지요. 그러니까 이런 상황에서는 군부의 강력한 지지를 받고 있는 전 아무개라는 사람이 하는 것이 좋겠다, 자진 판단해서 그렇게 대국적인 견지해서 결정했다 그렇게 생각하신 것이 본인의 입장이셨으니까요. 결코 군부가 쿠데타를 일으켜서 정권을 장악한 것은 아니다 그런 설명을 하셨겠지요.

윤민재: 그럼 어떻게 보면 최 대통령은 자신이 본인이 물러난 것에 대해 본인의 뜻과 생각을 이야기하셨지만, 그게 한편으로 보면 신군부한테 좋은 면도 있지 않나 생각해봅니다.

정기옥: 그렇지요. 최 대통령은 그러셨을 겁니다. 기왕에 정부가 섰는데 전직대통령이 자꾸 그게 아니고 이렇다 저렇다 헐뜯고 해서 도움이 될 수 있겠느냐 생각했겠지요.

윤민재: 한미관계가 틀어질 수도 있는 거고요.

정기옥: 그렇죠. 정부가 섰으면 전직대통령으로서 정부가 앞으로 잘 일할 수 있도록 도와주는 것이 전직대통령의 도리다 그런 생각을 하실 분이에요.

윤민재: 혹시 최 대통령 회고록 같은 것은 없나요?

정기옥: 언론에도 다 났지만 그분은 회고록은 절대 안 쓰시겠다고 했죠. 모르죠. 또 기록을 해놓으셨는지는. 지금 자손들이 가지고 있는지는 모르

겠어요. 근데 아주 꼼꼼한 양반이라 기록이 조금 있을 것도 같은데.

윤민재: 네. 소중한 말씀 감사합니다. 장시간 말씀 감사합니다.

〉〉〉〉〉 2차 구술 _____

윤민재: 정기옥 전 대사님을 두 번째로 모시고 지난번에 이어서 최 대통령 시기에 대한 인터뷰를 하기로 하겠습니다. 중동외교 시기인 5월에 있었던 일에 대해서 조금 깊이 있게 알고 싶습니다.

전상숙: 두 번째는 신현확 총리하고 최규하 국무총리대행과의 관계가 궁금합니다.

윤민재: 그 다음에 또 저희가 궁금한 것이 하야를 결정한 시점입니다. 하야에 영향을 준 여러 가지 주변적인 영향도 있을 것 같습니다. 제가 기존의 어떤 자료를 읽어보니 개인적인 친분이 있는 김정렴 실장도 있고 그 당시 주변적으로 봤을 때 어떠한 분들을 만나셨고 어떠한 이야기가 오고 갔는지 궁금합니다. 그 다음에 또 하나 핵심적인 내용으로서는 하야를 하고 난 후 미국을 방문 하셨잖아요. 미국에 갔을 때 청와대 비서진 분들이 미국 측 인사들과 이야기한 내용도 질문을 드리고 싶습니다. 그 다음에 또하나는 어떻게 보면 세간의 가장 관심사 일 수 있는 12 · 12를 전후로 최 대통령과 그 주변분들의 견해들을 알고 싶습니다.

전상숙: 최 대통령이 헌법 개헌을 하지 않고 대통령으로 선출되고 취임

을 하신 것 때문에 비판이 일각에서 참 많잖아요. 허정 과도정부 때에는 어찌했든 헌법 개헌을 해서 했는데 이른바 유신헌법 치하에서의 간접선거를 통해서 굳이 할 필요가 있었는가 하는 것들과 그래서 일각에서 혹평을 하는 연구자는 유신체제를 유지하고자 했다는 비판을 하기도 합니다. 그래서 민주화라는 것들을 주장하고 그 과정 속에서 최규하 대통령이 리더십을 발휘했다면 12·12 양상이 조금 달라지지 않았을까 하는 점입니다. 이 부분이 단순히 최규하 전 대통령의 문제가 아니라 신 총리 등 다른 정치 세력과의 관계가 작용을 하고 있었을 거 같은데요. 그러한 정황에 대해서도 선생님의 의견을 듣고 싶습니다.

정기옥: 그런데 그 문제는 지난번에 제가 말씀드렸지만 최 대통령 본인의 품성이 정치에 대한 야심이 있는 분이 아니었기 때문에 유신헌법 체제 하에서 그대로 대통령 선거를 했느냐 하는 점은 개헌을 하려고 하면 시간이 필요하잖아요. 그러니까 본인이 이야기했듯이 과도기적 정부로 본인이 규정을 했기 때문에 그렇게 하려면 현행헌법에 따라서 일단 선거를 하고 대통령이 그 직을 받아서 할 수밖에 없었죠. 그러니까 항간의 소문처럼 그 양반이 정치적인 야심이 있어서는 아닙니다. 그리고 그 당시에 소위 3김이 양해를 했던 사항이거든요. 왜냐하면 이건 과도기이기 때문에 정식으로 헌법을 개정을 해서 본격적인 새 정부가 들어설 때까지 시간이 필요하니까, 그 문제에 대해서는 정치권에서는 큰 반대가 없던 걸로 알고 있어요. 다만 일부 재야에서나 학생 사이에서는 그런 일이 있었을지 모르겠어요. 그러다보니까 일부에서는 최규하 대통령이 딴 생각하는 것이 아니냐고 의심할 수 있지만, 이원집정제도 검토의 대상은 될 수 있는 거니까요. 왜냐하면 결국 10·26이라는 것이 강력한 대통령 중심제, 말하자면 기형적인 권력을 가진 대통령 권한 때문에 그렇게 된 것이라고 생각을 하니까, 권력을 분산시키는 것이 어떻겠느냐는 것도 하나의 연구 대상이 된 겁니다.

최 대통령이 대통령 하다보니까 생각이 바뀌어 "나도 한 번 해봐?" 그런 것은 절대 아니에요.

전상숙: 그런 논의가 일각에 있고 또 한편으로는 비판적으로 보는 연구자가 그런 식으로 또 글을 썼기 때문에 선생님께서 그렇게 말씀하신건가요?

정기옥: 일단 여러 가지 시각이 있을 수가 있지요. 신 총리하고의 관계는 사실은 제가 알기로는 친분이 가까운 사이는 아니었던 거 같아요. 그냥 같은 각료고 총리와 부총리의 관계지 개인적으로 무슨 속에 있는 것을 다 털어 놓고 이야기할 수 있는 그런 사이는 아니지 않았나 싶어요. 다만 그 당시 평은 최 대통령은 조금 좀 뭐라고 할까 성격이 유한 분이기 때문에 나쁘게 이야기하면 우유부단하다는 평을 받았고 신 총리는 강단이 있었어요. 그러니까 두 사람이 대조적인 성격 때문에 농담 삼아 차라리 신 총리가 대통령이 되고 최 대통령이 총리노릇을 했더라면 상황이 바뀌지 않았겠느냐 이런 이야기를 하기도 해요. 그렇다고 그런 것 때문에 12 · 12가 가능했다는 것은 제가 보기엔 좀 논리가 안 맞는 것 같아요. 어차피 군부가 돌아가는 것은 제가 몸담지 않았기 때문에 잘 모르지만 10 · 26때는 갑자기 당하지 않았습니까?
그러니까 일설에 의하면 10 · 26 당시부터 군부가 딴 생각을 했다하는데, 그건 제가 보기에는 맞지 않는 것 같습니다. 왜냐하면 그때는 다 정신이 없는 상황이었기 때문에 당장 앞으로 우리가 정권을 어떻게 잡겠다는 계획이 있을 리가 없고요. 12 · 12까지는 정국이 전개되는 과정에서 군부가 그런 생각을 할 수 있었을지 모르지요. 그런데 그게 확실하게 우리가 정권을 좀 잡아보겠다는 그런 하나의 프로세스로, 만약 그렇다면 계엄사령관이었던 정승화 장군부터 제거해야 되지 않겠느냐 이렇게 치밀한 시나리오

를 가지고 했는지는 제가 잘 모르겠어요. 그러나 군부가 등장하는 하나의 과정이자 일환임은 틀림없죠. 최 대통령도 명분이 없지 않냐고 판단하고, 끝까지 새벽까지 이제 사인을 하지 않으려고 한 것 아닙니까. 전 그때 사실 빈집이었던 청와대를 지키고 있었고 총리관저에서 일어났기 때문에 그날 저녁 정확하게 돌아가는 사정은 모르고, 그때 같이 일했던 신두순 비서관 같은 이런 분들한테 들었던 이야기지요. 그러니까 그런 것들이 이제 일련의 과정이라고 볼 때 말씀드릴 수 있는 것은 최규하 대통령이 정권에 대한 일말의 욕심이라도 가지고 있었다는 점은 전혀 사실이 아니에요. 군부는 대승적 견지에서 이런 혼란스러운 사회를 혹시 그래도 바로 잡으려면 군이 나서지 않아야겠느냐 하는 생각에서 일련의 조치로 정승화 장군에 대한 조치를 했는지 모르지요.

전상숙: 또 하나의 시나리오 내지는 그 연구자들 사이의 시각입니다. 그런 배경에서 최 대통령에 대해서는 누구도 집권하려는 조짐이 컸다는 식으로 이야기는 안하거든요. 그런데 반면에 말씀하신 것처럼 그 상황에서 뭔가 국정을 수습하는 주도적인 모습을 보여 주지 못한 것과 국무회의든 비상대책회의에서든 신 총리가 주도하는 모습을 보여줬다는 거지요.

정기옥: 그렇게 보는 것도 무리는 아니었어요.

전상숙: 네. 그러면서 비상대책 국무회의가 10·26 직후에 처음 열렸을 때 신 총리 제안으로 비상계엄령을 선포하자하면서 제주도를 제외시킨 문제도 있습니다. 제주도를 제외한 건 결과적으로 계엄사령관을 내각의 휘하에 두기 위한 것이고 이는 신 총리가 작의적인 포석 속에서 권력을 통해 무언가 하려고 했었던 것으로 해석하는 논자가 있습니다.

정기옥: 신 총리가요? 박 대통령 시절에도 항상 제주도를 제외했어요. 왜냐하면 전국에 계엄을 선포하면 계엄사령관이라는 위치가 대통령에 버금가는 권력을 갖기 때문입니다. 그러니까 관례에 따라서 한 것이지 특별한 일은 없었을 겁니다. 그리고 이제 신현확 총리 말씀이 나왔지만 사실 저는 그분에 대해서는 잘 모릅니다. 그런데 확실히 이 두 분이 성격의 차이는 있어요. 왜냐하면 10·26이 일어나고 그 과정에서 최규하 대통령이 3김씨를 다 만났어요. 3김씨가 오면 그때 특히 김대중, 김영삼 그 지도자 분들은 자꾸 최규하 대통령한테 과도기를 빨리 단축하라고 자꾸 압력을 가하는 거죠. 그래서 헌법 개정이라는 것이 어렵습니다. 신현확 씨 주장은 뭐냐 하면 헌법이라는 것이 이제 한 번 고치면 정말이지 백년을 가는 헌법을 만들어야 되는데 그걸 어떻게 하루아침에 뚝딱 만드느냐는 거죠. 과도기라는 충분한 시간이 있어야 되지 않겠느냐는 것이죠. 그리고 아주 굉장히 단호하게 이야기하시더라고요. 자꾸 이렇게 재촉하지 말라고. 그런데 최 대통령 같은 경우에는 그런 말씀 잘 안하시고 과묵하게 듣고만 계시죠. 신 총리는 그런 주장에 대해서는 아주 단호하게 대처를 하시더라고요. 그러니까 이게 두 분의 성격 차이인거 같아요. 그런 걸 보고 신 총리가 무슨 딴 생각이 있어서 그런 것이 아닌가 하는데, 그러지는 않았을 겁니다.

윤민재: 그 당시에 5월 계엄이 시작되고 이원집정제에 대한 이야기가 청와대 내부에서도 많이 논의가 되었나요?

정기옥: 많이 된 것은 아니고 여러 학자들도 이원집정제를 해야 된다 그렇게 나오니까, 최규하 대통령께서도 처음부터 그런 생각을 하신 것이 아니고 그분도 헌법학자가 아니니까 여러 가지 이야기를 듣는 가운데 하나가 나왔죠. 그 와중에 '그것도 하나의 안이 될 수 있겠다' 그래서 관심을 갖고 검토의 대상이 됐겠죠. 그러니까 그걸 집중적으로 '이렇게 해야 되겠다'

한 것은 아니고요.

전상숙: 상황적인 요인과 관련해서 이제 지금 말씀하고 같은 맥락이라서 한 가지 더 여쭙고 싶습니다. 과도 내각 체제가 우리 현대사 속에서 두 번 있지 않습니까? 허정 과도내각, 최 대통령 이렇게 있는데, 사실 허정 과도내각기는 친일파하고 부정축재자 처리부분에 대해서 헌법 개정을 해서 신속한 처리를 하지 않았던 것이 국민들의 불만을 크게 한 부분이 있습니다. 그것과 5·16하고 어떻게 연결시켜야 할지는 좀 더 생각해 봐야겠지만 어쨌든 국민들의 불만을 가져오게 해서 정국자체가 혼란스러워지는 중요한 요인 중에 하나임에 틀림이 없는데요. 그런데 마찬가지로 최규하 대통령 시기를 비판적으로 보고자 하는 사람들은 과도시기에 최규하 대통령뿐 아니라 신 총리도 마찬가지로 그 시점에서 신속하게 무언가 하는 모습을 보여주지 않고 한 달여를 지났었던 것이 당시 유신 체제에 대해서 비판적이고 불만을 가지고 있었던 시민들의 불만을 증폭시켰거나 혹은 정부가 무능하다고 생각하게 해서 군이 등장하는 간접적인 계기를 제공했다고 하고자 하는 연구가 있기도 합니다.

정기옥: 사실 그 문제는 최 대통령을 모신 사람의 입장에서는 아니라고 하고 싶은데, 그렇게 생각하는 것도 무리는 아닐 겁니다. 저는 원래 청와대 직원이었기 때문에 그 일련의 사태를 10·26에서부터 다 겪은 사람이고 또 박정희 대통령의 장례를 치른 사람 중 하나인데, 그때는 누구도 그 상황에 처해서 정신을 차리고 신속하게 빨리빨리 수습을 하고 일정을 만들어서 빨리 개헌을 어떻게 하고 이런 생각을 정리하는데 시간이 필요했을 것 같아요. 최규하 대통령은 원래 성격이 과묵하고 그러기는 하지만 저희 같은 직원에게도 정말 청천벽력 같은 쇼크였는데요. 더군다나 국정을 책임지고 있던 분들의 생각은 아마 앞이 캄캄했을 거예요. 그래서 제가 보기

에는 그런 것을 정리하는 시간이 필요했지 그걸 미적미적 했다 그렇게 보기는 어려울 거예요. 왜냐하면 10·26 당시만 해도 김계원 비서실장이 청와대 들어오신 것이 8시가 조금 넘었나? 그때 제가 본관 당직을 했고, 궁정동에서 돌아간 정인영 경호처장 그리고 안재성이라고 부처장이라고 있었어요. 삽교천에 박 대통령 모시고 행사를 갔다 와가지고, 사실은 그날 제가 여담입니다만, 그렇게 몇이서 저녁을 먹기로 했어요. 그때 왜 저녁을 먹기로 했었나 하면 그날 삽교천을 가면서 갔다가 끝나고 도고 온천에 가서 식사를 했어요. 이제 대통령은 따로 드시고 우리끼리 앉아서 점심을 먹는데 그분들이 농담 삼아 "당신은 매일 이렇게 고생시키면서 밥도 한 번 안 사느냐?"고 그러더라고요. 모든 대통령의 스케줄은 의전에서 담당했잖아요. 그래서 "언제 할까요?"라고 했죠. 그랬더니 두 분이 "오늘 삽교천 다녀오셨기 때문에 출장 갔다 오시면 피곤하시니 오늘은 스케줄이 없을 거다. 그러니 오늘 먹자." 그러더라고요. 그래서 "좋다" 하고 돌아왔어요. 서울에 돌아와 사무실에 도착하니까 총무 비서관실에서 저보고 본관 당직이라고 그래요. 그래서 내가 좀 싫은 소리를 했죠. "하루 종일 출장 갔다 온 사람을 바꾸어주지, 당직을 시키느냐고", 그런데 바꾸려는데 잘 안돼요. 갑자기 하려니 되겠어요. 그래서 제가 할 수 없이 이 처장하고 부처장한테 "내가 당직이라한다. 그래서 오늘 내가 저녁을 못하겠다", 그랬더니 두 사람이 그래요 "아이고 나도 오늘 대통령께서 일이 있으셔서 못 나간다." 궁정동 가신 거죠. 10시까지 이제 당직을 하게 되어 있어요. 그래서 본관에서 저녁을 하나 얻어먹고 TV를 보고 있는데 한 8시쯤인가 경호실에서 인터폰이 오더니 비서실장이 들어오신다고 그래요. 그래서 이 양반이 이 시간에 웬일이신가 하고 상의를 입고 나갔더니, 당시에 딴 사람들은 이분 양복에 피가 묻었다고 하는데 저는 못 봤고, 주머니에 손을 찌르시고 들어오시더라고. 그래서 인사를 했더니, 쳐다보지도 않다가 제가 있는 사무실로 오시더니 한 참을 서 계세요. 그래서 나도 서있었죠.

그 당시에 당직 경호실에 전경환, 전두환 대통령 동생이었어요. 그래서 그분보고 빨리 가서 이층 문 열라고 그랬더니, 비서실장이 한 참 서있더니 저한테 국방부장관을 대라고 해요. 국방부장관을 찾으니 없어요. 그 당시에 이 양반이 이미 뭐 어디로 가 있었죠? 그래서 연락이 닿질 않아. 그래서 "안닿습니다."라고 그랬더니, "그럼 수석비서관들을 다 불러라." 그러시고 들어가시더라고요. 그래 속으로 '아, 대단한 일이 일어난 것 같다'고 생각했는데 전쟁이 난 것 같지는 않고, 전쟁이 나면 이렇게 조용할 리 없잖아요. 그래서 이제 수석 비서관들에게 전화를 했어요. 반은 집에 있고, 반은 나가고 없어요. 그런데 그 당시 핸드폰이 있나요, 뭐가 있어요? 그래서 무전 전화를 하는데, 어쨌든 연락이 됐어요. 그래서 속속 이분들이 들어오기 시작하는 거예요. 들어오면서 제일 먼저 제게 묻는 것이 전쟁이 났냐고, 왜냐하면 이 양반들도 밤에 그렇게 비상소집한 경우가 없었거든, 전혀 몰랐다고요. 그래서 전부 비서실장실에 모였죠. 총리도 오시고 뭐 이제 그 다음에 다 도착들을 했어요. 그런데 김계원 비서실장 자기만 안거에요. 그리고 비서실장실에서 수석 비서관들은 다 나가라고 그러더니, 그 자리에서 이 양반이 최규하 총리한테만 이야기를 하신 거예요. 그때까지도 한 9시쯤 됐을 때까지도 청와대 수석 비서관들도 전혀 모르고 있었던 겁니다. 어렴풋이 뭔가 사고가 났다고만 알았죠. 차지철이 김재규 부장하고 싸우다가 차지철 실장이 김재규 부장을 쐈다. 왜 그러냐면 차지철 실장은 경호실장이니까 권총을 가지고 있었고, 김재규 부장은 권총을 가지고 있습니까? 그렇게들 추측을 한 거예요. 대통령이 돌아가시리라 생각은 못한 거죠. 나중에 11시쯤에 김계원 실장이 총리하고 국방부에 가서 회의하고 돌아온 거 아니에요? 이제 그런 상황에서 일이 벌어졌기 때문에 마음 수습을 하고 당장 일을 수습을 하는 데는 그 정도의 시간이 필요했다고 봐요. 그렇기 때문에 한 달 동안 미적미적한 것이 빌미를 준 거 아니냐고 생각 할 수 있지요. 물론 가능하면 그 당시에 최규하 대통령이 권한대행 자격으로 모두를 장악하고 신속하게 정권 이양에서 걸림돌이 될 만한 요소들을 제거했더라면 달라질 수 있겠지만, 그건 불가능한 상태지요. 군이 나올지 전두환 보안사령관이 실력자가 될지 누가 예측했겠어요? 그걸 누가 압니까? 하느님만 아는 이야기지.

전상숙: 권력구조 내에서 수습을 하는 것 자체가 워낙 긴박한 상황이었으니 시민사회를 고려하면서 무엇인가를 할 여지는 없었다는 거지요?

정기옥: 그렇지요. 그 당시에 그럴 사람이 있나요? 지나고 보니까 그때 전두환 보안사령관을 동해안 경비사령관으로 보내고 뭐 이랬으면 문제 없었겠지만, 그걸 다 알았다면 5·16도 일어나지 않았겠죠. 5·16이야 소문이 나고 쿠데타가 있다는 거 다 알면서도 당했는데. 그래서 그건 지나친 비판이라고 생각해요.

윤민재: 대통령께서 12월 20일에 공식적으로 취임하시죠. 그 일주일 전에 12·12가 일어나잖아요. 거기서 재가를 받고. 그렇다면 공식적으로 취임하기 이전부터 대통령으로서의 자격에 대해서 비록 권한대행이지만 신군부에 의해서 대통령의 고유한 권력행사와 실력, 능력을 보여줄 수 있는 기회를 뺏긴 거잖아요.

정기옥: 10·26이 일어나고 바로 정승화 사령관이 계엄사령관이 됐잖아요. 그러니까 이제 과거처럼 그때 박정희 대통령 시절에 뭐 그전에도 그런 계엄이 몇 번 있었잖아요. 계엄사령관이 그때도 군총장이 했지요. 그건 강력한 통치체제 하에서 계엄사령관이 했기 때문에 계엄사령관이 그렇게 전권을 못 휘둘렀지만, 이번엔 대통령 유고로 그야말로 일시적으로 무정부 상태 비슷하게 되었단 말이에요. 그럴 땐 항상 군의 힘이란 것이 세잖아

요. 그러니까 정승화 장군이 비상 계엄사령관으로서의 역할이 과거의 비상계엄사령관보다는 좀 더 컸지요. 그리고 최 대통령이 군은 전혀 모르시니까. 그러니 그 문제에 대해서는 맡길 수밖에 없는 거지요. 그런 상황이었습니다.

윤민재: 최 대통령이 외무부에만 계셨기 때문에 내각 내에서 자기사람이라고 할 수 있는 분이라고는 거의 없었겠네요.

정기옥: 없죠. 지금은 잘 모르겠지만, 과거에는 사실 국무 위원에 대해 헌법상 총리가 제청해서 임명한다는 것이 형식적이지 '내 사람이다' 이런 것은 그 당시 박정희 대통령 체제하에서는 총리가 나설 그럴만한 상황이 아니었어요. 그렇게 하겠다면 박정희 대통령께서도 용인은 하셨겠지만 최 대통령은 성격이 그런 분이 아니기 때문에, 자기가 데리고 쓰고 싶은 사람이 있다 하더라도 그렇게 말씀을 못하셨을 겁니다.

전상숙: 최 대통령 내각에 신현확 총리 인맥이 많이 들어가 있어서 그걸 가지고도 신 총리의 정치적 욕심 운운하는 사람도 있거든요.

정기옥: 신 총리야 다른 때 총리보다는 두 분이 상의를 많이 하기도 하고, 그 전에 박 대통령이 계실 때에는 거의 청와대에서 내각을 다했지만, 그런 과도기고 대통령 권한 대행이고 총리고 하니까, 총리가 '이러이러한 사람 씁시다' 뭐 있을 수 있지요. 그러나 그것을 신 총리가 자기의 파워를 강화하기 위해서 내각에다 자기 사람을 가져다 심었다고 보기에는 무리일 거에요.

전상숙: 더 나아가 사람들이 하는 이야기가 내각은 신 총리를 중심으로

하고 군은 정승화 계엄사령관을 중심으로 해서 그 차후를 구상했던 것은 아니냐는 견해도 있습니다.

정기옥: 그거는 제가 보기에는 사실과는 달라요.

전상숙: 선생님께서 오랫동안 청와대 관련된 일을 하셨잖아요. 개인적으로 궁금한 건데 중요할 수도 있고 아닐 수도 있는데요. 최 대통령 같은 경우도 외교관으로 계속 계시다가 총리가 되시고 그 다음에 결국은 대권을 운영하셔야 하는 상황이 되셨잖아요. 반면 한국 현대사에서 보면 전문 정치인이었거나 혹은 정치적인 어떤 구상을 가지고 있었던 군 출신, 결과적으로 군 출신이지만 정치가를 하는 분이죠. 그래서 어떤 면에서는 전문 관료출신 대통령으로는 아직 민주주의 체제는 상대적으로 짧기 때문에 과도한 것일 수 있지만 그렇다손 치더라도 현재 민주화의 공고화 문제가 있으니까요. 그래서 전문 관료 출신의 통치자가 가질 수 있는 역량은 아무래도 상대적으로 관리형 아니겠느냐는 생각이 듭니다.

정기옥: 저도 공무원이었지만 역시 정치는 정치가가 해야지요. 공무원은 아무래도 뭐라고 그럴까, 시각이라든가 사고의 범위가 제한되어 있어요. 왜냐하면 공무원은 자기 소신과 철학보다는 통치자의 소신과 철학을 따르잖아요. 예컨대 새로운 정부의 외교 철학과 소신이 있는데 거기에 대해서 '나는 반대다' 그러면 그만 둬야죠. 정치해야죠. 그런데 정치하는 사람은 '아니다'라고 이야기를 해야 하잖아요. 정치라는 것이 대통령은 뭐 '아니다, 그렇다' 양쪽의 이야기를 다 할 수 있어야 되는 분들이니까. 아무래도 폭이 그것보다는 넓겠죠. 그러니까 오랫동안 관료를 하다보면 이렇게 정형화되어 버립니다. 그 틀을 깨고 나가기가 어려워요. 그러니까 그런 분이 이제 대통령이 되었다고 틀을 깨기가 쉽지 않을 거예요. 전형적으로

최 대통령 이분이 관료출신 이고, 사실 그렇기 때문에 총리까지 되신 거죠. 만약에 그 양반이 정치적인 역량을 발휘하고 이랬다면, 그러니까 당에서도 뭐하면 그거 가지고 서로 부딪힐 수도 있고 자기주장을 할 수 있고 그럼 자꾸 부딪히죠. 그렇게 되면 이제 행정가의 범위를 넘어서는 거예요. 그러니까 이제 역시 우리나라의 체제하에서는 총리는 행정가여야지 정치인으로서는 별로 적합하지 않은 자리인거 같아요.

윤민재: 당시 인적 구성을 보면 내각 구성보다는 청와대 내부에 측근도 많았겠네요? 당연히 최광수 비서실장이 그렇죠.

정기옥: 청와대 측근이요? 아주 그야말로 실무적인 행정 관료출신 아니에요? 제가 말씀드렸지만 우선 비서실장은 최광수 의전수석, 그 양반도 아주 전형적인 의전출신이고, 최 대통령하고 그렇게 비슷해요. 그래서 최 대통령이 그 양반을 그렇게 좋아했는데. 뭐 사실은 비서실장은 정치인이거든요. 그 다음에 정무수석 말씀드렸지만 고건씨도 전형적인 내무관료 출신 아니에요? 또 경제수석, 이경식 씨도 전형적인 기획관료 출신이고. 그렇기 때문에 아주 실무적인 행정가, 그런 사람들로 구성이 되었었죠.

윤민재: 정통 공무원 출신들이군요.

정기옥: 그렇지요. 만약에 그 당시에 정치적인 성향이 있는 그런 사람으로 쫙 수석 비서관을 충원을 했다면 조금 시끄러웠을 겁니다.

윤민재: 정치적인 판단이나 그런 문제에 대해서 고건수석이 그런 일을 해줬어야 되지 않았나요?

정기옥: 그건 모르죠. 시키면 했겠지만, 본인이 그런 걸 하려고 하지도 않고, 하려고 하는 사람도 아니었죠. 사실 그 전에는 정무수석도 1, 2로 나누었어요. 1은 정치, 2는 행정인데 정무비서관은 정치죠. 유혁인 씨가 했는데, 그분은 동아일보 출신이라 그런 정치적인 사고가 굉장히 넓은 양반이었고, 또 김성진 문공부장관인데, 과거에 공보수석을 했어요. 신직수 씨가 그 당시에 안기부장, 당시에는 중앙정보부장이죠. 그 전에 특보도 하고 이렇게 좀 정치적인 성향이 있는 사람들이 대통령 체제하에서 비서실을 구성했으면 좀 상황이 어떻게 달라졌을지도 모르지요.

윤민재: 내각 자체도 그렇고 청와대 내부에서도 인적 구성에 있어서는 비정치적이고 최규하 대통령과 가깝거나 그런 분들이 주로 포진되었군요.

정기옥: 그렇죠. 비서실장은 제일 가까운 사람이었어요. 또 그렇게 하기는 했는데. 그런데 그분은 성격이 지난번에도 말씀을 드렸지만, 과도기라고 생각하니까 일을 벌이고 자꾸 뭘 하는 것보다는 새 정부가 들어서서 모든 것을 다 넘길 때까지 잘 관리하는 것으로 정부의 성격을 규정했기 때문에 그런 전문적인 관료가 필요했다고 생각을 한 거죠.

전상숙: 선생님 말씀만으로 저희가 판단을 해보면 전문 관료를 중심으로 행정의 실무를 맡았다는 측면에서는 결과적으로 박 대통령 서거 직전의 청와대 상황과 최규하 대통령 시기의 청와대가 실질적으로는 큰 차이가 없었을 수도 있겠다 싶습니다.

정기옥: 그렇게 볼 수도 있죠. 아주 좋은 말씀입니다. 왜냐하면 유신 이후에는 박 대통령 자신은 권력의 기반이 상당히 공고하게 되었으니까, 이제 정치는 본인이 하시고 그 다음에 전문적인 관료들이 경제라든지 이런

문제를 잘 관리하게 하면 되겠다, 이런 차원에서 당시 수석 비서관들이 전문 관료 출신들이 많이 충원이 됐었어요. 그런데 이제 최 대통령 경우에는 그런 차원하고는 다르지만 정국을 될 수 있는 데로 잘 관리해서 넘기겠다는 것이죠. 관리적인 차원에서는 비슷할지 모르죠. 그런데 그거는 억지로 비교한 것 같고요. 어쨌든 전문적인 관료들로 구성되었던 것은 같아요.

전상숙: 그렇다면 선생님은 어떤 것이 다른 측면이라고 보시는지요?

정기옥: 아까 말씀드린 것처럼 비서실장의 경우는 최 대통령이 가장 믿을 수 있는 분이 되셨고 그 다음 고건 씨는 그냥 있던 사람이었고, 아 그 당시에 서기원 씨라고 공보수석이 있었어요. 그분의 경우에는 총리실에서 모셨기 때문에 같이 왔고, 본인이 좀 데려다 쓰시려고 잘 아시는 분들도 왔고, 또 기존에 있던 사람이 그냥 있기도 했고 또 외부에서 오기도 했고, 여러 가지 혼합이죠. 반드시 청와대 수석비서관 전체 진용이 최 대통령 일색이다 이렇게 이야기하기는 좀 무리가 있죠. 그러나 몇몇 본인이 잘 알고 신임하는 분들을 데리고 온 것은 사실이죠. 그리고 아까 말씀드린 박 대통령과 최 대통령 시절의 청와대 구성은 안정적인 관리 차원에서는 성격이 비슷하다고는 하지만, 사실 최 대통령의 경우는 수석비서관의 역할이라는 것이 안정적인 관리에 더해서 위기관리까지 했어야 합니다. 그런데 박 대통령 시절엔 위기관리는 필요 없었죠. 그래서 그런 차원에서는 개인적으로 보면 위기관리라는 측면에서 수석 비서관들이 좀 더 역량을 발휘했었다면 상황이 달랐을 수는 있을 것 같습니다. 그래서 아까 말씀드린 것처럼 그럴 때일수록 최 대통령은 관리 내각이기 때문에 비서실 조직을 대폭 축소했어요. 왜냐하면 나중에 이걸 정리하기가 어려우니까요. 그래 특별보좌관도 대폭 줄이고, 외교특보하고 사정특보 둘만 남겼어요.

윤민재: 위기관리라고 말씀하신 것에 예를 들어 재야운동 세력이나 학생운동 세력과 함께 대화할 수 있고 소통할 수 있는 것도 포함되나요?

정기옥: 그것도 하나의 방법이죠. 여러 가지 사회 세력들과 정치인들도 그렇고. 어느 특정 정당이나 특정 인사를 지지하는 것보다는 광범위하게 국민들의 컨센서스를 모아서, 헌법만 하더라도 '무엇이 정말 국민들이 원하는 헌법인가?' 전 옆에서 보면서 느꼈던 그런 마음이에요.

전상숙: 위기관리라는 측면에서 내각구성은 어떻게 생각하시나요?

정기옥: 내각 구성이라는 것도 관리차원이에요. 그러니까 사실은 내각이라는 것이 어떤 의미에서는 그런 위기를 관리하는데 있어서 조금 효율적이지는 못한 것 같아요. 오히려 비서실을 중심으로 위기 때는 그렇게 나가야지요. 왜냐하면 대통령의 결단이 필요하니까요. 그런데 그 당시 내각은 종전에 있던 사람에 더해서 외부에서 들어온 사람 등등, 저는 어떻게 해서 새로운 각료들이 들어오게 되었는지 그 세세한 내막까지는 자세히 모르지만요, 추천도 받았을 테고 여러 가지 이유로 해서 구성이 되었겠지요.

윤민재: 저희는 피상적으로 알고 있지만 그 당시 석유문제가 그렇게 시급한 문제였나요?

정기옥: 시급했죠. 몇 달 사이에 지금처럼 그때 3, 4불 하던 것이 20~30불까지 올라가고 그랬어요.

전상숙: 대통령이 직접 갈 정도였나요?

정기옥: 그것 때문에 자꾸 오해를 받는데요. 당시 그전에는 현대건설 사건도 있었어요. 그 전 해인가 노사 간에 문제가 생겨서, 사우디라는 데는 원래 노사분규라는 것을 인정을 안하는 데니까요, 뭐 그렇게 문제가 생겨서 사우디에서 좀 고깝게 생각해서 그걸 사과를 하러 갔다, 뭐 이렇게 자꾸 갖다 붙이는 사람이 있는데. 물론 가신 김에 그것까지 이야기를 하셨는지는 모르지요. 하지만 그 당시에는 정말 석유문제는 굉장히 심각했어요. 우리나라 석유 한 방울 안 나는데, 사우디나 쿠웨이트에서 문 닫아버리면 그만이거든요. 또 그 당시에 우리가 안정적인 석유공급원을 확보한 것도 아니고 그러니 그 신중하신 분이 그 와중에서도 거기까지 가신거지요. 어떤 사람들은 자리를 피해주기 위해서 떠나셨다고 하는데 그렇지 않아요.

전상숙: 피해주기 위해서라기보다도 다른 어떤 요인을 굳이 고려할 사항이 아니었냐는 거죠.

정기옥: 그건 정말 제가 아주 맹세코 확실하게 말씀드릴 수 있는데, 그 당시에 보면 군부한테 재량을 주기 위해서, 껄끄러우니까 대통령이 자리를 비웠다고들 하는데, 세상에 그런 억지가 어디 있습니까? 그만두면 그만두고, 당하면 당하는 둘 중의 하나지요.

전상숙: 오히려 반대로 군부의 보이지 않는 억압, 외압 이런 이야기를 하는 사람도 있습니다.

정기옥: 그렇게 마음먹은 군부가 대통령이 국내에 있다고 안하고 나갔다고 합니까? 그거와는 관계없이 진행이 되었을 것입니다.

윤민재: 성과는 좋았나요?

정기옥: 성과는 좋았죠. 사우디 쿠웨이트에서 고정적, 안정적으로, 원유 공급을 확보해 주겠다고 그렇게 했죠.

윤민재: 예정보다 하루 앞당겨 오셨죠?

정기옥: 하루 빨리 왔죠. 그때 5·17전에 5월 정확하게 기억이 나지는 않는데, 엄청나게 국민들 모여 있었잖아요. 서울 시내 전체가 굉장히 심각했죠. 저희가 페낭이라는데 도착하니까, 서울서 속속 연락이 오는데 뭐 '만 명이다, 이만 명이다' 하면서 정말 바깥에서 보면 당장 뒤집어 질 것 같은 상황이었어요. 그런 상황에서 더 이상 하루 더 있을 여유가 없다고 해서 그날 그냥 떠난 거죠. 그래서 그날 도착한 것이 밤 11시죠.

윤민재: 그리고 바로 청와대에서 회의가 열렸나요?

정기옥: 네, 열렸죠. 그 다음에 5·17을 선포하면서 국보위도 생기고. 사실 군부가 등장한 것은 열 번을 생각해도 있어서는 안 될 일이었지만, 그런 무질서한 상황에서는 과도정부가 견뎌 낼 수 있었을까 하는 생각도 들어요.

윤민재: 경찰로서는 막을 수 없었다는 말인가요?

정기옥: 그럼요. 4·19 비슷한 거죠. 4·19 때는 경찰력이 없었나요.

윤민재: 최 대통령도 경찰력 갖고는 힘들다고 판단을 했나요?

정기옥: 판단을 하나마나, 그 당시 현실이 그랬으니까.

전상숙: 4 · 19 때하고 1980년하고는 드러나는 상황은 겉으로 비슷하지만 국가의 경제성장이나 미치는 영향 자체는 확실히 다르지 않았나요?

정기옥: 물론 다르지요.

전상숙: 경찰력도 유신체제 하에서 많이 정비되고 강화되고 많이 규율도 있었을 텐데요.

정기옥: 그런데 그게 한번 정권이 무너지니까 다 소용이 없더라고요. 강력한 지도자가 딱 버티고 있어야 모든 것이 힘을 발휘하지, 그렇지 않으니까, 이게 벌써 과도내각 자체가 약체 내각 아닙니까? 경찰력이고 뭐고 힘 못쓰더라고요. 그러니까 군밖에는 힘을 발휘할 수 있는 데가 없는 거지요. 군이 결국은 그런 방향으로 가더라고요. 그건 바람직한 방향이 아니지요. 당연히 수습을 해서 합법적인 절차를 걸쳐서 이제 새 정부를 구성해야 하는데 그런 사회 혼란상이 오니까 그런 문제가 생겨요.

윤민재: 중동 외교를 떠나실 때, 5 · 17 이후에 신군부가 본격적으로 등장을 하고 대통령이 스스로 판단을 해서 가는 것이지만, 신군부 내부에서도 당연히 받아들이거나 혹은 거기에 대해서 수용을 했기 때문에 그것이 가능했던 것이 아닌가요?

정기옥: 신군부가 OK 안하면 안하죠. '대통령 거기 가지 마시오'라고 말할 수도 없는 거고. 그때는 대통령이신데, 대통령이 움직이는 것에 대해서 신군부가 '하지 마시오' 소리는 못했어요. 물론 자기들하고 정치적인 이해가 완전히 충돌되는 상황이라면 뭐라고 했겠지만, 자원외교 때문에 나가신다는데, 오히려 자기들이 정권을 받으려면 그런 걸 해야지, 그런 걸 반

대할 이유가 없지요.

전상숙: 그런데 시점 자체가 문제죠.

정기옥: 절박한 상황에서 어떻게 정상외교라고 해외를 가느냐? 그건 소설을 쓰는 사람들 이야기구요. 남들이 보면 그렇죠. 국보위 등등 여러 가지 기구를 설치하고 군부가 전반적으로 부상하고 하는 문제에 대해서는 대통령이 다 사인하고 하셨지만, 그게 최 대통령이 백퍼센트 동의하는 마음에서 했겠어요? 뭐 제가 본인한테 여쭤어보지는 않았지만, 어쩔 수없이 한 측면도 있겠지요.

전상숙: 5·17 이후에 광주에서 진행되는 상황에 대해서는 어떻게 파악이 되고 있었습니까?

정기옥: 그건 뭐 그대로죠. 계엄령이 선포되고 김대중 씨가 체포되고 그러면서 조금씩 시작이 된 거 아닙니까. 그러다가 군이 들어가고 거기서 충돌을 하고 그랬죠. 전 광주를 안 가봐서 모르겠는데, 그 정확한 날짜는 기억 못하겠는데 최규하 대통령이 광주를 한 번 가시겠다고 그러셨어요.

전상숙: 그때가 공수 부대가 갔을 때에요? 가시겠다고 하신 것이 전인가요 후인가요?

윤민재: 본격적으로 광주 상황이 심각하게 돌아가는 그 상황인가요?

정기옥: 심각했던 그 무렵이죠. 시민군이 광주도청을 점령할 때인데 가시자고 하시는데, 말렸죠. 거기는 갈 수 없잖아요. 그런 상황에서 광주시

내는 못가고 광주 근교에 송정리 비행장이라고 거기까지만 가셨어요. 그 당시에 전남 지사가 와서 상황을 브리핑 하고, 당시 군에서 거기에 계엄사령관은 안 가신 것 같고, 그 지역의 사령관인거 같아요. 그런데 그 당시 광주는 무법천지니까 들어갈 수가 없지요. 거기까지만 갔다가 다시 돌아오셨어요.

윤민재: 보고 받으실 때 선생님도 같이 계셨나요?

정기옥: 같이 있었죠.

윤민재: 어떤 내용을 보고받았나요?

정기옥: 그 당시 내용이야 뭐 이쪽 그대로인거죠. 폭도가 난동을 부려가지고 할 수 없이 군을 투입했다 이런 내용이지요.

전상숙: 브리핑을 받으시게 되면 당연히 자연히 그렇게 되는 것이죠.

정기옥: 그렇죠.

전상숙: 그런데 혹시라도 광주에 들어가시려고 했던 것이 대통령으로써는 신변에 위협이 될 뿐 아니라 여러 가지 상황으로 매우 위험했고 또 대통령 한 분이 갑자기 유고를 하신 상황이라서 더 그렇기도 하지만요, 그런 시도 자체가 시민들이나 광주 안팎에 있어서 국정 지도자에 대한 새로운 기대에 부응할 수 있었을 수도 있지 않았을까 하는 생각을 뒤늦게 하게 됩니다.

정기옥: 결과적으로는 시내에 못 들어 가셨으니까요. 그때는 상황이 그 야말로 시가전을 방불케 했지요. 그래서 도지사가 보고를 하는데 도지사 는 이런 생각이었습니다. "군 투입을 조금 늦춰 주십시오. 우리가 한 번 수 습을 해 보겠습니다." 그런데 군에서는 "이 이상 늦어지면 더 피해가 생긴 다. 빨리 수습을 해야 된다."는 입장이었습니다. 그래서 서로 의견이 엇갈 리는 상황이었고, 저는 듣기만 했죠. 며칠 뒤에 본격적으로 투입이 되었는 데 대통령은 의례적으로 재해지구나 또 그런 여러 가지 문제가 생긴 지역 을 가시죠. 본인은 거기까지 들어가고 싶으셨겠죠. 그러나 그거야 신변의 위협이나 이런 것 때문에 우선 경호실에서 그건 절대 반대고, 또 경호실에 서 반대하건 안하건 관계없이 거기서 신변의 위협이 생기면 안 되니까 들 어가실 수 없는 형편이었죠.

윤민재: 브리핑을 받고 나서 최 대통령은 문제의 심각성을 더 알게 되고 경찰로는 도저히 안 되겠다는 생각을 한건가요?

정기옥: 그 정도의 심각성은 계속 보고가 되었으니까 알고 계셨겠지만 본인이 직접 보시려고 가신 거죠. 그런데 뭐 들어가시지 못하셨으니까.

전상숙: 이미 그 직전부터 군에 대한 영향력은 상대적으로 발휘가 안 되 는 상황이었다고 봐야 되겠네요.

정기옥: 그렇다고 해야죠. 이분은 군에 대해서는 전혀 모르는 분이니까. 그래서 자기도 군에 대해서 좀 아시고 군에 대한 소위 뿌리가 좀 있다고 하면 다른데, 군 문제는 그 당시 박정희 대통령이 다 알아서 하셨기 때문 에, 본인은 알지도 못하고 또 관여하지도 않았고 또 할 생각도 없었고.

전상숙: 그 기조가 계속 간 거네요?

정기옥: 그렇죠.

전상숙: 그러면 정승화 계엄사령관, 그 인맥이라고 하는 것도 결과적으로는 신군부가 직접 앞으로 나아가는 상황에서, 그 역학관계 속에서 그냥 밀리고 말았다. 이렇게 봐야 하는 건가요?

정기옥: 그렇죠.

전상숙: 이건 아니다. 그래도 무언가 좀 해야 되지 않느냐? 그런 갈등구조가 형성될 여지가 없었나요? 군내에서도 이 국가 치안이라는 정황 속에서요.

정기옥: 군 내부에서도 갈등이 있었겠지요. 그래서 정승화 장군하고 보안사령관 사이에 그런 관계라든가, 뭐 그런 거야 사실은 있었겠죠. 항상 지나고 보면 그런 것이 아쉬운 점이 있겠지만, 4·19도 마찬가지고 5·16도 마찬가지지요. 대개 10·26, 12·12, 5·17 이런 것도 그게 몇 사람이 마음을 바꾸었으면 그렇게 안 되었을 텐데, 역사가 또 그렇게 돌아가고, 뭐 그게 다 정해진 코스겠죠, 어떻게 하겠어요? 대령이 가서 육군총장을 잡아가는 것이 가능한 일입니까? 그래도 다 가능했잖아요.

막강한 60만 대군을 가지고 있는 그런 조직인데 어떻게 그게 가능했는지 모르겠어. 더군다나 보안사령부라는 건 정보계통이기 때문에 병력이 없어요. 휘하병력 중에 전투 병력이 없습니다. 그런데 어떻게 가능했는지 저는 옆에서 보면서도 이해가 안 되더라고요. 물론 동조하는 세력이 있었죠. 노태우 사단장 등등이 있었지만, 그 수보다는 육군총장 산하의 병력이 더 많았죠. 그런데 어떻게 그렇게 되더라고. 원래 다 아시겠지만 그런 일은 몇 사람 소수가 다 하는 거 아니에요?

윤민재: 그리고 8월에 사직을 하시잖아요. 5·17부터 그때까지 두 달 반 정도 되는데 굉장히 고민이 많으셨겠네요?

정기옥: 그렇겠죠. 딱 끝나고 나니까 확연히 변화의 느낌을 가져오죠. 대통령제니 청와대가 중심 아니에요? 그런데 모든 소위 파워가 저쪽으로 파워쉬프트가 보이더라고요.

윤민재: 회의 같은 것도 열리지 않고요?

정기옥: 아주 필요한 최소한의 회의만 하고는 전부 국보위를 중심으로, 장관들도 대개 거기 가서 먼저 보고했죠. 국보위가 실질적인 내각 역할을 했으니까, 거기에 기구를 만들었으니까 어쩔 도리가 없는 거지요.

윤민재: 국무회의는 거의 열리지 않았겠네요?

정기옥: 그건 일주일에 한 번씩은 열리게 되어 있었으니까, 형식적으로 열리고.

윤민재: 청와대 비서회의가 자주 열리지 않았나요?

정기옥: 그것도 거의 안 열렸어요. 그때는 개점휴업 상태지요. 그런 상황이었어요. 지난번에 말씀드린 것처럼 오죽하면 그분이 마음을 정리하고 그 와중에 한 이삼일인가 휴가를 다 가셨겠어요. 그건 상상도 못할 일이에

요. 평소에도 일생동안 휴가를 가시지 않으신 분이 그 소용돌이 속에서 휴가를 가신다는 것은 그거는 벌써 마음의 정리를 다 하고, 물론 그 전에 우리는 몰랐지만 다 이제 이 정리를 하신 상태였는데, 벌써 5·17 이후부터는 마음의 정리를 하신 것 같아요. '아 대세가 이렇게 돌아가는구나' 하는 것을 판단하신 듯 싶어요. 아까 말씀드린 김정렬 씨가 와서 설득을 했다 뭐 이런 것들은 두 분만의 이야기니까, 또 최규하 대통령 본인이 일체 이야기를 안 하시니까 사실 아무도 몰라요. 김정렬 씨가 나가서 '내가 설득했다' 이렇게 이야기하셨는지는 모르겠어요. 밖의 일은 모르지만, 최 대통령 본인의 입으로 '김정렬 씨가 와서 나보고 그만 두라고 하더라' 이런 이야기를 했다는 이야기는 한 번도 들은 적이 없습니다.

윤민재: 그러면 발표하신 날 당일에 아셨겠네요?

정기옥: 청와대 내부에서 시간이 임박해서 대개 눈치를 챘죠. 임박해서 알았죠. 근데 딱 그게 8월 16일인가 그날이라는 것은 몰랐지만 임박하다는 것은 대개 짐작했죠.

전상숙: 이 상황과 1979년 11월에 열린 통일주체국민회의 상황, 최 대통령으로 당선되는 그때 분위기하고는 상당히 대조적일 것 같기도 합니다. 그때 분위기가 궁금한데요?

정기옥: 그러니까 당시 헌법에는 그렇게 되어 있잖아요. 그러니 그거를 고치려면 우선 헌법을 고쳐야 되잖아요. 국민투표로 직접 국민이 결정하려면 개헌을 해야 되고, 그것에 얼마의 시간이 걸리니까, 대충해도 일 년은 있어야 되겠다. 그 대신 일 년 동안은 과도정부로 가는데 이것이 임시체제로 가는 것은 곤란하니 일단은 선거를 거쳐서 대통령을 뽑아야 되겠

다. 꼭 본인이 하는 것이 아니라도, 뭐 누구나 출마할 수는 있는 것이죠. 그런데 그 당시 김영삼, 김대중 대통령은 생각이 없고. 이제 개헌을 하고 나서 이야기니 그 양반들도 동의를 한 겁니다. 그리고 이제 그 당시 공화당에서는 '우리가 한 번 해볼 필요가 있지 않느냐' 해서 김종필 씨를 후보로 세우는 이야기가 잠깐 나왔던 걸로 알고 있어요. 그런데 김종필 씨도 '그것은 무의미하다' 왜냐하면 지금 최 대통령이 권한대행을 하고 있으니까. 그 과도정부를 잘 유지할 수 있도록 하자. 그러면 '최규하 대통령이 유신헌법에 따라서 선거를 해서 당선이 되면 그대로 가자' 그렇게 된 겁니다.

전상숙: 그렇다면 과도정부에 정통성을 준다는 합의하에서 이루어진 거죠?

정기옥: 그럼요. 3김씨 중에 누구 하나 극렬히 반대했으면 그게 되었겠어요? 그 당시에는 10·26 직후에는 3김씨의 말 한마디 한마디가 굉장히 큰 영향력을 가지고 있었는데요.

전상숙: 통일주체 국민회의 자체도 일상적으로 하던 것의 연장에서 추인하는 것으로 생각을 했겠네요?

정기옥: 그럼요.

윤민재: 공화당 내에서도 당연히 받아들여졌고 과도정부로서 형식적인 절차에 대해서 이의 제기가 없었나요?

정기옥: 공화당에서는 큰 문제는 없었어요. 대개 합의하에 그렇게 된 거죠.

윤민재: 김종필 총리하고 최 대통령하고 연배도 있고 배경도 다르지만 두 분이 이렇게 친분관계가 있는 분이었습니까?

정기욱: 그렇게 큰 친분은 없었을 겁니다. 그분이 총리할 때 최 대통령이 외무장관하고 그런 것이지, 뭐 같은 내각에 있었다고 다 친한 것은 아니니까요.

윤민재: 그 당시에 공화당은 대통령 직선제를 주장한 것은 맞죠?

정기욱: 그건 대세가 그러니까 반대할 수 없죠. 당연히 유신체제라는 것은 대통령 간선제가 핵심 아니에요? 그러니 그것에 대해서는 이의가 있을 수 없는 것이죠.

전상숙: 사임직후 미국행을 설명 안하신 것 같은데, 국내에 계시기에 불편하신 것들이 있었나요?

정기욱: 불편하신 것이 뭐 있겠어요. 그 당시에 그만두시면 국정자문회의 의장이라는 것을 자동적으로 맡게 되시는데. 저희 때는 캐나다도 오셨어요. 우선 해외여행을 몇 번 하셨어요. 그 일환으로 미국에 가신 것 같은데, 특별한 무슨 의미가 있나? 저는 미국가신 건 잘 모릅니다. 권대사가 따라 갔다고 하니, 그 사람이 잘 알지도 모르죠. 그때 저는 따라가지도 않았지만 특별한 의미는 없을 거에요.

윤민재: 최 대통령이 정통외교 관료 출신이다 보니 미국이나 일본 내에 지인들이 많이 계셨죠?

정기옥: 그런데 그분이 그렇게 아주 가까운 지인들이 많은 것 같지 않더라고요. 왜냐하면 떠난 지 오래되었으니까요. 그리고 그분은 미국에 근무도 안했고 벌써 옛날 분 아닙니까? 그분이 말레이시아 대사가 마지막 해외근무인데, 그게 1960년대 후반이에요. 그리고 나서 대통령이 될 때까지 거의 20년이 넘는 세월이니까, 인맥이라는 것이 거의 없을 겁니다.

윤민재: 1960년대 중반 한일회담 당시에도 주요 멤버로 참석을 하셨죠?

정기옥: 그렇죠. 그 세대 사람들은 다 갔는데. 인맥이 뭐 있겠어요? 오랫동안 외교관을 했어도 해외 인맥은 그렇게 많지 않은 것 같더라고요.

전상숙: 그 시기 한일회담을 했었던 네트워크, 일본과의 네트워크가 1970년대에 지속적으로 박정희 대통령 시기 전체에 걸쳐서 공식 비공식 채널로써 나름 영향력도 있고 실질적으로도 효과적으로 활용되고 그러지 않았을까요?

정기옥: 그렇죠. 최 대통령이 개인적인 인맥이 있으신 지는 잘 모르겠어요. 그분이 한일회담 때도 잠깐 가서 회담을 한 것이지요. 그 다음에 외무장관 되고 나서야 개인적으로 가깝게, 그렇게 무슨 깊은 인맥이라는 것은 제가 들어본 적이 없는 것 같아요.

전상숙: 일본과의 정치적인 외교관계나 이른바 비선이라고 하는 것이 많이 활용이 되었던 것 같던데요.

정기옥: 이분이 그런 성격이 아니니까요. 그것은 김종필 전 총리 같은 분이 잘 하실 거고. 소위 막후의 역할이라는 것은 자기한테 좀 파워가 있

어야 되거든요, 그렇지 않아요? 일본 측에서도 이 사람을 잡으면 '한국 정부와의 관계에 있어, 무슨 여러 가지 협상에 있어서 큰 도움이 될 것이다' 그렇게 생각했을까요?

전상숙: 본인 자체가 워낙 관료타입이었죠?

정기옥: 그럼요. 사실 제가 모시면서 농담 비슷하게 많이 좀 컴플레인을 했어요.

전상숙: 선생님은 최규하 대통령하고 인연을 맺게 되신 것이 그냥 의전비서관으로서 인연이 되신 건가요?

정기옥: 저보다도 오래 모셨던 분이 계세요. 정동렬 비서관이죠. 그분이 아주 소위 서양식으로 말하면 가정의 집사 같은 스타일 있잖아요. 공적, 사적 모든 일을 챙기는 그런 역할을 하신 분이었어요. 그분하고 제가 가까웠어요. 최 대통령이 청와대 오시면서 뭐 그땐 다 그만둘 테니 나도 그만두어야겠다고 했더니, 그분이 "그러지 말고 우리는 청와대 내용을 모르니 당신이 오래 있었으니까 계속 같이 좀 모십시다." 그래서 제가 같이 모시게 되었죠.

전상숙: 그러면 전두환 정권으로 넘어가는 시기에 청와대 내의 변화 그러니까 선생님처럼 실무를 하셨던 분들의 변화는 안 컸었나요?

정기옥: 아니, 컸죠. 거의 다 바뀌었죠. 수석비서관은 물론이고, 5공이 들어오고 나서 비서실도 거의 8-90%가 바뀌었죠. 그래서 이제 부처에서 파견 나온 사람들은 부처로 돌려보냈고, 그 다음에 청와대 소속으로 있던 사

람들도 대부분 다 나갔어요. 저는 왜 붙어 있었냐 하면, 의전수석 비서관이 된 분이 차지철 경호실장의 보좌관 하신 분이에요. 아주 영어를 잘하는 사람이에요. 통역 겸 해가지고 그분이 전두환 대통령 의전수석 비서관이 된 겁니다. 본인이 당황한 것 같아요. 자기는 전혀 의전을 모르는데 이렇게 발령을 받으니까. 그래서 제가 삼청동에 국보위가 있었을 때 비서실장을 했는데, 절 보자고 해서 갔더니 상당히 당황스러워 하는 것 같아요. "이거 내가 의전수석비서관을 맡았는데 나는 의전의 '의' 자도 모르니 당신이 좀 도와주쇼." 그래서 잡혔어요. 그래서 이제 그분하고 한 일 년 반 정도 같이 일하다 그 다음에 외무부로 왔죠. 그 당시에는 거의 뭐 한 7~80%는 실무진으로 바뀌었지요.

전상숙: 의전수석 차원에서는 저희가 참 많이 모르는데요. 군부가 5·16 이후에는 이렇게 하다보니 실수도 꽤 많았다는 이야기도 있습니다.

정기옥: 그건 실수도 많고, 사람을 다루는 일이기 때문에. 의전이라는 것은 아무리 계획을 100% 잘 만들어도 100% 그걸 다 완벽하게 할 순 없어요. 의전이라는 것이 99점을 맞더라도 1점이라도 잘 하지 못하면 그건 밑져야 본전이 아니라 잘해야 본전치기입니다. 그러니까 그런 실수는 수도 없이 많지요.

전상숙: 선생님께서 의전수석을 하셨다고 해서 사소한 궁금증이 있어 여쭤보겠습니다. 의전 수석, 의전과 관련된 문제를 잘 알고 외무부 차원이나 청와대에서 의전에 대한 인력풀이 상대적으로 우리나라가 적은 것은 아닌가 싶습니다.

정기옥: 의전을 하는 것은 정부에서는 외무부하고 청와대밖에 없죠. 그

러고 대개 다른 부처에서는 총무과, 서무과 이런 사람들이 그런 역할을 한단 말이에요,

전상숙: 중앙 정부 차원에서도 총무과, 서무과에서 담당을 하나요?

정기옥: 지식경제부 이런 곳에는 전담 부서가 없지요. 전담부서가 있는 곳이 청와대, 외무부, 행안부, 총리실 이 정도예요. 그러니 의전 업무를 담당하는 인력풀이 많지가 않지요.

전상숙: 필요한 부분인데요.

정기옥: 그래서 요즘 좀 중요성이 강조가 되더라고요. 그래서 이제 의전 관계, 글로벌 매너, 이런 것들에 관심이 생기다 보니 요즘 여러 곳에서 강의를 하고 있지요. 의전이라는 것, 특히 대통령 의전은 굉장히 중요합니다. 대통령의 일정을 관리하잖아요. 그러니 누가 대통령께 들어가서 보고를 하고, 누가 대통령 만나고 하는 것을 다 파악을 하고 있다는 말이에요. 대통령이 만나는 사람의 범위 변화에 따라서 상황을 추측할 수가 있지요. 그러기 때문에 의전이라는 것이 사실 그런 측면에서 볼 때 굉장히 중요해요. 우리는 아주 그런 예민하고 은밀한 부분은 잘 모르지만 대통령께서 이렇게 만나시는 사람들의 면면을 보면 '아 이런 문제가 이렇게 진행 되는구나' 짐작은 할 수 있지요. 그래서 의전비서관들의 제일 덕목은 항상 입을 열지 않는 겁니다. 보고도 못 본 척하고 지나가는 겁니다.

전상숙: 최 대통령과 관련한 것은 아니지만 선생님께서 의전을 담당하셨으니 여쭤보려고 합니다. 전두환 대통령이 취임하고 처음으로 미국 갔을 때에 대단히 긴장했을 것 같고 대단히 많은 준비를 했을 것 같습니다.

정기옥: 제가 모시고 갔었는데 그때는 비공식 실무방문이었기 때문에 의전 측면에서는 많이 생략을 했죠. 당시 방미는 레이건 대통령이 초청을 해서 갔거든요. 그러니까 워싱턴에 가서 회담하고 뉴욕에 들렸다가 LA 거쳐 오셨는데, 그건 공식 방문은 아니었죠. 물론 그 양반이 긴장을 하셨겠지만, 당시 미국은 상당히 굉장한 후대를 해가지고, 그것도 파격적이지 않았어요? 저는 제일 먼저 인줄 알았더니, 알렌 보좌관 말에 의하면 아니라고 하더군요. 저번에 어느 글을 보니까 자메이카 총리인가가 먼저 왔대요. 그걸 제가 언뜻 봤어요. 어쨌든 굉장히 파격적인 대우죠. 사실 그것보다는 두 번째 공식 일정이 동남아 방문이에요. 그때는 이 양반이 굉장히 신경을 많이 쓰시더라고. 그 양반은 조금만 뭔가 차질이 생기면 그냥 막 좀 짜증을 내시고 하셨는데, 미국 때는 얼떨결에 치른 행사가 돼서 그냥 그렇게 넘어갔죠.

전상숙: 동남아 방문은 그 시점에서 그렇게 전두환 대통령이 신경을 쓰게 된 데는 실질적인 차원에서 뭔가 성과를 얻어야 된다는 거였죠?

정기옥: 제가 보기에는 이랬던 것 같아요. 갑자기 대통령이 되니 본인의 생각에 '국가원수로서 내가 혹시라도 품위라도 좀 실수를 하면 안 된다' 그런 것에 대한 신경을 많이 쓰신 거 같아요. 그래서 더 이제 좀 그런 것에 대해서 관심을 갖게 된 계기가 되지 않나 싶어요.

윤민재: 선생님께서는 아웅산 사건 때도 계셨었나요?

정기옥: 그때는 제가 없었어요. 제가 청와대를 그만 두고 외무부에 와있을 때니까. 그리고 최 대통령은 아까 말씀드렸지만, 검소한 것에 대해서는 병적이에요. 어떻게 보면 그것이 그분을 존경할 부분이기도 한데. 돈하고

는 거리가 먼 분이니까. 그만 두시기 직전에 강원도로 휴가를 갔다고 왔다고 말씀을 드렸는데, 최 대통령이 원주 출신이고 근처에 또 최씨 사당이 있습니다. 거기를 들리셨어요. 그래서 이제 금일봉을 주셔야 할 거 아니에요? 그래서 이제 저를 보고 "봉투에 돈을 넣어서 얼마를 좀 다오." 하셔서 드렸어요. 이제 문중에다 금일봉을 주시고 서울로 돌아왔어요. 갔다 오면 출장비를 계산해야 되는데, 저를 부르시더니 저한테 봉투를 주세요. "각하 이게 뭡니까?", "이 사람아 내가 지난번에 우리 문중에 가서 돈 준 것 있잖아, 그거 반납해." 그런데 사실 그건 거기서 그냥 판공비로 쓰는 거거든요. "그건 개인이 한 건데, 왜 자네가 마음대로 처리를 해? 가지고 가." 그래서 받았죠. 총무 비서실에 반납을 했더니 총무 비서실에서도 난감한 표정이에요. 이 돈을 주시면 처리할 길이 없다 이거에요. 그래서 나는 모른다고 이걸 다시 잡수입으로 잡던지 뭐 그렇게 하라고 드렸는데, 사실 그런 건 잘 부각이 안 되더라구요.

윤민재: 영부인인 홍기여사도 마찬가지였죠.

정기옥: 그럼요. 부인도 똑같은 분이시죠. 신문에 가끔 나오고 하지만 사시던 집에 지금도 가보면 응접실이 여기 한 반만 할까? 그리고 밑에 양탄자를 깔았는데. 수십 년이 되었는지, 이 양반 세탁도 안했는지, 솔직히 좀 외람된 이야기지만 맨발로 들어가기가 좀 꺼려지더라고 혹시 때라도 묻을까 싶어가지고. 그렇게 사셨어요.

윤민재: 그 당시에 최 대통령 계실 때에 큰 아드님이 나이가 좀 어리셨겠네요.

정기옥: 아니, 그리 어리지도 않았지요. 다 뭐 장가가고 다 아들딸 있고

그랬으니까요.

윤민재: 그분들은 정치적으로 이렇게 견해나 의견을 보여주었나요?

정기옥: 가족끼리는 하셨을지 모르지요.

전상숙: 그럼 대통령 당시에도 그렇고 그 직전에도 그렇고, 야당이나 다른 3김씨나 최 대통령에 대해서 특별히 부정적이거나 거부 반응도 없었겠네요.

정기옥: 네, 그분들도 알았겠지요. 욕심도 없고 그냥 놔뒀다고 해서 정권을 자기가 차지하려고 하는 사람도 아닐 것이라고 생각했겠지요. 그걸 만약에 의심했으면, 통일주체국민회의 거기서 대통령 선출을 하도록 다 놔뒀겠어요? 어떤 면에서는 제가 보기에는 3김씨에게는 오히려 편한 분이었는지도 모르지요.

윤민재: 최 대통령의 마지막 일은 국정자문회의 의장이죠.

정기옥: 그런데 그것도 오래가지 않았어요. 국정자문회의 의장은 전 대통령 때까지 맡으셨으니까. 대통령하시고 나서 공식적으로 할 일이 있습니까? 이분은 취미가 없으신 분이시기 때문에 골프도 안하시고 술도 안하시고 담배만 하루에 한 두세 갑씩 피시더니 그것도 말년에 끊으셨고, 유일한 취미가 드라이브. 사실 최 대통령 모실 때는 사실 거의 퇴근시간도 없었어요. 그 당시에는 관저라는 것이 지금하고는 달라서 옛날 일본 시절에 지었던 조그만 건물이기 때문에 아래층에 사무실이 있고 위층이 집이에요. 위아래로 출퇴근을 하는 거죠. 여기가 그 당시에는 기구를 축소하다

보니 부속실하고 의전 비서실을 같이 겸했어요. 부속실이라는 것은 거기에 대기하면서 24시간 대통령 내외분 수발을 하는 건데, 그것도 겸했기 때문에 물론 제가 24시간 있는 것은 아니지만, 거기에도 직원이 따로 하나 있었죠. 거기서 항상 먹고 자고 하는데, 저는 항상 10시나 11시까지 대기하고 있다가 "이제 주무십니다." 하면 퇴근하고 토요일, 일요일도 없지요. 왜냐하면 이분은 어디 가실 때가 없으니까요. 그러니까 수시로 불러서 하명하시고, 갑갑하시니까 자꾸 시찰을 다니신다고, 토요일 일요일도. 그런 걸 대비해서 항상 출근하고 있죠. 그러면 이제 토요일, 일요일에 같이 차를 타고 단출하게 시찰을 다니시고, 비공식으로 다니시는 거죠. 군부대도 잠깐 가셔서 경비태세가 어떤가, 그것도 부르지 않고 그 당시 당직 근무하던, 또 관공서도 그냥 불시에 들르셔서 점검하고 다니시고, 아주 꼼꼼하고 또 다른 데는 취미가 없으시니까 일밖에 모르셨죠. 이게 모시기에는 아주 힘든 분이에요. 딱 6시 되면 퇴근하시고 '관여하지 마라, 내일 아침에 보자' 이래야 되는데, 이분은 공적인 생활과 사적인 생활이 구분이 없는 분이에요. 그렇게 일생을 사셨으니까요.

전상숙: 최 대통령께서는 퇴임 후에 어떻게 지내셨습니까?

정기옥: 그러니 답답하시죠. 유일한 것이 드라이브에요. 신두순 비서관이 모셨어요. 사저에 비서관으로 들어가셨는데, 거기 몇 사람이 근무를 하죠. 그런데 이제 수시로 모시고 드라이브 다니고 아니면 말 상대를 해드리고. 또 이분이 말씀하시는 것을 좋아해요. 앞서서 공적인 일에 대해서는 말씀을 안 하시는데, 사적인 대화는 안그러셨어요. 비서들이 같이 들어가서 좀 말 상대도 해드리고 그렇게 사셨지요. 친구들하고 앉아서 대화하는 것도 힘든데, 더군다나 윗분 모시고서 그런 건 보통 힘든 게 아니죠.

윤민재: 정치인들하고 교류도 전혀 없으셨나요?

정기옥: 없었어요. 추석보다 설날 때 과거 모시던 사람들이 와서 세배나 하고 인사나 하는 거지. 평생 뭐 그렇게 교류가 없었고 재미없게 사셨어요. 소위 권한을 마음대로 행사하신 것도 아니고, 그렇다고 치부를 하셔가지고 물질적으로 풍부하게 사신 것도 아니고, 오로지 일. 본인 나름대로 그게 다 즐거운 일이었는지 모르겠는데, 제가 옆에서 보기에는 아주 재미없는 생활이셨죠.

윤민재: 말씀 잘 들었습니다. 지난번에 이어 2회에 걸쳐 소중한 시간을 내주셔서 감사드립니다.

이재원

(전) 대통령 정무비서관

1. 개요

이재원 정무비서관의 구술은 2009년 10월 22일(목)에 성남시 분당구 금곡동 신두순 비서관 자택에서 2시간 동안 이루어졌다. 이재원 정무비서관은 1967년부터 1971년까지 외무부 출입기자로 최규하 당시 외무부장관을 취재하면서 인연을 맺었다. 이후 1975년부터 최규하 국무총리 재직시 총리실 취재기자로 활약했다. 10 · 26사태 이후 최규하 대통령이 제10대 대통령에 취임하면서 정무비서관으로 발탁되어 대통령의 최측근에서 보좌하였다. 1980년 8월 16일 최규하 대통령 하야 후 총리실 정무비서관으로 발령을 받아 공무원으로 봉직하였으며, 1989년 정무차관으로 1년 재직 후, 건양대학에서 2007년까지 교수직을 수행하였다. 그는 최규하 대통령 퇴임 후에도 지근거리에서 그를 보좌하였으며, 최규하 대통령 서거 시에는 정동렬, 신두순과 공동명의로 추모비문을 작성하였다.

이재원 전정무수석의 구술은 다음과 같은 주제를 중심으로 진행되었다. 외무부장관 시기의 협상력이나 정책결정 스타일, 박정희 대통령과 최규하 외무부장관과의 관계, 개인으로서의 최규하 대통령, 국보위 설치와 최규하 대통령, 헌법개정, 국가안보, 경제정책, 고건 당시 정무수석의 행적, 김정렬 전 총리의 하야권고 방문설 진위 여부 등의 문제 등이 그것이다.

구술 가운데 주요 내용을 정리하면 아래와 같다. 첫째, 일의 추진과 처리에 있어 신중하면서도 치밀하고 뚝심이 있는 스타일의 소유자였다는 것이다. 밴스 특사와의 회담과정과 결과에서 이러한 점이 잘 드러나고 있다. 벤스는 이후 회고록에서 최규하라는 사람에게 철저한 애국심, 뚝심, 건강이 세 가지에 놀랐었다는 점을 서술하고 있다.

둘째, 헌법개정과 관련한 최규하 대통령의 인식과 구상에 관한 주요한 증언이 있었다. 우선 최규하 대통령은 보궐선거를 통해 취임하면서도 임기를 모두 채울 계획을 가지고 있지 않았다고 구술하였다. 최규하 대통령은 헌법을 개정하고 다음 정권의 선출된 사람에게 정부를 이양하는 계획, 즉 그때까지 엄정한 관리자로서 심판의 역할을 하는 것을 본인의 과제로 생각하고 있었다는 내용이다. 또한 헌법개정에 필요한 기간과 관련하여 최규하 대통령은 최소한 1년에서 1년 6개월의 시간은 필요한 것으로 생각하고 있었음도 증언하였다.

　최규하 대통령 시기의 헌법개정 문제와 관련하여 논란이 되고 있는 중요한 문제는 최 대통령이 이원집정부제를 구상하였는지 그리고 구체적으로 이를 위한 지시를 내린 적이 있는지의 여부이다. 일부에서는 1980년 3월 4일 헌법개정심의위원회에서 최규하 대통령이 이원집정부제에 대한 연구를 지시했다는 지적이 있다. 또한 일부 언론은 최규하 정부가 이원집정부제 헌법개정을 의도하고 있다고 보도하기도 하였다. 이재원 정무비서관은 이원집정부제 연구에 대한 지시의 존재를 부정하였다. 국회에서 추진하고 있던 헌법개정심의위원회에 대하여 최규하 대통령은 정부에도 그와 같은 기구가 필요하다고 생각하여 1980년 1월 19일 법제처 내에 헌법연구반을 설치하고 3월 13일에는 대통령직속자문기관으로 헌법개정심의위원회를 정식으로 발족시킨 바 있다.

　셋째, 국가보위비상대책위원회(국보위)의 설치 결정과 관련하여 그 결정시점과 내용에 관한 중요한 구술이 있었다. 보통 언론에서는 5월 17일의 국무회의를 비상국무회의라 칭한다. 이재원 비서관은 비상국무회의로 불리우는 이 국무회의의 정식명칭은 임시국무회의였으며, 주된 결정사항은 계엄의 전국확대였다는 점을 강조한다. 더욱이 국보위 설치와 관련, 국보위의 형태와 형식, 구성 등에 관하여 대통령의 의사가 많이 반영된 결정이었다고 증언한다. 최규하 대통령은 국보위에 입법기능 부여를 요구했던 신군부의 입장을 배척하고 정부 내 위원회로 이를 설치하는 것으로 결정했다고 지적했다. 특히 국보위 설치문제는 최규하 대통령이 2주간 참모진에 검토를 지시했던 사안으로 최규하 대통령이 대단히 관심을 가지고 헌법체제 내로 제한하려 하였음을 지적했다. 이에 따라 국보위는 정부조직법 제26조의 정부위원회를 둘 수 있다는 조항에 근거하여 대통령의 자문보좌기관으로 1980년 5월 31일에 설치되었다. 이재원 정무비서관은 따라서 5월 16일에 국보위가 있었다는 주장에 대해 옳지 않은 것이라고 지적한다. 그러나 국보위가 정부위원회로 설치되었으나, 내각으로부터 국보위가 보고를 받는 등 시간이 흐름에 따라 정치권력이 그쪽으로 쏠리는 현상이 발생하였다는 점 또한 구술하였다.

넷째, 안보문제와 관련하여 최규하 대통령은 국가안보를 확실히 보장하는 것 그것이 곧 정치라는 인식을 가지고 있었음이 구술되었다. 우리의 입장에서 안보에 가장 위협적인 것은 북한이기 때문에 북한의 도발내지는 위협을 어떻게 우리가 막아내느냐 하는 것에 항상 신경을 썼으며, 한미간의 협력을 기축으로 인식하였다는 점이 구술되었다.

이외에 헌법개정과 관련하여 1년 6개월 정도의 기간을 설정하여 추진코자 하였다는 점, 고건 정무수석의 분명치 못한 행적에 대한 지적, 그리고 1980년 7월의 김정렬 전 총리의 하야권고 사절설에 대한 부인 등이 주목할 만한 구술사항이라고 할 것이다.

2. 구술

조수현: 안녕하십니까? 비서관님. 이렇게 귀한 시간을 내주셔서 우선 감사드립니다. 저희 연세대학교 국가관리연구원에서는 우리나라 역대 대통령에 관한 연구를 수행하고 있습니다. 그러한 연구의 일환으로 당대에 활동하셨던 중요한 분들의 증언을 듣고 그 증언을 구술사료화 작업을 하고 있습니다. 오늘은 최규하 대통령을 보좌하셨던 이재원 비서관님을 모시고 최규하 대통령에 관한 그리고 당대의 중요한 사건들에 대한 중요한 말씀을 듣고자 합니다. 우선 본격적인 질문으로 들어가기 전에 비서관님의 간단한 본인소개와 최규하 대통령과 어떤 인연으로 만나셔서 비서관을 지내게 되셨는지 하는 것과 최근 근황 이런 부분에 대해서 말씀해 주셨으면 합니다.

이재원: 예, 제가 원래는 신문기자를 했습니다. 인연은 최규하 대통령께서 1967년부터 외무부장관을 하셨는데 제가 1967년부터 외무부를 출입을 했어요. 저는 서울신문에 있었고 최 대통령께서 1967년부터 1971년까지 외무부장관을 하셨어요. 4년 동안 최 대통령을 취재를 한 것이 최 대통령하고 처음 인연을 맺는 계기가 되었지요. 그리고 어르신이 외무부장관을 마치고 청와대에 외교담당 특별보좌관으로 가셨다가 1975년도에 국무총리로 오셨어요. 아시겠지만 출입처라는 것이 어느 정도 전문성이 필요하기 때문에 최 대통령께서 총리로 오시니까 회사에서 나보고 총리실 출입을 하라고 하더라구요. 그 후 1975년부터 1979년 10월 26일까지 총리로 계셨거든요. 그리고 10 · 26 이후에 헌법에 의해서 대통령 권한대행이 되시고 그 다음에 선거를 통해서 10대 대통령이 되셨는데, 대통령이 되시면서 저보고 비서관으로 올 수 없느냐고 참모들을 통해서 연락이 왔습니다. 그런데 그

당시의 상황으로 보면 사실 저는 그 정치부 기자로서 상당히 궤도에 올라서 기자로서 커 가는 것이 좋지 않은가 하는 판단도 서고 그랬는데, 대통령비서관으로 오라는 연락을 받고 과연 내가 공무원 생활을 시작해야 하는 건지 그냥 언론계 생활을 해야 하는 건지 상당히 고민을 했지요. 그런데 그 당시 우리 서울신문 사장께 상의를 드렸더니 대통령이 오라고 하면 그것은 당신 운명이니까 좌고우면 할 것 없이 가라 그러셨습니다. 그래서 할 수 없이 청와대 비서관이 됐지요.

그 당시에 비서진은 최 대통령께서 종래에 박정희 대통령께서 쓰던 비서관들을 거의 유임을 시켰어요. 수석 비서관들은 물론 교체했습니다. 그리고 총리실에 있던 비서관들을 거의 모두 청와대로 데려오고 또는 공무원들 중에서 채용하고 그랬는데, 민간인 신분으로서는 내가 유일하게 그 당시에 비서관으로 들어갔어요. 그래서 모시다가 1980년 8월 16일 대통령께서 하야를 하셨지요. 여러 가지 그동안에 과정이 많이 있습니다만, 저는 전두환 대통령이 취임하자마자 비서관들에게 전출 희망지를 묻더라구요. 나는 총리실을 희망해서 총리실에 근무하게 됐지요. 그 당시 총리가 남덕우 총리였는데 5공화국 총리를 다 모시고 6공화국 강영훈 총리까지 9분을 제가 정무비서관으로 모셨습니다. 그 이후 1989년도에 정무장관실에 차관으로 갔다가 거기서 약 1년 봉직하고 나와서 대학으로 왔습니다. 그 당시에는 무슨 시스템이 있었는가 하면, 지금도 있습니다마는, 브레인풀이라고 해서 중앙정부에서 장차관을 지낸 사람들은 그 나름대로 지식도 있고 노하우도 있는데 그 지식을 사장시키는 것이 좀 그렇지 않느냐, 그래서 정부에서 브레인풀 시스템을 활용해서 희망에 따라 수도권 이외의 대학으로 가서 강의를 할 수 있었습니다. 그래서 저는 고향이 충청도이기 때문에 논산에 있는 건양대학에 가서 12년 동안 교수직에 있다가 2007년 말에 그만두었습니다. 학교에서는 좀 더 있어도 좋지 않느냐는 의향이 있는 것 같은데, 대개 관례적으로 70이 되면 가르치는 일을 하지 않는 것이 불문율 비숫하게 있다는 이야기를 듣고 그만두었지요.

조수현: 네, 지금 말씀 들으니 최규하 대통령을 한 십여 년은 알고 지내 신 것 같습니다.

이재원: 십여 년은 더 되었지요. 한 삼십 년은 되었지요. 뉴스원과 기자 라는 관계가 정 반대의 입장인 것 같은데 사실은 오래 생활을 하다보면, 기자가 자기도 모르게 취재원과 동화되는 추세랄까 그런 것이 있습니다. 어르신을 외무부장관으로 출입기자 입장에서 대해오다가 한번은 무슨 계 기가 있었습니다. 그 당시에 외무부 출입기자단이 해결해야 할 문제가 하 나 있었어요. 그래서 내가 기자단 대표로 장관을 만나서 "어디로 전화 한 통만 해주시면 저희들 일하는데 정말 편리하겠습니다." 그렇게 요청을 했 더니, 그 어르신이 담배 두 대를 아무 말씀도 안하시고 피시더니 끄시고 "이기자, 나보고 그런 전화를 하라고 하는 것은 내 인생관을 바꾸라는 건 데 그건 내 하기가 참 곤란하네." 그러셨습니다. 그 순간에 어르신의 태도 가 너무나 진지해서, 내가 아주 정중하게 사과 말씀을 드렸어요. 내 태도 가 막돼먹은 사람 같지 않다고 보았던 것 같고, 저도 그 어른 하는 태도에 대해서 무척 감명을 받았습니다. 그 양반도 말하자면 내 태도를 보고 상당 히 달리 보셨던 것 같아요. 아무튼 그때부터 관계가 취재원하고 기자 관계 가 아닌 일종의 신뢰관계 같은 것이 형성되었습니다. 예를 들면 총리실 출 입할 때라든지 외무부 출입할 때도 기자들이 수행해서 가거든요. 그러면 기자들을 둘러보시고 솔직히 말씀드려서 내가 거기 있으면 어느 정도 안 심을 하시는 거예요. 그렇게 되더라구요.
　　그렇게 해서 인연을 쭈욱 맺다가 이제 대통령께서 하야를 하시고, 나는 아까 말씀드린 대로 총리실로 왔습니다. 그 뒤로도 돌아가실 때까지 수시 로 찾아뵙고 여러 가지 말씀도 드리고 계속 그랬죠. 돌아가신 뒤에 추모

비문을 써야 되는데 누가 그 추모비문을 어떻게 써야 되느냐 유족하고 여러 가지 상의를 했었습니다. 그 당시에 박경리 씨가 원주에 계셨잖아요, 그래서 처음에는 박경리 씨에게 추모비문을 쓰게 할까 그렇게 이야기가 있었습니다. 그러나 박경리 씨가 대문장가이시지만 최 대통령에 대해서는 구체적으로 잘 모르시잖아요. 그러니까 박경리 씨께 추모비문을 맡기면 상당히 웅장한 표현을 쓸 수는 있는데 실질적인 것이 표현될 수가 없지 않느냐 하는 문제가 제기가 되었습니다. 유족 측에서도 대통령 성격이나 여러 가지 점으로 보아서 허황되고 웅장하고 그런 것 보다는 아주 실무적이고 내용 있는 추모비문이 고인이 바라는 바일 것이다. 그런 의미에서 이 추모비문은 저보고 쓰는 것이 좋겠다 그렇게 부탁을 하셨습니다. 그래서 제가 쓰고 어르신을 40여 년 모신 정동렬 씨하고 30여 년 모신 신두순 씨 등 공동명의로 하는 것이 도리라고 생각해서 정동렬, 신두순, 이재원 이렇게 추모비문 작성자를 공동으로 하는 그런 인연까지 갔지요.

조수현: 무척 오랜 인연을 가지고 계시네요. 지금 말씀해주신 부분만 보더라도 최규하 대통령 인품이나 어떤 업무스타일 이런 것을 엿볼 수가 있는 것 같습니다. 역대 대통령들 가운데서 보면 이렇게 장관부터 해서 국무총리 그리고 대통령까지, 이런 길을 거쳐서 대통령이 되신 분은 유일하다고 봐야 되잖아요. 그런데 실제로 최규하 대통령이 재직하셨던 기간이 짧다보니까 우리가 알 수 있는 부분이 너무 제한적입니다. 최규하 대통령을 보다 정확하게 파악하려면 장관하셨던 시절부터 봐야 할 것 같습니다. 저희가 관련된 말씀을 좀 들었으면 합니다. 최규하 대통령께서 외무부장관이셨을 때 협상력이나 정책결정 스타일이나 그런 것을 볼 수 있는 그런 사례를 많이 보셨을 것 같아요. 혹시 생각나는 것이 있으면 말씀해 주셨으면 합니다.

이재원: 각 부에는 부훈(部訓)이라는 것이 있어요. 그 부에 장관으로 임명이 되면 자기가 중점적으로 추진할 그러한 정책 방향을 제시하는 부훈, 그러니까 한 집의 가훈과 같은 것입니다. 최 대통령이 외무부장관 오시면서 헌신부난(献身赴難), 그러니까 몸을 던져서 어려움을 맡는다, 다시 말하면 열심히 일을 해서 이 난국을 타개해 나가자, 그런 뜻입니다. 실천방안으로서는 북괴의 도발 등등 대놓고 말을 하게 되면 그 정보가 북한에 들어가게 되기 때문에 외교를 하되 절대로 떠들지 않고 조용한 외교를 하자, 그래서 부훈을 헌신부난 이렇게 해놓고 그 실천방안으로서는 조용한 외교를 한다 이렇게 했어요.

그 당시에 외교적 환경은 월남전이 아주 격화되었을 때였습니다. 그 당시에 1968년도에 김신조를 비롯한 북한 그 특수부대들의 청와대 습격사건 즉, 1·21사태 같은 북괴도발이 있었습니다. 그리고 역시 대미외교는 항상 중점적인 외교였지요. 그리고 유엔 외교라고 해서 외무부로서는 매년 유엔 총회에 가서 북한과 외교적 대결을 하는 겁니다. 그러니까 표대결을 하는 거예요. 특히 그 당시는 아프리카를 중심으로 해서 중립국이 많았거든요. 그래서 유엔 외교를 하는 실천적 방안으로서는 중립국 외교 이게 아주 큰 테마였습니다. 그리고 또 중요한 것은 1960년대 후반 박정희 대통령이 수출드라이브를 시작할 때이니까, 외국 공관장들이 수출을 독려를 하는 소위 경제외교가 중요했습니다. 정리해서 말씀을 드리자면, 그 당시에 우리의 외교환경은 월남전쟁, 북괴도발, 유엔외교, 경제외교 이렇게 큰 네개의 카테고리가 있었어요. 그러니까 굉장히 할 일이 많았습니다. 그 당시는 통일원이 있었는데 통일원은 남북문제에 있어서 일선에 나서질 않았고 외교적인 접촉이나 이런 것을 전부 외무부에서 다 했거든요. 그렇기 때문에 할 일이 참 많았죠. 외교하는 방법은 아까 말씀드린 대로 절대로 떠들지 않고 조용하게 외교를 펼쳐나가야 된다. 그걸 모토로 해서 기자들이 기사 쓰는 것도 어르신이 신경을 많이 쓰셨습니다. 우리 전략이 노출되면 우리한테 국가적으로 이롭지 않지 않느냐 그러니까 기자들에게도 굉장히 요청을 많이 하셨어요.

협상력 말씀을 하셨는데요. 최 대통령께서 얼마큼 투지력이 있고 또 애국하는 모습이 있는지 하나 예를 들면, 당시 1·21사태 때문에 미국 존슨 대통령이 특사를 보냈습니다. 특사가 밴스인데, 그분은 유명한 변호사도 했고 나중에는 국무장관까지 한 분이에요. 밴스를 맞이해서 타워호텔, 지금은 신라호텔도 있고 롯데호텔도 있고 근대적인 호텔이 많지만 그 당시에는 그런 호텔들이 없었어요. 타워호텔이 그래도 외국손님을 맞을 수 있는 유일한 호텔이었습니다. 그래서 타워호텔에서 밤을 새워가면서 두 분이 협상을 했습니다. 저희도 출입기자이기 때문에 문 걸어 잠그고 협상을 하는 복도에 전부 앉아서 그 앞에서 밤을 새웠지요. 기자들이야 두 분이 안에서 무슨 이야기를 하고 있는지 모르니까 나타나는 현상만 보면서 이 회담이 어떻게 돌아가는지 그것이라도 알아야 되니까 지키고 앉아있을 수밖에 없었습니다. 두 분이 밤을 꼬박 새우는데 계속 커피만 들어갔습니다. 그리고 어르신이 아주 체인스모커셨기 때문에 담배 재떨이가 여섯 번이 나왔어요. 그러니까 그것만 보더라도 지금 얼마나 두 분의 협상이 심각하다는 것을 간접적으로 알 수가 있잖아요. 그래서 그때 신문 가십에 재떨이를 여섯 번 비웠다고 났었습니다. 그렇게 협상을 하면서 밤을 꼬박 새우고 새벽에 끝이 났는데 내용은 일체 발표를 안 하니까 모르죠. 협상이 끝나고 최 대통령께서 나가면서 "하여간 청와대에 갔다 와서 발표를 해주겠다." 그리고 가셨습니다. 그 당시에 최 대통령께서는 밴스 특사하고 밤샘 협상을 하고 자기도 사표를 써가지고 청와대에 들어가셨어요. 왜냐하면 자기로서는 만족스럽지 못하다 그런 의사표시죠. 그리고 또 하나는 밴스에게도 사표를 써서 가지고 간다는 것을 보여줌으로써 상대방한테 하나의 뭐라고 할까 우리의 입장을 강력하게 나타내는 그런 표시도 되겠지요.

밴스 특사하고 회담결과 발표된 것이 세 가지인데 하나는 예비군 무장,

두 번째는 국군 현대화 그러니까 공군력 증강에 대한 구체적인 여러 가지 논의가 있었고, 세 번째가 한미 연례 안보회의 개최라는 것이었어요. 지금도 국방부장관 회담 또 외무부장관 회담 하면서 미국과 한국이 서로 왔다 갔다 하면서 한미연례안보회의를 하는 겁니다. 협상에서 성공을 거둔 것이죠. 그 후에 밴스가 회고록에서 자기는 최규하라는 사람한테 세 가지 점에서 놀랐다. 첫째는 그 철저한 애국심, 두 번째는 그 뚝심, 세 번째는 건강. 그러니까 밤새 그렇게 잠을 한숨도 안자면서 끝까지 하면서 그렇게 건강을 유지하고 있는 것에 놀랐다고 회고했답니다.

또 어르신이 얼마나 외교문서나 일에 대해서 치밀한가를 예를 들면, 그 당시 차관이 윤석헌 씨였습니다. 그 양반도 아주 치밀해서 외무부에서는 일을 치밀하게 하는 분 중에 손꼽으라고 하면 아마 최 대통령하고 윤석헌 차관 이렇게 뽑아요. 그때 무슨 일 때문인지 외교문서 하나 가지고 Be 동사가 are냐 is냐, 그러니까 복수냐 단수냐, 이걸 누가 봐도 복수를 써도 될 수 있고 단수를 써도 될 수 있다고 그래요. 그걸 가지고 하루 종일 두 분이 실랑이를 했습니다. 그래서 결국은 최 대통령 주장대로 했지요. 일을 그렇게 철저하게 하시는 분이에요.

조수현: 그런 업무스타일이나 협상력이나 이런 것이 혹시 박정희 대통령으로부터 신임을 받을 수 있는 그런 요소로 작용하지 않았나 생각이 들었습니다. 1967년에 외무부장관이 되셔서 그 이후에 대통령 특별보좌관도 지내고 국무총리까지 지내셨잖아요. 그런데 10여 년 간 국가의 중책을 맡으실 수 있었던 것을 보면, 박정희 대통령과의 관계가 상당히 친밀하지 않았을까 하는 생각이 듭니다. 그 정책이나 이런 것과 관련해서 박정희 대통령과 최규하 당시 외무부장관의 업무상의 관계 등을 잘 보여줄 수 있는 사례가 혹시 있을까요?

이재원: 박정희 대통령이 최고회의 의장할 때 외교담당 고문을 하셨어요. 박정희 대통령과 최 대통령하고는 그렇게 인간적으로 가까워질 그런 계기가 없었는데 어떻게 그런 관계가 되었느냐 하면 자유당이 몰락하고 민주당이 1년 지나고 5·16이 되어서 박 대통령이 집권을 하게 되지 않습니까? 옛날 공무원 중에서 쓸 만한 그런 분을 찾았겠지요. 그 당시 공무원 사회에서는 소위 말하는 모범 공무원 이런 이야기가 있었어요. 경제계 쪽에서는 송인상씨라고 지금도 그분은 생존해 계시지만 후에 재무부장관도 하시고 그랬죠. 외무부 부문에서는 최규하 대통령이 모범 공무원이다 이런 정평이 나있었다고 그런 이야기를 들었어요. 그러니까 그런 부분을 보고 최 대통령하고 인연을 맺어서 일을 하는 과정에서 최 대통령의 성실성이나 애국심이나 이런 것들을 인정하셨던 것으로 보입니다. 또 하나 박 대통령하고 관계는 제3공화국이 출범을 하면서 아시아태평양 각료회의라는 게 있어요. 아스팍이라고 하지요. 그러니까 아시아태평양 각료회의 이렇게 번역이 됩니다. 그것을 실질적으로 창안을 해서 꾸며낸 것이 최 대통령이에요. 그러니까 그 당시에 사무총장을 했습니다. 그런 과정에서 박 대통령하고 자꾸 관계가 깊어지게 되는 거지요.

조수현: 그런데 최규하 대통령이 관료출신으로서 대통령까지 되신 분입니다. 뒤에 대통령이 되신 이후에도 보좌를 하셨으니까 잘 아시겠지만 정당에 가입한 적도 전혀 없으신 분이라고 알고 있습니다.

이재원: 정당에 가입을 안 하셨죠. 그래서 대통령이 되신 뒤에도 정당에 가입을 안했어요.

장훈각: 정치적인 기반이 좀 부족하지 않으셨을까 하는 생각이 듭니다.

이재원: 그렇겠지요. 사실은 아무래도 민주주의 국가는 정당을 기반으로 해서 정권을 잡고 정권을 내놓고 하는 건데, 아까 말씀하신대로 10 · 26 등 격변기에 대통령을 하고 싶어서 한 것이 아니고 안 할 수 없는 상황이 되어서 하신 것이기 때문에 그걸 쟁취하신 게 아니죠. 쟁취하려면 정치적 기반이 있어야 하는데, 이 양반은 대통령 자리를 쟁취한 것이 아니고 헌법 절차에 따라서 하지 않으면 안 될 상황이 됐기 때문에 하신 거죠.

조수현: 네, 그러면 대통령 재직 당시에 정당이나 정치인과의 관계는 어떠하셨나요?

이재원: 그 당시에는 여당이 공화당이었고, 유정회라고 있었습니다. 유신정우회는 4공화국 헌법에 따라서 대통령이 추천을 해서 통일주체국민회의에서 선출하는 국회의원, 그것은 정당이 아니고 하나의 정치 그룹으로서 있던 것이지요. 그리고 야당은 신민당, 통일당 등이 있었지요. 이제 소위 말해서 80년 '서울의 봄'이라고 그러잖아요? 그 당시에 유신헌법에 의한 여러 가지 대통령 규제가 많이 있었죠. 긴급조치가 대표적이죠. 그런데 그것을 모두 해제시키고 정치정화법에 묶여 있던 사람들을 전부 다 풀어주었습니다. 김대중 씨도 풀려나고 과거의 정치규제에 묶여 있던 사람들이 풀려나서 다시 정치의 계절이 왔다, 그래서 '서울의 봄'이다 이렇게 표현을 하는 거예요. 최 대통령은 대통령에 취임하자마자 자기는 임기를 다 채우지 아니하고 임기 중에 헌법 개정을 해서 다음 정권의 선출된 사람한테 넘겨주겠다. 그러니까 대통령은 관리자로서 엄정한 심판을 보겠다 이렇게 기본 방침을 세웠던 것이죠.

장훈각: 헌법 개정과 관련해서 한 가지 더 여쭤어 보겠습니다. 1980년 3월 4일에 헌법개정심의위원회가 소집이 되었습니다. 그때 개회식 이후에

간사급 오찬석상에서 이원집정제안을 시사하시고, 당시 정무비서관이셨죠, 정무비서관께 이 안에 대해서 연구해달라고 지시를 하셨다고 알려져 있습니다.

이재원: 그것은 사실이 아닙니다. 왜냐하면 그 당시에 국회에 헌법심의위원회가 있었죠. 그런데 국회만 가지고는 그렇지 않느냐 그래서 정부 쪽에도 하나를 만들자 해서 정부 쪽에 헌법개정심의위원회를 만들었습니다. 그 당시에 총리였던 신현확 씨가 위원장을 맡으셨습니다. 그 헌법개정심의위원회에서 회의를 했었습니다. 그때 최 대통령이 이원집정제에 대해서 검토하라는 말씀을 직접적으로 하시지 않으셨어요. 당시 왜 이원집정제 이야기가 나왔느냐 하면 조선일보가 그 기사를 한 번 썼습니다. 최 대통령이 내심으로 이원집정부제 헌법을 만들어서 본인이 이원집정부제 형태의 대통령 즉 대통령중심제의 대통령보다는 조금 권한이 축소가 되고 국방외교만 하고 나머지 일반 행정은 수상한테 맡기는 구상을 하는 것으로 알려졌다 하고 조선일보가 기사를 썼습니다. 이 기사로 소동이 대단하게 났었지요. 실질적으로 저희들한테 이원집정부제를 한번 검토를 해봐라 그러신 적은 없습니다.

장훈각: 아, 그렇군요. 이제 조금 약간 방향을 바꾸어서 국보위에 관하여 여쭈어 보겠습니다. 당시 최규하 정부에서 국보위의 영향력을 빼놓을 수 없을 것 같습니다. 일각에서는 청와대 위에 국보위다 이런 식으로 말을 하는 사람도 있었습니다. 당시에 실제 국보위가 설치될 때 최규하 대통령께서 중동 2개국 순방차 나가셔서 부재중이셨던 것으로 알고 있습니다.

이재원: 아니에요. 최 대통령께서 사우디, 쿠웨이트 순방을 떠나실 때도 당시가 어려울 때인데 과연 해외순방을 하는 것이 좋으냐 아니냐에 여러

가지 이야기가 있었습니다. 여러 가지 학생들 데모도 많아 아주 소란하고 빨리 헌법을 개정을 하라는 야당의 거센 요구도 있었잖아요. 그래도 해외 순방 그것은 전에 약속을 해놓은 것이기 때문에, 또 그 당시에 우리나라가 여러 가지로 마이너스 성장을 했습니다. 그렇게 될 정도로 어렵기 때문에 중동에 가서 오일외교라도 해서 기름을 확보하는 것이 급선무였기 때문에 가셨죠.

가셨다가 사실은 하루를 앞당겨서 오셨습니다. 왜냐하면 국내 사정이 하도 혼란스러우니까. 그래서 5월 16일 돌아오셨습니다. 원래는 17일에 오시도록 되어있었는데 5월 16일 밤에 왔어요. 한동안 국내를 비우셨으니까 5월17일부터는 국내 보고를 받으셨습니다. 그날 밤에 소위 말하는 5·17이라고 하는 국무회의가 있었어요, 임시국무회의입니다. 속칭 언론에서는 비상국무회의라고 하는데 정식명칭은 임시국무회의죠. 그 임시국무회의에서 10·26사태 이후에 제주도를 제외한 부분 계엄령을 했었는데 그것을 부분 계엄이 아니고 제주도를 포함시키는 전국계엄으로 확대했습니다. 그렇게 되면 여러 가지 행정체제가 달라집니다. 국보위는 입법기능까지 할 수 있는 그런 것을 요구했던 거 같아요. 하지만 그것은 안 된다, 그러면 국보위를 어떤 성격으로 할 것이냐 등 여러 가지 검토를 한 다음에, 그때 정부조직법 26조인가 정부위원회를 둘 수 있다는 조항에 따라서 정부위원회로 만들었지요. 여러 가지 법리적인 문제 등을 최 대통령께서 참모진들한테 검토를 시키고 하는 과정에서 한 2주간 시간이 흘러간 겁니다. 그래서 5월 31일 국보위가 정식으로 발족하게 된 것입니다. 그러니까 5월 16일 국보위가 있었다는 것은 그것은 사실이 아닙니다.

장훈각: 네, 그때 설치 안이 결정되었다는 것으로 알려져 있어 질문을 드렸습니다.

이재원: 그러니까 요구하는 쪽에서는 이제 그것을 빨리 하자고 그랬습니다. 그러나 형태를 어떻게 할 것이냐 하는 문제가 남아있었죠. 그래서 여러 가지 형태를 연구하는 시간이 한 2주가 지났던 거지요.

장훈각: 그렇다면 국보위의 형태나 형식 구성 이런 문제에 대해서는 최 대통령의 의견이 많이 반영이 되었겠네요.

이재원: 그렇지요. 그러니까 최 대통령이 실무적으로 검토를 시킨 것이죠.

장훈각: 실제로 운영이 될 때는 청와대와 국보위의 관계는 어떤 식으로 형성이 되었었나요?

이재원: 그러니까 아까 이야기한대로 정부위원회로 설치는 되었는데 이제 시간이 가면서 자꾸 정치권력이 한쪽으로 쏠리기 시작하더라구요.

장훈각: 내각과의 관계는 어땠나요?

이재원: 그것도 그런 과정에서 보고도 받고 각 부처로부터....

장훈각: 국보위가요?

이재원: 네, 국보위가... 그렇게 됐었죠.

조수현: 이제 몇 가지 질문만을 남겨놓고 있습니다. 비서관님께서도 많이 들으셨을 테니까 아시겠지만, 전반적인 평가에 대해서 비서관님은 어

떻게 느끼시는지 그런 부분에 대해서 말씀을 좀 해주셨으면 합니다.

이재원: 최 대통령에 대한 평가 그것은 그 당시보다는 지금이 조금 다시 평가가 되지 않았나 그렇게 보는데요. 한참 5공 청산이니 뭐니 국회에서 크게 문제되었을 적에 최 대통령이 증언을 해라 그랬잖습니까? 그런데 결국은 어르신이 국회증언이나 법원 증언을 안 하셨는데, 그것은 처음부터 대통령이 헌법에 따라서 말하자면 통치권 행사를 한 것을 가지고 국회나 법원에 가서 이야기를 하는 것은 타당치 않다. 엄연한 통치행위인데. 그리고 또 설령 내가 가서 이야기를 하게 되면 그것은 앞으로 선례가 되어서 후일 누가 대통령이 되더라도 무슨 일이 있을 때마다 국회나 법원에 가서 증언을 해야 되느냐. 나는 그런 선례를 안 남기겠다. 아주 초지일관되게 그런 생각을 가지고 계셨거든요. 그 당시 여러 언론에서나 사회여론이 그 것은 증언을 해야 한다 그래서, 한동안은 아주 평가가 나쁘게 나는 경향도 있었는데, 그것도 차츰 시간이 지나면서 역시 그것은 최 대통령 뜻이 옳았다. 그래서 어떤 잡지에도 그때 최 대통령이 한 것이 잘 됐다고 보는 사람들이 있습니다. 그리고 지금 그런 방향으로 가요.

저는 최 대통령의 장점을 두 가지로 보는데, 인격적 측면에서는 참 배울 점이 많으신 분이에요. 결점이 없는 사람이 별로 없는데, 인격적으로 어르신은 허점이 거의 없고 특히 남에게 허점을 드러내지 않는 분이거든요. 철두철미 하신 분이시지요. 또 하나는 잡지에도 많이 났습니다만 선공후사, 말하자면 모든 일, 삶에 있어서 공직에 있는 한은 무슨 일이 있어도 공적인 일에 몰두할 뿐이지 자기 개인적인 영달이나 개인적인 이익을 추구하지 않는다는 것은 철두철미한 어르신의 생활철학이셨습니다.

당시에 조금 더 강하게 나가서 소위 말하는 신군부 등장을 막지 못하지 않았느냐 그러한 평가와 같을 것을 이야기를 할 수도 있겠지요. 그런데 어르신은 생활신조로 원칙과 순리라는 말씀을 계속 하셨거든요. 모든 일은 원칙에 따라서 해야 되고 순리에 따라야 한다. 그런데 정치계에서는 원칙과 순리만이 전부는 아니거든요. 시대가 사람을 만든다는 이야기도 있고 사람이 시대를 만든다는 이야기도 있습니다만, 최 대통령이 아마 조금 평화스러운 정상적인 사회에서 그런 중책을 맡으셨다면 아마 굉장히 평가받는 일을 하셨을 거예요. 그런데 어르신 성격과는 맞지 않는 그 어려운 혼란기에 처해서 원칙과 순리를 따르다 보니까 시간이 기다려주지 않았던 점도 많이 있는 것 같아요.

조수현: 마지막으로 포괄적인 질문일 수도 있을 것 같습니다. 최규하 대통령을 가까이서 보좌하신 부분도 있고 기자를 하시면서 접하신 부분도 있고 하십니다. 혹시 지금 말씀하신 것 이외에 기억에 남는 일화가 있으시면 말씀을 해주시죠.

이재원: 제가 어느 잡지에 최 대통령 사생활 부분에 대해서 쓴 것이 있습니다. 우선 청렴결백, 근면성실 이런 부분부터 말씀드리지요. 예를 들면, 1952년도가 막내따님이 출생한 해인데 당시 일본에서 총영사를 하실 때 산 선풍기가 있습니다. 돌아가실 때까지 그 선풍기를 쓰셨어요. 그게 아주 대표적인 예이지요. 그리고 또 하나는 연탄불 이야기도 가끔 나오잖아요. 그 이야기는 총리 재임 시에 사북탄광을 시찰을 하셨어요. 당시 LPG가스가 나와서 석탄이 사양산업으로 들어왔을 때에요. 그러니까 그 탄광에서 일하시는 분들이 석탄이 안 팔리고 매우 어려웠습니다. 그곳 사람들이 그 애로를 이야기를 하니까, "그러면 나라도 석탄을 때주겠다." 그렇게 약속을 하셔서 돌아가실 때까지 자택에서 연탄을 때셨어요.

이제 또 하나 아들이 두 분이 계신데, 한 분은 무역진흥공사 다니시고 한 분은 외환은행 다닙니다. 코트라에 다니는 아들이 유학을 할 때입니다. 병역 연령이 되니까 빨리 와서 군대를 가라고 소환을 했어요. 그래서 아들이 짐을 먼저 보냈어요. 그런데 여러 가지 좀 사서 보내고 또 생활품도 있을 텐데도 보낸 짐이 헤어진 운동화 몇 켤레하고 헤어진 옷 몇 가지 그것이 전부였어요. 또 하나 말씀을 드리면 사모님이 최 대통령 돌아가실 때까지 손수 빨래를 해서 내조를 하셨습니다. 총리하실 적에 세탁기가 유행했습니다. 총무비서관이 총리공관에 가서 보니까 사모님이 손수 빨래를 하고 계시더래요. 그래서 지금 손수 빨래하는 사람이 없는데 총리부인께서 직접 빨래를 하시면 되겠느냐 그래서, 세탁기를 사서 넣은 거예요. 총리공관에다가, 허락도 안 받고. 그러니까 그 사모님이 "일평생 모시는데 남편 속옷을 어떻게 그 기계에다 맡기느냐? 그건 안하겠다. 빨리 가져가라."고 그래서 세탁기를 반품했어요.

조수현: 네, 청렴결백하신...

이재원: 네. 청렴결백의 대표적인 그런 분이시죠. 그러고 근면성실 부분은 최 대통령은 말씀하실 적에도 무얼 생각하시는지 손가락으로 뭘 그리시던지 쓰고 그래요. 그래서 "각하 뭘 그렇게 쓰십니까?" 여쭈면 "응, 영어단어." 하고 말씀하셨습니다. 순간순간 영어단어라든지 한자 같은 걸 쓰시고, 집에 가서도 하던 일을 하시고, 담배를 많이 피기 때문에 일하다 말고 담배 불로 이불을 태우는 일도 있고, 그렇게 몰두해서 일하셨습니다. 호사, 허영은 찾아볼 수 없었죠.

그리고 어르신이 돌아가실 적에 어떤 문상객 한 분이 제게 와서 이렇게 말하더라구요. "우리나라에서 양반 대통령은 이 양반으로 끝이네." 그러세요. 그래서 그게 무슨 이야기인가 그랬더니 이승만 박사, 윤보선 대통령, 박정희 대통령, 최규하 대통령, 그 다음에 전두환 대통령 또 이렇게 나가지 않습니까? 그런데 제가 볼 때에 이승만 박사는 누가 보더라도, 지금 여러 가지 평가가 있지만 개인적인 역량으로 볼 때, 그 당시에 이승만 박사는 우리나라 사회과학 부분에서는 최초의 프린스턴 대학 박사에요. 그 당시에 미국 가서 하바드 다니고 콜럼비아 등등 다닌 엘리트가 없잖아요. 이승만 박사만큼 그 당시 세대에서 공부를 많이 하신 분은 없어요. 한학도 많이 하셨잖아요. 그러면 자기세대, 동시대 제너레이션에서는 누가 뭐래도 최고의 엘리트에요. 그건 누가 부정 못하잖아요. 그 다음에 윤보선 대통령도 원래가 집안이 부유하기 때문에 에딘버러 대학에 유학을 갔다 온 분이거든요. 자기 세대에서는 누가 뭐래도 그런 분이고. 그 다음에 박정희 대통령은 대구사범을 다니셨어요. 그 당시에 사범학교에 아무나 가지 못했습니다. 각 도마다 사범학교가 하나씩 있는 것은 다 아시는 것 아니에요. 집안 형편이 어려우면서 공부를 잘하는 사람이 사범학교를 갔어요. 그건 국가에서 다 대주니까. 일단 대구사범 나왔다고 하는 자체만으로 머리는 인정이 되는 거 아니에요? 그 후에 만주 군관학교에 갔다가 결국 일본 육사 졸업까지 했습니다. 그럼 일본 육사는 왜 갔느냐? 사실은 만주 군관학교에서 성적이 일등으로 졸업을 했기 때문에 추천이 돼서 들어갔습니다. 당시 일본 육사를 나왔다는 것은 자기 제너레이션에서는 누가 뭐래도 엘리트에요. 그 다음에 최 대통령인데, 어르신도 원주에서 지금 말하면 경기고등학교를 들어오신 것 아니에요? 경기고등학교를 졸업하고 동경고사 그러니까 동경 고등사범학교 영문과를 나오셨거든요. 그런데 그 당시에 동경고사 들어가는 비율은 동경제국대학보다 더 어려웠다고들 평가를 해요. 그래서 한국에서 동경고사 나온 분이 몇 분 안 됩니다. 그러니까 그만큼 자기 제너레이션에서는 엘리트라구요. 그리고 제대로 교육들을 받으신 분들이고 대통령 평가를 할 때에 이제 그런 부분도 한번은 평가가 되지 않겠냐 저는 그렇게 봅니다.

장훈각: 정무 보좌를 하시면서 최 대통령이 그 짧은 재임기간 이었지만 역점을 두고 추진했던 정책들이 있었는지 또 그 정책들이 시행이 되었는

지 혹 준비과정이나 실행과정에서 좌절되었던 경험은 없었는지요.

이재원: 그 당시에 서울의 봄이라는 정치적 상황에서 중점정책이라는
것은 아까 말씀드린 것처럼 헌법을 어떻게 개정해야 하는가가 가장 핵심
적인 임무였었어요. 최 대통령 스케줄대로 하면 약 일 년 늦어도 일 년 반
에는 다 될 수가 있다고 보았습니다. 그런데 그 당시 야당에서는 무슨 소
리냐 6개월 내로 할 수 있다고 주장했지요. 그것은 자유당 정권이 물러나
고 허정 내각이 6개월 정도 해서 헌법개정 다 마치고 그런 선례도 있기 때
문에 6개월 내에 하라고 촉구를 했거든요.

그 다음에는 북괴의 도발에 대해서 우리 안보를 어떻게 해야 되느냐 그
두 가지 문제와 경제가 마이너스 성장을 하게 되니까 어떻게 해야 하느냐
등이었지요. 그때 고추 파동이 났어요. 신문에 보면 김치가 금치다 하는
기사도 있어요. 김치 담으려면 고춧가루가 있어야 되는데 고추가 흉년이
들어서 고추를 살 수가 없는 거예요. 그래서 인도네시아, 태국, 멕시코 등
세계의 고추를 우리가 특수 수입을 했습니다. 이런 것들 국민들은 일일이
다 모르잖아요. 지금도 잊어버리지 않아요. 청와대에서 걸어 나오면 점심
시간이 돼서 진명여고 여학생들이 깔깔깔 거리면서 거리로 다 나와요. 그
러면 그 학생들을 보면서 참 이 어려운 판에 저 웃음소리가 꺼지지 않게
우리가 해주어야 되는데 하는 그런 생각을 했었습니다.

장훈각: 안보문제입니다. 그 당시에 정권이 불안한 상황 가운데 안보는
어떻게 해결을 하려고 하셨는지 좀 구체적으로 말씀을 해주시면 좋겠습니
다.

이재원: 우선 헌법 개정 문제는 어르신이 어떻게 하라고 지침을 내려 주
실 분은 아니고, 아까 말씀드린 대로 국회에도 헌법개정특별심의위원회가

있었고 정부 내에도 그런 기구를 만들었습니다. 정부에서는 그 당시에 법제처장을 실무단장으로 해서 각국의 헌법제도를 전부 연구를 하게 해서 어떤 형태가 좋겠느냐를 논의했지만, 구체적으로 그 심의단계까지 들어가지를 못했어요. 그 해 5월 17일까지 기초단계에서 머물렀던 것이지요. 아까 말씀드렸듯이 기간문제를 가지고 야당 측에서는 빨리 하라고 촉구하고, 정부에서는 길게는 1년 6개월 정도 걸리겠다 그렇게 설왕설래 했었죠. 그래서 구체적으로 어떤 형태가 좋겠다 거기까지는 못 갔습니다.

그리고 안보문제는 어르신이 항상 하시는 말씀이 "나보고 정치인이 아니고 정치 못한다고 그러는데 정치가 뭐냐 안보가 정치다. 정치 정치 하지만 안보보다 더 큰 정치가 없다." 이랬어요. 안보문제를 튼튼히 하는 것이 정치다. 그러면 우리나라 입장에서 안보에 가장 위협적인 것은 북한이기 때문에 북한의 도발 내지는 위협을 어떻게 우리가 막아내느냐 하는 것이지요. 그 부분의 기축은 한미간의 협력이다. 이분은 외무부장관 하시고 외교안보특보를 하시고 총리를 하시고 계속 이렇게 일을 해오셨습니다. 그렇기 때문에 그 부분에 대해서는 누구보다도 정확하게 알고 계셨고, 늘 챙기셨지요.

또 하나 아까 협상을 말씀하셨는데 오일 쇼크가 우리나라에 두 번이 있었습니다. 1973년도가 1차 오일쇼크고 1978년도가 2차오일 쇼크입니다. 1차 오일쇼크 때가 이 양반이 박 대통령 밑에서 외교안보 특보로 계실 때에요. 그래서 특사로 가셨어요. 처음 겪는 오일 쇼크였기 때문에 우리나라 국민들도 참 고통을 당하고 해서 할 수 없이 어르신이 대통령 명을 받고 사우디로 갔습니다. 가서 국왕하고 단독으로 담판을 하는데 어르신이 아주 숙련된 그런 외교관이시기 때문에 사우디 국왕을 설득을 시킴으로써 그러면 한국만은 예외로 해주겠다는 약속을 받아내 오일 수입을 정상적으로 할 수 있게 되는 거죠. 그렇게 해서 난국을 극복하게 된 거예요. 정권이 왔다 갔다 하는 중대한 일인데 그렇게 성공적으로 끝내고 새벽에 돌아왔습니다. 그 무뚝뚝한 박정희 대통령도 그때까지 주무시지 않고 계시다가 공항에서 오는 것을 마중을 하시면서 등을 두드렸대요. 사실은 박 대통령은 체구가 조그마하시고 최 대통령은 참 거구신데 참 수고했다고 그렇게 등을 두드리시고 칭찬을 했다고 합니다.

장훈각: 경제문제에 있어서는 특별히 장기적인 대안이나 계획 같은 것들은 무엇이었는지요.

이재원: 그 당시는 경제개발 5개년계획이 그냥 진행되던 순간이기 때문에 그것만 챙겨나가는 거죠. 특별한 계획은 세우지 못했습니다. 그 당시 벼도 냉해가 있어서 쌀농사도 굉장히 저조했어요. 그리고 고추파동 등등 하여간 1960년대 이후에 최초로 마이너스 성장을 했어요.

조수현: 당시 1970년대, 1980년대를 사시면서 또 그 시대에 정무비서관도 지내셨고 외무부 출입기자도 지내시고 하셨으니까 정치적 사회적 사건을 많이 접하셨을 것 같습니다.

이재원: 최 대통령께서 12월 6일날 통일주체국민회의에서 대통령 당선이 되셨어요. 물론 10·26 직후부터 저보고 청와대 들어오라 그래서 신분은 기자로 있으면서도 여러 가지 일에 비공식적으로 관계는 있었지요. 12·12때 저는 신문기자 신분이었습니다. 12·12와 관련해서는 12월 13일날이죠. 낮에 나하고 처음 통화가 된 거예요. 저는 신문기자이고 신두순 씨는 의전비서관으로 있으면서도 외신보도 내용도 볼 수 없는 상태였어요. 신비서관과 저하고는 중학교 동기동창으로 공사 간에 굉장히 친한 관계였습니다. 그래서 외신보도와 동향이 이렇다 그러면서 이렇게 저렇게 했으면 좋겠다 하면서 잠깐 나오시도록 건의해서 중앙청도 한 번 들러보

시기도 했어요.

장훈각: 5·18 관련해서 한 가지 여쭈어 보겠습니다. 기록을 보면 5·18 당시에 진압작전이 이루어지기 30시간 전쯤인가 최규하 대통령께서 광주에 방문하셨다고 되어있습니다.

이재원: 5·18은 그 당시의 표현으로 말하면 광주사태 그 말씀이지요?

장훈각: 그것과 관련하여 여러 이견이 있습니다. 그 당시에 광주... 지금은 민주화 운동이라고 합니다만, 광주민주화운동에 대한 진압작전과 관련해서 최규하 대통령께서는 어떤 입장이셨는지 하는 부분에 대해서 좀 말씀해 주시면 좋겠습니다.

이재원: 그 부분은 글쎄 최 대통령께서는 어떠한 입장이었느냐. 그거야 대통령의 입장은 국가의 최고 통수권자로서 국가의 안전이 최고의 가치죠. 그렇기 때문에 그러한 사태가 빨리 해결이 되도록 하는 것이 대통령으로서 취할 수 있는 조치가 아니겠습니까? 그래서 여러 가지 수치나 그 상황 등을 파악해가지고 현장에 한 번 가보시는 것이 좋겠다 하는 판단이 있었을 거에요. 그때 현장에 저는 안 갔습니다. 5월 18일, 제가 정무비서관으로서 여러 가지 상황보고를 받았어요. 그 당시 경찰이 저희에게 상황보고를 해주는데, 19일 정오가 되니까 그쪽 상황이 여의치 못해서 상황보고는 이 이상 못 보내드리겠다는 마지막 보고가 올라왔습니다. 그 이후로는 저희도 보고를 못 받았습니다.

5월 17일 아까 이야기한대로 부분계엄을 전국계엄으로 하는 그 국무회의 날, 그날이 토요일인데, 저도 12시 반까지 청와대에 있다가 점심을 먹고 다시 들어갔다가 두 시쯤 되어 나왔죠. 그날은 학생들이 데모를 계속하다가 최 대통령이 귀국을 했으니 무슨 결정이 나오는지 보자 그래서, 데모를 중지하고 학생 간부들이 전부 이화대학 강당에 집합을 해있었어요. 그러니까 우리도 다 알고 있었지요. 그런데 라디오를 들으니까 경찰이 그 학생들을 전부 해산을 시키고 학생들을 구인해 갔다는 그런 방송이 나오더라구요. 그래서 이상하다 우리 방침이 내가 알고 있는 한에서는 일단 학생들을 거기서 해산을 시키지 않기로 되어 있었는데 이상하다 생각도 있고 또 옆에서 보니까 수상해요. 무장한 군인들이 왔다 갔다 하고 그래서 다시 청와대에 들어갔죠. 들어가서 그때 정무 수석이 고건 씨였는데, 고건 수석도 계시고 해서 "나가보니까 이런 상황이 있어서 들어왔다." 그러니까, 별 큰 호응이 없어요. 그래서 거기 있을 필요도 없고 해서 4시 반쯤 또 다시 나왔죠. 나와서 이제 친구들 좀 만나고 그렇게 헤어지고, 이후에 그날 밤에 임시국무회의가 열리는 것을 알게 되었습니다.

국무회의 담당은 제가 아니기 때문에 그거야 국무회의 담당하는 비서관이 알아서 하겠지 그랬거든요. 집으로 가서 있었는데 밤에 야간방송을 보니까 비상국무회의, 언론에서는 비상국무회의라 했습니다. 그러나 정식 명칭은 임시국무회의였지요. 그날 임시국무회의에서 계엄 확대를 했다고 나왔습니다. 그 당시 정부 대변인이 문공부장관 하던 이규현 씨인데 그가 국무회의 결과를 발표를 하는 장면을 보니까 기자실이 아니더라구요. 대개 국무회의가 끝나고 나면 기자실에 와서 발표를 하게 되는데 기자실이 아니어서 그거 참 이상하다 그랬어요.

퇴근해서는 집에 들어가 잤습니다. 다음날 새벽이었는데 전화는 사방에서 오고 상황이 이상했어요. 일어나서 청와대에 가봤지요. 그랬더니 수석도 안 계셨어요. 그래서 비서관에게 고 수석 어디 가셨느냐고 물으니 엊저녁 밤에 갑자기 병원에 입원하셨다고 그래요. 그래서 도대체 어느 병원이냐고 비서관한테 물어봤지요. 병원은 자기도 모르겠다는 거예요. 그러면 집이라도 우리가 한 번 가봐야 하지 않겠나 해서 비서관들 몇 사람이 같이 차를 타고 고 수석 집엘 갔어요. 가서 문을 두드리니까 일하는 분만 나와서 지금 아무도 안 계시다고 그러는 거예요. 그래서 들어갈 수도 없고 해서 다시 또 청와대로 왔지요. 그때부터 고건 수석의 행방이 묘연하다 이야기가 그렇게 해서 나온 거예요.

장훈각: 인사청문회 기록을 보면 운전수를 통해서 사표를 제출하셨다고 하셨고, 또 수석 비서관께서도 그 부분을 인정하는 증언을 하셨는데요.

이재원: 그 당시 상황으로 봐서는 사표를 내고 안 내고 그것도 문제지만, 정무수석이 사표를 내고 안 내고 할 그런 상황이 아니잖아요. 사표가 문제가 아니잖아요. 그러니까 사표를 냈다 안 냈다 그것도 결국엔 나중에 누구한테 냈느냐 설왕설래가 많이 있는데, 신두순 비서관하고 저도 국회에 나가서 그 당시 상황을 대충 말씀을 다 했어요. 그 부분을 궁금하시면 신비서관한테 더 물어봐도 그 과정은 길기 때문에 여기서 더 이야기할 필요가 없을 것 같아요.

장훈각: 그러면 마지막으로 최규하 대통령께서 하야하실 때, 그때 과정과 관련해서 여쭈어봤으면 합니다. 1980년 7월 말에 김정렬 전 총리가 최규하 대통령을 방문하셨다고 기록이 남아 있습니다. 그런데 방문한 세부적인 내용은 공개가 되지 않았지만 신군부의 하야 권고 사절로 온 것이 아니냐 이런 주장도 있습니다. 가까이서 보좌하셨으니까 들으신 말씀도 있으실 것으로 생각합니다. 하야 과정에서의 상황이 어떤 상황이었고 실제 사실은 무엇인지 말씀해 주셨으면 합니다.

이재원: 글쎄요. 아까도 말씀을 드렸는데 국보위가 5월 31일 설치되어서 각 부처로부터 보고도 받고 그렇게 되니까 권력의 이원화라고 할까 하여간 묘한 상황이 5월 말부터 벌어지잖아요. 그 후 글쎄 하야를 하느니 등등.

그래서 아까 말씀드린 대로 고건 수석은 정무수석하다가 그렇게 행방이 묘연해서 경질되고, 그 다음에 김창식 씨라고 총무처 차관하시던 분을 정무수석비서관으로 우리가 다시 또 모시게 됐었어요. 그런데 정무수석 비서관으로 계시면서도 자꾸 정권의 흐름이 좀 이원화되는 기미가 있고 그래서 우리도 사실은 이걸 어떻게 해야 되느냐 그래서, 우리는 정상적으로 대통령한테 올릴 건 올리고 또 하명이 있으면 하명에 따라서 일을 해 오다가, 7월 말 경 김정렬 전 총리죠, 저도 총리실에서 총리로 모셨습니다만, 그 두 분 관계는 김정렬 씨가 자유당 때 국방부장관을 마지막으로 하셨고, 이 양반은 그때 외무부 차관을 하셨기 때문에 모르시는 분이 아니에요. 개인적으로 잘 아시는 분들입니다. 방문 하셨는지 안하셨는지 그것은 제 소관은 아닙니다. 오실 수도 있겠죠. 그런데 그럼 그 당시에 하야 권유를 하러 왔느냐 아니냐? 그 부분은 그 두 분만 아시는 거죠. 두 분 다 돌아가셨고, 그걸 나타내는 기록은 없습니다.

조수현: 말씀 잘 들었습니다. 비서관님께서 말씀해 주시는 내용을 들으니까 마치 최규하 대통령을 옆에서 뵙고 있는 느낌이 들 정도로 아주 생생하게 느껴집니다. 좋은 말씀해 주셔서 이 말씀들이 가치 있는 자료가 될 것 같습니다. 오늘 시간 내주셔서 정말 감사합니다.

이재원: 감사합니다.

권영민

(전) 대통령 부속실비서관

1. 개요

권영민은 1980년 1월 중순부터 8월 중순까지 청와대 부속실 담당 비서관으로 최규하 대통령을 보좌했다. 청와대 부속실은 영부인의 활동을 보좌하는 조직이다. 권영민은 1969년 외무고시를 통해 공직을 시작한 직후 1970년 최규하 외무부장관 시기 의전실부터 시작하여, 1975년 국무총리 시기를 거쳐, 1980년 대통령에 이르기까지 대부분의 공직 기간 동안 최규하 대통령을 보좌했다. 그 이후 미국영사를 거쳐 2003년에는 주독일대사를 역임했다. 최규하 대통령의 큰 아들과 동갑이었던 권영민은 청와대 부속실 담당 비서관으로서 대통령 집무실과 사저를 넘나들며 최규하 대통령 내외와 친밀한 관계를 유지했던 것으로 보인다. 그래서 권영민의 구술은 최규하 대통령의 사적인 측면의 내용을 많이 담고 있다. 이 인터뷰는 2009년 9월부터 10월까지 한독미디어대학원대학교 부총장실과 자택에서 3회에 걸쳐 이루어졌다.

권영민의 구술내용에는 기본적으로 최규하 대통령에 대한 국민들의 인색한 평가에 대한 서운함이 깔려있다. 이것은 지도자의 관대함이 나약함으로 비쳐지고, 억압적인 통치에 대해 순응하는 국내여론 경향에 대한 그의 문제의식에 기반한 것이다. 그렇지만 그 스스로 박정희 대통령에 대한 존경에 비해 상대적으로 김영삼, 김대중 대통령에 대한 한계를 강조하는 경향을 나타냈다. 또한 최규하 대통령 평가절하에 대한 그의 불편함은 최규하 대통령이 당시 정치적, 경제적 위기를 일정한 범위에서 관리한 것에 대한 적극적인 판단에 기반한 것으로 보인다. 이것은 전두환 정부의 등장을 부정적으로만 생각하지 않는 그의 인식으로 연결된다.

권영민은 한국 경제의 발전과 이에 기초한 민주주의에 대한 지도자의 역할을 중요시했다. 그는 최규하 대통령의 리더십을 청렴성, 신중성, 엄격성(공사구분), 소박함 등으로 규정하며, 정치인 혹은 군 출신 대통령과 달리 외교관 출신 대통령의 성격을 사례를 통해 드러내고자 했다. 관료출신 대통령이 국가 혹은 국민에게 보다 적합한 지도자가 될 수 있다는 주장은 관료출신으로서 그의 자부심과 관련되어 있는 것 같다. 물론 권영민은 박정희 대통령의 리더십과 경제성과에 대해 높게 평가했고, 최규하에 대한 박정희의 깊은 신뢰를 강조했다.

그리고 권영민은 외교관으로서 유럽의 경험을 통해 약자 혹은 반대자에 대한 아량을 강조하면서, 최규하 대통령이 야당정치인이나 북한에 대해 당시 시대에서는 상대적으로 유연한 인식을 갖고 있었음을 조심스럽게 표현했다. 이것은 권위주의시대 한국 정치에서 갖기 힘든 인식으로 외교관으로서 선진국 지도자들과의 교류를 통해 체득한 감각으로 보여진다. 특히 독일대사를 경험했던 권영민은 독일의 경험을 통해 통일과 관련하여 신중한 현실적인 접근방식을 강조했다.

이외에 그의 구술 내용에는 당시 청와대의 내부구조, 대통령과 집무실에서 대화했던 당시 분위기, 대통령이 청와대 외부로 외출할 때의 수행방식, 사저의 구조, 대통령과 보좌관의 일상적 관계 등이 간략하지만 구체적으로 언급되어 있다.

권영민은 최규하 대통령 당시 주요 정치 사건에 대한 직접적인 언급은 회피했지만, 그의 구술에서 독자들은 당시 최 대통령의 인식이나 청와대의 분위기를 간접적이나마 짐작할 수 있을 것이다.

2. 구술

>>>>> 1차 구술 _____

장훈각: 안녕하세요? 이렇게 소중한 시간 내어주신 것에 깊은 감사의 말씀 먼저 드립니다. 선생님께서는 1969년부터 1980년까지 오랜 기간 최규하 대통령을 보좌하셨습니다. 그리고 그 기억들을 책으로 펴내기도 하셨습니다. 먼저 최규하 대통령과의 인연이 시작되는 시점에서부터 말씀을 부탁드립니다.

권영민: 제가 최규하 대통령을 만난 것은 1969년이었습니다. 제가 외무고시를 보고서 외무부에 들어갔을 당시에 최 대통령께서 외무장관이에요. 그때는 제가 독일어라든지 영어를 참 잘했어요. 그때 의전장이 이범석 장관이었는데, 그분이 저를 의전실에다 끌어다 놓으셨어요. 의전실이라는 것이 비서실 비슷해서 장관의 일거수일투족을 많이 볼 수 있는 곳입니다. 그리고 외빈들이 오면 안내도 하고, 각종 인허가, 영사 대사 인가장 이런 것을 내주는 곳이었어요. 외무장관의 공식적인 사인을 많이 받았죠.
　하루는 의전실에서 있는데 이상옥 총무과장이 부르시더니, 권 사무관 다른 데로 옮기면 좋겠다고 하시더군요. 당시 의전실은 일이 많은 곳이었습니다. 그래서 고맙다고 했습니다. 그 후 유종하 장관이 과장이었던 동남아1과로 옮겼습니다. 그런데 하루는 장관실에서 부른다고 그래요. 불러서 갔더니 최 대통령께서 "자네 공부 잘했나? 잘되었나? 뭐 열심히 근무하고 있지?" 이런 말씀을 하시더니 차관이 들어오니까 "나가서 열심히 하쇼." 그러시는 거예요.
　이 양반이 왜 그러시나 생각하면서 사무실에 들어왔는데, 잠시 후에 장

| 한국대통령 통치구술사료집 1－최규하 대통령

관실에서 또 찾으신다고 그래요. 그래서 올라가서 당시 정동렬 비서관께 물었죠. 아니 왜 부르세요? "내가 아니? 들어가 봐라." 이러세요. 이상하다 생각했지요. 들어가 권영민이 왔습니다 그랬더니, "어 그래, 자네 왔구만. 요새 잘하고 있어?" 네, 잘하고 있습니다. "그래. 자네 장가들었나?" 그러세요. 네, 장가는 안 들었습니다마는 연애는 하고 있습니다. "아, 그래? 그런데 어떻게 연애를 하면서 고시가 됐어?" 그래서 연애하면서 고시는 못하나요? 다 누구나 하는 거지요 그랬습니다. 그런데 김정태 차관보께서 들어오시더라고요. "가서 열심히 해보쇼, 좋은 외교관이 되어야지." 이분이 이러고 마셔. 아니 이 어른이 아닌 밤에 홍두깨마냥 두 번씩이나 불러다 놓고는 왜 그러시나 싶었지요.

과에 돌아와서 있으니까 또 장관께서 부르신다고 그래요. 그런데 최 대통령 성품이 돌다리도 두드려 간다는 분입니다. 그렇게 신중해요. 외교관의 가장 기본적인 소양이죠. 갔더니, "그래 자네 또 왔나?" 하시고는, "자네 고등고시를 했다면서 어떻게 연애를 했어?" 고등고시하고 연애하고 무슨 상관이 있어 그래서 아니 뭐 그렇게 되었습니다. "그래?" 그러더니 호주머니를 뒤지시더니 하얀 봉투를 꺼내면서 "자네 요새 하숙한다고 그러는데 이거 하숙비나 보태 쓰게." 아니 저 있습니다. "이 사람 윗사람이 줄 때는 받는 거야."

그래서 받아서 과에 들어왔더니 김정극 과장이라고 유종하 과장 전임입니다, 그 양반이 왜 부르셨냐고 묻는 겁니다. 왜 자꾸 장관이 찾느냐 이거에요. 받은 봉투를 보여주면서 이러이러한 일이 있었다고 말했습니다. 그랬더니 하 그 양반이 껄껄껄껄 웃으시면서 우리 장관이 격려금도 주신다? 아 오늘 기분 좋으니까 술 먹자고. 그 날 우리 과 사람들은 아주 흠뻑 취했지요. 다 취했었습니다. 물론 이 양반이 자기가 돈은 다 내셨지요. 제가 받은 것은 일 전 한 푼도 건드리지 않았어요.

장훈각: 전혀 뜻밖의 격려금을 받으신 거군요. 최 대통령께서 선생님께 격려금을 주신 이유가 무엇이었는지요?

권영민: 최 대통령께서 당시에 왜 그러셨나 나중에 곰곰이 생각해 보니까 최윤홍 씨라고 큰 아들이 있습니다. 옥스퍼드대학에서 풀장학금을 받을 정도로 공부를 잘했어요. 최 대통령께서 말레이시아에서 대사를 하고 들어오실 때 당신이 장관으로 들어오니까 "대한민국의 젊은이는 대한민국으로 들어가서 공부를 해야 돼. 그리고 군대를 갔다 와야 한다. 이런 말씀을 하시면서 데리고 들어왔어요. 그리고는 경기고등학교에 입학시켰죠. 그이하고 나하고 동기에요. 최연홍 씨가. 그래서 후에 알고 보니까 최규하 대통령이나 사모님이 나를 아들마냥 생각한거라. 아들하고 동기니까. 그런 분이셨습니다.

그 일 이후로 최 대통령께서 외무부장관 재직 중에 제가 비서관 아닌 비서관을 했지요. 사모님이 양지회 간사 일을 하셨기 때문에 그걸 도와드렸습니다. 양지회가 뭐냐면 육영수 여사가 하시던 것인데, 아주 불우한 사람들 도와주는 일을 했습니다. 제가 한 일이 뭔가 하면 양지회 간사일을 도우면서 어려운 사람들에게 나누어 줄 물품들의 배포 계획을 세우는 겁니다. 이거 참... 참 호랑이 담배 먹던 이야기지만 뜻있는 일입니다.

장훈각: 무뚝뚝한 분이신 줄로만 알고 있었던 최규하 대통령의 섬세하고 자상한 면을 알 수 있는 말씀입니다. 그럼 그 이후부터 계속 최 대통령 곁에서 보좌하신 것인가요?

권영민: 항상 그랬던 것은 아닙니다. 최 대통령께서 외무장관을 그만두고 청와대에 올라가서 외교특보를 하고 있을 때에는 저는 구주3과에 근무하고 있었습니다. 구주3과는 그 당시에 우리나라가 관계가 없던 동구권들

을 다루던 곳이었습니다. 그런데 하루는 전화가 왔다고 해요. 받아 보니 정동렬 비서관이었어요. 지금 빨리 서교동 사저로 가라고 그래요. 왜요? "내가 아니?" 그이가 말을 참 재미있게 해요. 정동렬 수석이. 그런데 조금 있으니 "가만있어, 장관님 바꿔 드릴게." 그땐 장관님이니까. "아 권군", 최규하 대통령이 둘이만 있을 때는 권 군이고, 둘이 잘 알아도 한 사람이라도 잘 모르는 사람이 더 있으면 권비서관이에요. 잘 아는 사람끼리 있으면 미스터 권이에요. 그러니까 정동렬 비서관 같은 사람이 있으면 미스터 권이 되고. 둘 중에 한 사람이라도 모른다던지 또는 나보다도 내가 어려운 사람이 있으면 나는 권비서관이에요. 최 대통령께서는. 그렇게 철두철미해요. "아! 권군!" 그래요. 예, 접니다 했더니, "자네 가보면 아니까 지금 서교동 내 사저로 빨리 좀 가게" 그때 차관이 노신영 차관이에요. "아. 노신영 차관한테는 내 정비서관 통해서 이야기를 할 테고. 그러니까 지금 좀 빨리 좀 가봐" 그러시는 겁니다.

당시에는 제가 5층에 있을 때인데 4층에 내려가서 권태홍 구주국장께, 권 국장은 그 뒤에 태국대사까지 하셨어요, 저 지금 최규하 장관께서 이렇게 말씀하셨다고 하니, "가만있어 봐. 오늘 개각이 되었다고 하더니 입각하시나 보다." 그러시는 겁니다. 감을 잡았죠. 그래서 중앙청에서 내려와서 택시를 타고 서교동으로 갔습니다. 택시 안에서 아저씨 라디오를 조금 크게 틀어놓으시죠 그러니까 유행가가 들려요. 연대쯤 오니까 오늘을 기해 개각을 발표했다는 정부의 긴급뉴스가 나옵디다. 총리에 최규하, 외무장관에 박동진, 내무장관이 김치열, 쭉 나가면서 농림부장관에 최각규 등 명단이 나오는 거예요.

장훈각: 서교동이라고 하시면 최규하 대통령의 자택을 의미하시는 것이죠?

권영민: 네. 맞습니다. 지금 집이죠. 그 집이, 가보시면 말이죠, 시커멓고..., 집장수가 지은 집이에요. 옛날에는 싸구려 날림 공사하는 집이 집장수가 지은 집이라고 그랬어요. 싸거든. 그 집을 손본 게 대통령 하야하고 나신 후의 일입니다. 응접실을 늘리셨어요. 응접실이 너무 좁아서... 8평으로... 여하튼, 집에 도착했더니 사모님이 뭐 하고 계셨냐 하면 1층에 차고 있는 곳에서 화덕을 갔다 놓고 있는 거예요. 그때는 연탄을 때니까 빨래를 화덕에다 데웠습니다. 그래서 아이고 사모님 축하합니다고 했더니 "왜요?" 이러십니다. 그래서 사모님 모르셨어요? 그랬더니 "그게 무슨 소리에요?" 하시는 겁니다. 장관께서 총리가 되신다는 것을 일체 집에도 알리지 않으신 거예요.

그날 전 굉장히 바빴어요. 그날 화분이나 화환이 굉장히 많이 들어와요. 그러나 하나도 안 받고 다 돌려보내고 리스트만 만들었습니다. 누가 보낸 건지. 총리께서는 6시 넘어 들어오셨습니다. 그래서 오늘 꽃을 보낸 사람은 이 사람이고 축전을 보내온 사람은 이 사람입니다 하고 총리께 말씀을 드렸거든요. "잘했어. 자네 화분 받으면 안 되네. 화환 받으면 안 되네." 다 돌려보내라 이거에요. 총리가 되셨는데 얼마나 좋아요. 그러나 이 양반은 국가 걱정을 먼저 하시는 겁니다.

장훈각: 외무부장관의 부인께서 화덕에 빨래를 직접 말리셨다는 말씀에 놀라지 않을 수 없습니다. 선생님께서는 청와대부속실에서 홍기 여사를 보좌하기도 하셨습니다. 홍기 여사는 어떤 분이셨습니까?

권영민: 사모님이 대단하신 분입니다. 사모님이 충주 양반입니다. 옛날에는 말이죠, 양반집이 딸자식 공부를 안 시켰어요. 신식이라고 신학이라고. 사모님이 집이 99칸 양반집의 여식인데 공부를 안 시켜서 소위 우리식으로 말하면 학교라는 데는 안 다니신 분이에요. 그런데 영어를 꽤 잘 하

세요, 장관님이 가르친 거죠. 그리고 의전 가르치시고. 그래가지고 말레이시아 대사를 할 때, 잘하셨대요. 홍기 여사께서 독학하신 거지요.

총리 임명 당일에도 말이에요, 제가 사모님께 기자들에게 꿈 이야기는 안 하시는 겁니다 하고 말씀드렸습니다. 왜냐하면 그 당시에 가족들이나 사모님이 그 전날, 돼지꿈 꿨다, 용꿈 꿨다, 이런 이야기들을 많이 했었죠. 국민들이 그것에 식상했어요. 그래서 그 이야기하시면 안 됩니다 그렇게 말씀드렸어요. 그날 언론에서는 중앙일보에서 가장 먼저 왔습니다. 중앙일보 기자가 오더니 사모님께 어제 무슨 꿈 꾸셨어요? 하고 묻는 겁니다. 저 같아도 돼지꿈 꿨다고 이야기하고 싶고 무슨 꿈 꿨다고 이야기하고 싶죠. 그런데 기자 질문에 "아이구... 이 어려운 판국에 어떻게 총리를 잘하셔야 할 텐데 참 걱정이네요, 걱정이 앞섭니다." 이렇게 대답하시는 겁니다. 사모님께서. 그 말씀이 굉장히 원숙하고 사려 깊은 이야기에요. 부부가 똑같으신 분들이에요.

사모님의 그 말 한마디에 제가 얼마나 창피했는지 모릅니다. 이런 분께 제가 뭐라고 꿈 이야기까지 하지 마세요라고 말씀드렸나 싶은 생각이 들었습니다. 그리고 말이에요, 우리 사모님이 충청도 사람인데 거트(guts)가 있어요. 이건 해야 되겠다 안 해야 되겠다는 것을 판단하고 결정하는데 강단이 있으셨습니다. 사모님께서는 우리 직원들 부인들은 만나지도 않았어요.

장훈각: 최규하 대통령께서는 1967년부터 1979년까지 약 12년을 장관급 이상의 공직생활을 하셨습니다. 그런데 이것은 본인의 능력이나 대통령의 신임이 뒷받침 되지 않고는 어려운 일이라고 생각되어집니다. 그 이유가 무엇이었나요?

권영민: 물론 박정희 대통령의 신임이 상당히 두터웠어요. 박정희 대통

령이 생존해 계시다면 자기 후계자로 삼으려 했다는 이야기가 있을 정도로 그랬지요. 물론 나중에 지나고 보니까 그랬다는 것을 알았지 그 당시에는 우리는 그런 걸 몰랐어요. 그런데 말이에요..., 박 대통령께서 그렇게 최 대통령을 신임하셨다는 것에는 이유가 있어요. 그것은 최 대통령의 개인적인 능력과 업무실적이 뒷받침되지 않으면 힘든 일이지요.

최 대통령은 대단히 집요하고 두뇌가 매우 명석하신 분이에요. 그리고 이 양반 영어라는 것은 어느 정도냐면 미국 사람들이 깜짝깜짝 놀래요. 미국 사람들이... 대통령이 되신 후의 일입니다. 최 대통령께서 이렇게 발가락을 만지고 계시더군요. 그래서 각하 뭐하십니까? 그랬더니 "어, 이 사람아... 이게 영어 단어 외우는 방법일세" 이러시는 거에요. 왜 하필이면 발가락이야. 양말 다 신는... 냄새나는.... 아 그래가지고 제가 크게 웃은 적도 있습니다.

영어만 잘 하셨던 게 아닙니다. 최 대통령의 뚝심과 애국심은 정말 대단했어요. 1968년에 우리나라에 김신조가 넘어왔잖아요. 그리고 1969년에 삼척 무장공비침투사건이 있었잖아요. 당시에 박정희 대통령께서는 이북을 응징하겠다고 했어요. 당시 서울에서는 이북을 친다고 하는 것이 공공연하게 이야기되던 때에요. 그러니까 미국 사람들이 겁이 났단 말이에요. 이거 그대로 두었다가는 전면전이 날 것 같거든. 그래서 벤스를 특사로 보냈습니다. 그때 최 대통령께서 미 특사와 남산의 타워호텔에서 담판을 벌였습니다. 특사하고 씨름하는 거예요 밤새도록. 타워호텔은 당시 유일한, 요즘말로 하면, 특급호텔이었습니다. 그땐 참 큰 줄 알았지요. 최규하 대통령이 그때도 별명이 최스모커에요. 담배를 많이 피우셨습니다. 그 담판 중에 큼지막한 재떨이를 여섯 번을 바꾸었습니다. 결국 일 억불을 받아내셨습니다. 처음에는 뭐 몇 천만 불 정도였죠. 그만큼 집요한 양반이에요. 벤스 특사가 가면서 공항에서 뭐라고 그랬냐면 자기는 두 손 다 들었다는 거예요. 최규하 장관한테. 최규하 장관의 그 끈질김, 그리고 쉬지 않고 내뿜는 담배연기, 그 다음에 애국심. 이런 거에 자기가 녹았다. 그래서 자기는 자기에게 있는 것을 더 줬다. 일억 불을 내놓을 입장은 안 되었거든요. 우리나라 외교나 이런 데에 그 양반만큼 기여한 분이 없어요.

장훈각: 최 대통령의 뚝심과 애국심..., 밤샘하시면서 재떨이를 6번이나 바꾸셨다 하니 체력도 대단하셨을 것이라 생각됩니다.

권영민: 아쉬운 점 하나는 말이에요..., 국민들은 이런 생각 안 해요. 최규하 대통령이라는 사람은 내가 보기에는 훌륭한 우리나라를 살린 외교관이에요. 또 이 양반 돌아가실 때까지 나에게 하신 말씀이 있어요. 우리 국민은 훌륭한 국민이다. 우리 국민은 한 가지만 말씀드리면 몇 가지가 나온다. 항상 하셨던 말씀이었습니다. 우리나라의 민주주의, 경제발전... 그리고 문화적인 지금의 발전에 대한 토대를 놓은 사람이 이런 분들이라구요. 박정희 대통령, 최규하 대통령 이런 분들인데 우리 국민들은 그걸 잘 모릅니다. 그리고 그 밑에서 정말 신이 나서 일했었어요. 신이 나서 열성껏 다 했다고요. 그런데 우리 국민들이 알아주지 않아. 알아달라는 게 아니라... 그래도 어느 정도까지는 알아주어야 되는데... 우리 국민은 이 양반한테 너무 기대가 컸다고... 그러나 이 양반은 돌아가실 때까지도 서운하단 소리 그런 건 절대 이야기를 안 하셨습니다. 입만 열면 우리 국민은 위대한 국민이라고 말씀하신 분입니다. 입만 열면...

장훈각: 최규하 대통령께서 오랜 기간 고위공직에 계셨으니 특유의 조직관리 스타일이 있을 것 같습니다. 최 대통령께서는 부하직원을 어떻게 통솔하셨는지요?

권영민: 총리가 되시고 난 후 이야기입니다. "자네 어떻게 하겠나?" 하십

니다. 그래서 외무부로 복귀해야죠, 외무부 사람인데... 그랬더니 그 말 한 마디에 "아 그래야지." 그러시는 겁니다. 이 양반이 저를 총리실에 더 데리고 있고 싶으셨던 모양이에요. 사모님도 그렇고. 그런데 그때는 저도 워싱턴이나 이런데 보내주십시오 하는 그런 말을 할 줄 몰랐습니다. 제가 한 마디 하면 될 수도 있지 않았겠어요? 총리시고 외교안보수석이고 외무장관이셨으니까... 후에 생각하니 최 대통령의 그 한 마디는 제 입에서 그런 말이 나올까봐 그걸 사전에 차단하시려는 말씀이 아니었을까도 싶지요.

그리고 또 외무부 복귀하고 독일 발령을 받았을 때 예깁니다. 찾아뵙고 저 독일 또 나가게 되었습니다 하고 인사를 드렸어요. 그랬더니 "자네 외무부에서 인정을 못 받은 모양이군? 왜 또 독일이야?" 이러시더라구요. 당신께서 이야기 한 마디도 안 해주고 말입니다. 최 대통령은 가까이 있었다고 해서 봐주고 하시는 분이 아닙니다. 본인이 알아서 해야 해요. 그런 인사 방침은 철저하셨어요.

장훈각: 최규하 대통령께서는 자신 주변에 인맥을 구축하거나 확장하려는 노력을 하지는 않으셨다는 말씀으로 이해됩니다. 정치적인 리더십과는 거리가 있어 보입니다.

권영민: 정치적인 리더는 아니셨죠. 그런데 이러한 지도자들이 지금의 우리나라를 만드는데 크게 기여하셨습니다. 우리나라가 현재 이런 호황을 이룰 수 있었던 게 이유가 어디 있는가 이거에요. 분명히 우리 국민들이 이루었습니다. 우리 국민은 위대한 국민이죠. 그런데 우리 국민들 못지않게 우리 지도자들도 대단히 중요한 역할을 했습니다. 이승만 박사..., 우리가 그렇게 비난하기도 하지만 이승만 박사가 토대를 놓았습니다. 박정희 대통령에 대해선 독재였다는 비판도 많지만 하지만 경제발전을 이루어 내지 않았습니까? 우리나라 민주화를 위해서는 박정희 대통령의 기여가 굉

장히 큽니다. 우리나라 경제가 발전되어야지, 경제가 있어야지 민주화가 이루어지는 것입니다.

우리나라 정치 지도자들의 공통된 현상이 있어요. 이 사람들은 국가관이 투철해요. 박정희 대통령을 제가 만난 적이 있는데 그 이야기를 할까요? 하루는 청와대를 올라갔습니다. 양지회 일을 가지고 제2부속실에 갔습니다. 최규하 대통령 사모님이 그 본인이 결정을 잘 안하세요. 모든 결정은 육영수 여사가 하시게 하는 스타일입니다. 그런데 육영수 여사의 사무실이 어딘가 하면 제2부속실이라고 있었어요. 그곳에 배포계획서를 만들어서 들어갔습니다. 당시의 청와대, 옛날 조선 총독부 총독관저죠, 그곳은 현재는 없어졌지요. 이승만 대통령도 사셨고, 박정희 대통령이 사셨고, 최규하 대통령도 계셨던 곳입니다. 그날 영부인 부속실..., 제2부속실에 올라갔는데 왁자지껄하는 소리가 2층에서 들려요. 그러더니 대통령이 내려오셨다고 합디다. 그러니 제가 얼마나 놀래요. 놀래서는 이렇게 차렷 자세로 있었는데, 박정희 대통령께서... 그 키 조그만 양반이 "어디서 오셨어요?" 하며 활짝 웃어요. 외교부에서 올라왔습니다 그랬더니, "어휴 굉장히 어셨구만." 하시더니, "나 그렇게 나쁜 사람은 아닙니다." 그러시더라구요. 그런데요, 박 대통령께서는 대단히 검소하게 사셨습니다. 최 대통령이 취임하시고 다시 가서 보았을 때 말입니다. 그 청와대는 말 그대로 손때 묻은 낡은 그런 곳이었어요. 대통령이 지낸 곳이라 해서 으리으리한 그런 곳이 아니었습니다.

그리고 대단히 서민적인 분이셨습니다. 이상 선생 아시죠? 시인이죠. 그 분께서 한번은 "우리나란 지도자를 참 잘 만났어." 그러시는 거예요. 그 이유를 물으니 한번은 박정희 대통령이 불러서 갔는데 박근혜양이 어딜 나갔는지 없고 대통령이 양복깃을 짓고 계시더래요. 허... 박정희 대통령이 이렇게 꾸부리고 앉아서 양복깃이 떨어졌으니까 그걸 짓더라는 겁니다. 그러면서 눈물이 글썽해가지고는 그 말씀을 하시더라고요. 정말 우리나라는 정말 지도자들만큼은 잘 만났던 것이란 생각을 하지 않을 수 없어요.

장훈각: 우리나라가 짧은 기간 이렇게 발전할 수 있었던 이유 가운데 지도자가 대단히 중요했다는 말씀으로 이해되어집니다.

권영민: 그럼요. 그리고 지금 우리 문제 중에 심각한 것이 지역감정이잖아요? 우리나라 현대 정치인들이 이거 하나는 잘못했어요. 우리나라 제 2대 외무장관을 하셨던 임병직 장관의 이 회고록에 이런 이야기가 있어요. 자기가 미국의 주중공사하고 자기가 외무성에 들어갔대요. 외무성에 가서 상해 임시정부 사람들을 담당하는 아주국장을 만났다는 거예요. 미국 공사가 임정 사람들을 승인해주면 어떠냐 하는 이야기를 했더니 중국 외무성 사람이 하는 말이 이렇더랍니다. 우린 좋습니다. 우리도 하고 싶습니다. 그러나 우리가 못하는 이유는 이 사람들이 영호남이 갈려있고 남북한이 갈려있고 임정 사람들마저도 사상적으로도 갈려있어 어느 한 쪽을 옹호하고 얘기를 했다가는 난리가 날 거 같아서 못하겠습니다. 그러더랍니다. 이런 문제는 우리나라 사람들은 감정적이라서 그런 거예요. 그래서 현실적이고 합리적으로 무엇을 하려고 하면 참 어렵습니다. 그러나 우리 국민이 독일 국민하고 비슷합니다. 빨대만 있다면 확 끌려가요. 우리도 정치 지도자 누가 꽉 쥐고 끌기만하면 다 흡수되는 흡인력이 있거든요. 저는 그 대표적인 경우가 박정희 대통령이었다고 생각해요.

장훈각: 사실 우리나라는 세계적으로도 유례가 없을 정도로 짧은 기간에 최빈국에서 발전을 이루어낸 경우에 해당합니다. 그 이유로 지도자들이 중요했다는 말씀을 해주셨습니다. 이것은 선생님께서 우리나라의 지도자들을 최근거리에서 보좌한 경험에서 우러난 말씀이라 생각합니다. 오늘 많은 말씀을 해주셨습니다. 감사합니다.

박용수: 지난 시간에는 최규하 대통령에 대한 개괄적인 설명을 들었습니다. 지난 시간 관련하여 더 하실 말씀이 있으시다면 짧게 해주시고, 이번 시간에는 대통령 재임기간의 일들을 중심으로 설명을 듣고자 합니다.

권영민: 먼저 총리 시기 에피소드 하나를 말씀드리죠. 내가 비엔나에는 1972년에 나가서 1975년에 들어왔는데. 그 해 12월 말이면 군에 갈 연령이 공식적으로 끝나요. 큰 애가 초등학교 다니는데, 12월 17일 날, 태릉에 소집되어 갔어요. 그때 박 대통령께서 연두에 올해는 특히 공무원이라든지 국공립기업체 임직원들 우선 차출하라고 했던 것입니다. 가서 보니까 공무원 중에서 서기관으로서 내가 일등이라고 하더군요.

제대할 때 총리한테 가서 인사하려고 갔어요. "아, 미스터 권 왔어?" 사모님께서 화단에서 풀을 뽑고 계시더라고요. 그래서 "사모님 이리 주세요." 호미를 뺏어가지고 우리가 밭을 매었단 말이요. 한 15~20분 되니까 총리가 오셨다고 그래요. 그래서 "사모님 이리 주세요." 호미를 뺏어가지고 우리가 밭을 매었단 말이에요. 한 15~20분 되니까 총리가 오셨다고 그래요. 그래서 털고 들어갔더니, "자네 머리가 왜 그런가?" 그러셔. 그때 총리 관저에는 내가 가발 쓰고 갔거든. 이렇게 엎드리고 하니까 가발이 다 떴어요. 그래서 화장실 가서 머리를 만지고 나오니까, 총리께서 "자네 이제 대한민국의 영웅이 되었구만. 우리 집에 영웅이 왔다." 이렇게 말씀하시고. "이거 미안하네. 내가 어쨌든 공직에 있는 사람이 행정지도를 잘해서 가발을 좋게 만들도록 했어야 하는데, 가발을 잘못 만들어 자네가 더 당황했네." 모든 게 총리 자신이 잘못해서 그런 거라니 내가 어떻게 견딜 수가 있어요. 최 대통령은 그런 분이셨습니다.

박용수: 그럼 권 대사님께서는 어떻게 청와대에 들어가게 되신 것인지, 그 과정에 대해 말씀해주시기 바랍니다.

권영민: 내가 독일에 가있었을 때에 박정희 대통령이 김재규한테 총을 맞으셨단 말이야. 그 당시에 여러 가지 사정이 있었는데, 총리께서 비상 국무회의를 국방부 벙커에서 하시면서 국방부장관한테 명령을 해 가지고 김재규를 그 회의에 집어넣었어. 총 들고 왔던 안기부 녀석들 무장 해제시키고 이랬다고. 박동진 장관도 그때 생각을 하면 무서웠다고 그러시던데.

아무튼 10·26 이후 대통령이 12월 6일인가 취임을 하셨어. 그래서 난 이제는 안 부르는가보다 그러고 있는데, 12월에 연락이 왔어. 우리는 텔렉스 서비스라고 하는 제도가 있지. 준 공식적인 전문(電文)인데, 거기에 개인적인 일이 곧 공식적인 일이 된다든지 할 때엔 미리 알려줘요. "귀하를 청와대 부속실 비서관으로 발령코자하니 가능한 한 조속 귀국 바람." 그때 총무과장인 신두병 대사 그 양반이 서비스 치셨어요. 다음날 집에 있었더니 아침에 정동렬 씨가 전화하셨어. "야 너 거기서 뭐하고 있냐? 빨리 들어와." 그래서 나는 국내에 들어왔어요. 귀국 직후에 박동진 장관한테 가서 "들어 왔습니다. 장관님, 권영민입니다. 주독대사관 1등 서기관 발령받아서 나가있다가, 이번에 어디로 발령을 받고 들어 왔습니다." 그랬더니. "허, 자네 발령이 났나?" 이러셔. 그제서야 내가 발령이 안 난 줄 알았어. 그때는 내 발령장이 돌고 있었어. 박동진 장관은 발령도 없이 공무원이 어딜 왔느냐 이거야. 박 장관은 그렇게 아주 정확하신 분이고, 그래서 내가 굉장히 존경하지요. 그 양반이나 그 박정희 대통령 밑에 있던 양반들은 다 그렇게 정직하고 엄하고 그래요.

박용수: 청와대에서는 어떤 일들을 맡으셨나요?

권영민: 지금은 제1부속실이 대통령 각하를 모시고 제2부속실이 영부인을 모시는데, 우리 때는 합동부속실이라고 해서 난 거기서 근무한 셈이지. 처음 했던 일이… 당시에 서기원 씨라고 글 쓰던 이가 있었어요. 공보수석이었던 그이가 국민들이 안 계신 줄 알 정도로 영부인께서 안 알려졌다고, 영부인 인터뷰를 해야 한다고 고집을 부려. 그런데 내가 와보니까 벌써 대통령 되시면서, 10·26 직후 국가원수 부인으로서 여성지들을 중심으로 기자들이 왔었다고 공보 비서실에서 그래요. 그래서 그때 나간 걸 읽어보니까 시골 아주머니 같은 풍이었어요. 나는 이걸 유지해야 되겠다 싶었지. 그래서 각하한테 "이렇게 준비를 해야 됩니다." 말씀드렸어. "그래, 그래." 각하께서 그러셔요. 그래서 소위 배추 서른 몇 포기인가 담그고, 연탄 나르는 이런 거를 그대로 국민들한테 보여드리려고 했어요. 그날 주부생활 그런 월간지들 주간지들이 잔뜩 왔어. 기자들한테 미리, "여러분, 이런 방향으로 한 번 여쭈어 보는 것이 좋지 않겠어요?" 이렇게 해가지고 첫 인터뷰를 했어요.

근데 어느 여성 잡지에서 온 기자가 묻기를 "사모님, 퍼스트레이디가 된 기분이 어떠세요?" 그랬더니, "어리둥절하기만 해요. 잘 모르겠슈. 그게 뭐 우리가 되려고 해서 되었나유? 대통령님께서 갑자기 이렇게 변을 당하시는 바람에, 저희가 뜻하지 않게 올라왔는데, 뭐 드릴 말씀이 없어유." 이렇게 이야기가 나갔단 말이요. 그러니까 사람이 얼마나 수더분해 보이고, 육영수 여사를 국민들이 그렇게 좋아하시다가, 이분은 색다른 맛이 있다는 거야. 국민들의 일반적인 생각이었지요. 그리고 "빨래하신다는 소문이 있던데", "아, 화덕은 여기 있어요." 그래가지고 다 보여줬단 말이야. 연탄 나르는 것까지. 그게 나가니까, 국민들이 다 좋아해. 대통령 부인도 나하고 똑같더라는 거야.

박용수: 국민들에게 영부인 첫 인상이 좋았군요. 최규하 대통령에게 도

움이 되었겠네요.

권영민: 그런데 우리나라에는 사상적으로 사회주의 민족주의라고, 사회주의가 가미된 민족주의라는 것이 있어요. 왜 그럴 수밖에 없는가 하면, 우리나라는 일본 시대의 그 어려운 국면에 격변했죠? 그 다음에 6·25, 4·19 이후에 5·16으로 그리고 5·18로 격변하지요. 그래서 우리나라에는 계층이라는 것이 뒤섞였어요. 이조시대에도 양반, 상놈이 형식화 되어 돈만 있으면 샀거든. 우리나라에서 가장 잘사는 삼성 이회장이 저런 집에 사신다는 것은 이상한 거에요. 미국 같다면 엘리베이터, 에스컬레이터 등 요란할 거에요. 근데 우리나라에서는 그렇게 못해요. 그렇게 했다가는 금세 돌이 날라 들어와요. 그만큼 우리나라가 무서운 사회요. 내쇼날 쇼베니스틱(National Chauvinistic) 해요. 그래서 서양 사람들이 우리나라 사회는 사회민족주의라고 그래요. 이런 나라가 참 여러 가지로 어려워요. 이 사회민족주의 성격이 강해서 난 우리나라 정치인들이 굉장히 고생하신다고 생각해요. 자기가 열심히 해서 좋은 일 하려고 해도 안 돼요. 국민이 대통령을 초등학교 반장 정도로 밖에는 안 볼 때도 있어요. 우리나라는 국회의원을 자기 집 머슴처럼 생각하고요. 이게 사회 민족주의적인 성격이야. 몹쓸 성격이라고. 그러니 최규하 대통령뿐 아니라 한국에서 대통령직은 정말 어렵지요.

박용수: 특히 최규하 대통령 재임시기와 같은 격변기는 더 어려웠으리라 생각됩니다. 당시 청와대 근무 조건이나 상황에 대해 말씀해주시길 부탁드립니다.

권영민: 당시에 청와대에서는 나에게 비서관 급이라고 해서 포니 승용차를 줬단 말이요. 그 조그만 포니 차에 운전사가 있는 거야. 지금 생각해

보면 웃기는 건데, 내가 우리 집에서 새벽 6시 반쯤 나와요, 들어가는 게 밤 11시 반쯤이고. 새벽 6시 반에서 밤 11시 반까지 각하 내외분하고 청와대에 본관에 있는 거야.

당시 상황과 관련된 에피소드를 말씀드릴게. 하루는 보안사 육군 대령 중에 김 대령이라고 하는 분이 있었어. 저녁을 먹자고 그래. 고등학교 선배거든요. 그래 김윤환 의원 보좌관하고 셋이서 저녁을 먹었어. 처음 청진동에서 저녁을 먹다가 2차로 안기부 앞에 퇴계로 근처였는데, 술을 먹다가 보니까 반주로 조금 먹는다는 게 내가 취했어요. 다음날 아침에 어제 저녁 어떻게 왔나하고 생각해 봤더니, 내가 우리 집이 어디에 있다고 이야기도 안했는데 나를 보안사 운전사가 데려다 줬더라고. 그게 뭐야? 보안사에서 나의 신원을 완전히 파악하고 있다는 거 아니요. 그래서 야 이거, 참 대단하구나 그랬어. 얼른 이사 갔어요.

이사할 때 전화를 신청하면서 내가 부속실 비서관이라고 이야기했더니 그 날로 갔다가 해놓더라고. 그래서 "어디에 하실 거에요?" 묻길래 내가 "처갓집에 당분간 있을 겁니다." 이러면서 우리 집 전화번호를 알려 줬단 말야. 그랬더니 통신처에서 그 날로 갔다 세워 놓는 거 있지. 청와대하고 비상전화 연결 되는 거...

박용수: 그 당시에는 전화를 신청하면 오래 걸렸죠?

권영민: 오래 걸렸지... 그 날 바로 비상전화를 설치했는데... 우리 장인이 이걸 드시더니 자기가 일반전화를 들었는데 찌이이이익 하는 소리가 들린다고, '야 이 전화기가 이상하다.' 그러셔. 내가 들어보니까 아니라 달라, 지이익 하잖아. 도청당하는 소리야. 그 다음날 가서 통신처장하고 담당 과장놈 반은 죽었어. "너 이 놈들아 도청을 하려면 잘해야지, 우리 같은 사람 도청을 하면 뭐하냐?" 근데 그 도청이라는 게 경호실에서 소위 국가

안보가 문제니까 한단 말야. 근데 경호처장이 "아, 저희는 일반 전화는 도청을 안합니다." 이 이야기야. 방방 뛰면서... "안되긴 뭐가 안돼? 우리 집 일반전화 도청 되는데..." 그 이후 처갓집 전화도 괜찮고 우리 전화도 괜찮아졌어. 그게 전화 도청이야. 이 두 가지에 내가 놀랐다고. 우리 안기부 보안사... 보안사 요원들이 나를 그렇게 알고 있었다는 것 하고 전화 도청했다는 것하고...

박용수: 당시 상황이 보안이 더욱 철저할 수밖에 없는 상황이었을지도 모르겠네요.

권영민: 그때 미국 대사하고 미국 상원의원이 우리나라에 왔었어. 박정희 대통령이 저격당하고 최규하 대통령이 승진하니까, 미국 상원의원이 정세를 탐지하러 온 것이오. 잘 모르시지? 미국 정부에서 상원의원, 하원의원, 실업인, 정치인, 언론인 뭐 갖가지 계통의 전문가들을 계속해서 보내. 당시 그런 상황이었어.

박용수: 네. 이제 대사님께서 청와대에서 하신 일들을 말씀해주시길 부탁드립니다.

권영민: 그러면 내 안성군수 이야기 좀 해야 되겠어. 청와대에서 쓰는 용어 중에 각하가 서재에서 2층으로 올라오시는 게 '퇴청'하신 거고, 2층에서 1층 서재로 내려오신 것이 '등청'이야. 관저는 2층이고, 청와대 서재는 1층인데 굉장히 작았지. 지금은 새로 잘 지어놓았지만 옛날에는 너무 작았어. 근데 정동렬 씨가 이층 관저에 갔다 오더니 "야 권 마담 내려와." 그때 그분은 가까운 관계의 표현으로 저를 그렇게 불렀어요. 그래서 내려갔더니 "네가 오늘 각하 내외분 모시고 갔다 와라. 난 오늘 바빠." 그래요. 나는

속으로 '내가 왜 권마담이야' 하고 생각했지만, "아, 그러지요." 하고 대답했죠. 일요일 사무실에서 기다리고 있어봐, 죽어나지. 대통령을 수행하고 나가면 산다고 할 수 있으니까.

'오늘은 살았다' 하고 대통령 내외분과 광주로 해서 내려가는 경기 산업도로를 탔어요. 지방을 가니까 포니는 그대로 두고 타우너스라고 조그만 차를 탔어. 대통령 차 뒤에 경호차, 그리고 내 차, 세대만 가는 거야. 장호원에서 안성으로 꺾어 들었는데, 공사 중이라는 팻말이 나왔어요. 참고로 우리 경호원 중에 곧 수행과장이 되었고 나중에 경호실장까지 했던 경호계장이 경호차를 타고 갔지요. 이 사람도 궁정동에서 10·26 때 총 맞은 이야.

그런데 장호원에서 안성 들어가는 길에 우리 운전사가 "비서관님, 앞 차 안 경감님한테서 무전이 왔습니다." 해서 받았는데, 안 경감이 "비서관님, 큰일 났습니다." 하잖아. 안 경감이라고 부산 사람인데 사람을 편하게 해서 내외분이 좋아했는데, "사모님께서 멀미를 하셨습니다." 이러는 거야. 드라이브가 취미라고 할 정도로 총리 때부터 하루도 거른 적이 없었던 어른이 멀미를 하셨다니. "지금 각하께서 곧 안성군청으로 들어가자고 그러시는데, 비서관님 생각은 어떠신지 물어 보라고 하십니다." 그런데 그날은 일요일이란 말이야. "여보시오. 안 경감. 지금 안성군청에 들어가면 누가 있어요. 일요일에. 그러지 말고, 경찰서로 들어가자고 말씀드리시오. 경찰서는 24시간 열리니까. 나도 연락하겠지만, 안 경감도 경호실을 통해서 경찰서로 직접 무전이 들어가게 하시오. 각하게 여쭈어보시오." 그랬더니, 각하께서 내가 하자는 대로 하겠다고 말씀하셔서 그날 안성경찰서로 무전이 들어갔어요.

안성경찰서 입장에서는 15분 만에 대통령 내외분이 들이닥친다니 큰 난리가 났다고. 가보니 사람들이 다 얼이 빠졌어. 수행 경호팀 이외에도 경호실을 통하여 안성경찰서에 연락하여, 15분 후에 대통령 내외분께서 가실 것이라는 이야기는 사태의 심각성을 말해 주는 것이었지요. 당시 안성경찰서장은 안성군수하고 어느 행사장에 가서 시간 내에 올 수 있는 입장도 아니었어요. 발만 구르는 꼴이 되었지요. 그래서 들어갔더니 늙수그레한 정보과장이 제2인자야. 경찰서 입장에서는 그래도 정보과장이 있어서 다행이었지. 이 정보과장은 "각하, 커피입니다." 하고 눈을 제대로 못 떠요. 경호실에서 나온 사람들이 앞뒤로 눈알을 부릅뜨고 조금만 이상하면 훈계를 하려고 그러니 깍듯할 수밖에 없지요.

영부인께서 화장실을 보시고 15분 만에 나왔어. 서울로 오실 때는 그런대로 견디셨어요. 안성에서 고속도로로 나와서 평택에 와서 고속도로로 들어서서 오시는데, 각하께서 기분이 썩 안 좋아요. 그래서 무전으로 정동렬 수석을 불러서 빨리 청와대로 들어오시게 하라고 해서 아닌 밤중에 홍두깨라는 식으로 불려왔지. 아니나 달라. 청와대 도착하시더니 대통령께서 "내무장관 들어오라고 그래." 김주호 건설차관하고 벌써 차에서 통화를 하셨대요.

그때 문득 생각난 일화가 있었어요. 우리 큰 당숙이 아산 군청에 농정계장으로 있다가 경험한 것인데, 박정희 대통령께서 한마디 혼자 "여긴 이상하게 객토가 안 됐네." 이러셨는데, 앞에 앉아 있던 박 대통령 수행 비서라는 사람이 내무부장관한테 연락했단 말이야. "그 객토를 해놓으셔야 되겠습니다. 각하께서 그러셨습니다. 참고하세요." 그랬더니 내무장관이 도농정국장하고 군 농정계장을 그대로 잘라버렸어.

이것이 생각나서 나는 이렇게 하면 안 되겠다 싶었지. 아니나 달라 김종호 장관이 골프 치다가 부랴부랴 온 것 같았어. 조금 있다가 정동렬 수석도 들어왔어. "저 수석님 이런 일이 있었습니다. 죄송합니다." 그랬더니, 처음에는 그냥 나의 귀싸대기를 한 번 올릴 것 같은 기세를 보였어. 나도 한 대 얻어맞으면 후련할 것 같았어요. 그런데 곧 마음이 변했는지, "네가 그 길이 그런 줄 어떻게 알았겠어? 그건 네 책임이 아니야." 내가 "사전 준비를 못한 것도 제 잘못입니다." 그랬더니, "야, 잔소리하지 말고 앞으로만 잘해." 그러셨죠. 그리고 다시 내가 내무부장관을 각하께서 부르신 이유를 설명 드렸지요. 김 장관이 서재에서 나오는데 각하한테 몇 마디 꾸지람 들으셨던 것 같았어요. 의전수석이 "저 좀 잠깐 보십시다. 장관님." 하고는 나오시는 내무장관을 보자는 거야. 장관이 의전수석실에서 나오는데 보니, 자기 마음에 안 드는 일들만 일어난 얼굴이야.

"어떻게 되었습니까? 수석님"하고 내가 묻자, "어, 이렇게 이야기했지. 각하라는 분은 항상 체크를 하시니까, 당한 사람이 아무런 잘못도 없는데, 불이익 처분을 당했다고 억울해 하면, 각하께서 그 인사권자를 그대로 두시지는 않습니다. 양쪽에 다 책임을 묻습니다. 그러니까 안성군수를 절대 자르진 마십시오." 이렇게 이야기를 했대. 그래가지고 안성군수가 살았어요. 나중에 내가 안성군수를 불렀지요. 그분이 시골 사람인데 나보다 십년은 위야. 그래서 "어떻게 되었습니까? 군수님." 그랬더니, "아이구 UNDP 자금을 어렵게 얻어서 공사 중인데, 왜 각하 내외분께서 거기로 오셨어요?" 그러면서 울어요. 예산은 안 나오지, 급하기는 하지 해서 도지사의 도움으로 UNDP 자금을 얻었다는 것이요. 가만 보니까 괜찮은 사람 같았어요. "공사를 빨리 끝내시는 게 좋을 거 같습니다."라고 조언했죠. 왜냐하면 최 대통령이라는 분은 행정적인 면에서 끈질겨요. 그분은 어디 한번 가셔서 마음에 안 들면, 거길 꼭 다시 가보신다고. 그래서 결국 그렇게 해서 잘 됐잖아.

박용수: 대통령 내외를 모시면서 그런 돌발 상황이 있었군요. 돌발상황에 대한 대응방식을 통해 최규하 대통령의 스타일을 이해할 수 있을 것 같습니다.

권영민: 최규하 대통령 내외분은 샤이(shy)해 가지고 모르는 사람은 잘 안 쓰고 잘 안 만나요. 그리고 그 자리에서 있던 사람을 위 자리로 올리시

길 좋아하세요. 경호차장이라는 사람은 경호실장, 안기부차장이던 사람은 안기부장, 전부 그런 식이요. 크게 변하는 걸 싫어하셔서.

하루는 대통령께서 "권군, 나하고 나가세." 그래가지고 둘이 걷는데 경호실장이 헐레벌떡 뛰어와. 당시 경호실장은 현역 군인인데, 최 대통령이 근본적으로는 민간인보다는 못 하다고 느끼셨는지, "정 실장, 왜 오슈?" 하니까 "각하께서 경내를 거니신다고 해서..." 이래. "아니, 내 권비서관하고 잘 이야기하고 있어요." 그러니 그 양반이 으쓱해서 갔는데, 박정희 대통령 때 차지철 경호실장을 생각해보면 대단한 거죠. 이분은 외교관 출신으로서 리버럴하거든, 농담을 좋아 하셨고. 또한 최 대통령은 내가 젊고 아들 또래이니까 나만 데리고서 놀려 대셨지, 나도 싫지는 않았고.

영부인도 경호받는 걸 싫어해. 나한테 누가 총을 겨누겠느냐 이거야. 힘없고 아무것도 없다는 것을 아는데. 대통령 영부인께서 한복을 좋아해. 나 가실 땐 꼭 한복 입으시니까. 종로2가에 자주 가시던 한복집에 대통령 영부인이 갔다가 오시는 길에, 앞좌석에 탄 나에게 말씀 하시더라구. "권비서관요. 한복집에 들어갔는데 경호원들이 쫓아 들어왔습니다. 앞으로는 그런 일 없도록 하세요." 그래서 내가 지금도 당시 경호 요원께 미안하게 생각하고 있어요. 그 사람들로서는 박정희 대통령 이후라 심리적으로 매우 어려웠으리라고 생각합니다. 대통령 영부인이신 홍기여사는 본래 모르는 사람한테는 다 그래요. 김동휘 장관 사모님은 당시에는 외무차관 부인이었는데 끝내 안 만나셨지. 최 대통령도 자기 외교관 후배이자 내가 외교부로 돌아가면 곧 장관되실 당시 차관이신데도 그러니 내가 얼마나 어려운지 혼났어요. "미스터 권, 왜 나보고 만나기 싫은 사람을 자꾸 만나라고 해?" 이렇게 까지 하시는데 어떻게 해요. 그런데 최 대통령 내외분이 경호관뿐만 아니라, 자기가 처음 보는 사람한테는 경원시했어요.

박용수: 최 대통령 내외분의 성격을 잘 알겠습니다. 대통령께서 대사님

께 특별히 지시했던 일들에는 어떤 것들이 있었나요?

권영민: 하루는 아침에 일찍 갔더니 "각하께서 부르십니다." 하고 서재에서 저한테 연락이 왔어요. 뛰어 내려가서 각하 집무실로 들어갔지. "권영민입니다. 각하 부르셨습니까?", "어 거 앉게." 대통령 집무실이 한 10평 정도 돼. 그 당시 각하 책상 앞에 응접세트가 있었는데, 이분이 나만 부르시면 "거기 앉게나." 하셨지. "예, 말씀하시지요." 대통령께서도 내가 앉지 않는다는 것을 아신단 말이야. "응 자네, 어제 저녁, 인간만세 봤나?" 그러시는 거야. 내가 언제 보겠어, 여기서 열한시 반에 나가는데. "예? 무슨 지시하실 일이라도." 그러자 대통령께서 "응 그것 보면 말이야. 거기 소아마비 아동들 어떻게 도와줘야 될지, 자네가 연구를 해보게."

그래서 공보실에 이야기해 KBS에서 그 테이프를 얻어다가 봤죠. 내용인즉 육사 뒤쪽 신내동, 정자나무 있는 동네에 들어가면, 소아마비인 신동욱 씨가 양정사라고 한 평도 안 되는 가게에서 전국에서 아이들을 모아 시계 고치는 기술을 가르쳐 주는 거야. 아이들이 혼자 먹고 살라고. 그런데 그는 누구 도움도 안 받아. 부인이 벌어 온 파출부 월급을 대부분 집어넣어요. 내가 가보니까, 소아마비, 정신박약 아이들한테 가르쳐 주는 거야. 자기가 소아마비니까 이 녀석들 살게 해 주려고 그러는 거야. 부인은 일을 나갔다는데, 부인은 괜찮데. 그가 세사는 집에 가서, "저 대우실업의 영업과장 권 과장입니다." 하고 내 소개를 하였지요. "우리 아버지는 남이 훌륭한 일을 하면 도와주는 것이 일인데, 어제저녁 TV에 나오신걸 보고 가보라고 해서 왔습니다. 혹시 제가 도와드릴 일이..." "아이고, 그런 말씀 하지도 마십시오. 감사합니다." 자기들이 알아서 할 테니까 걱정하지 말라는 거야. 시계수리, 도장 새기고, 이런 것을 해서 먹고 살아.

내가 부속실장이지만 혼자 일인실장인 셈이었지, 뭐. 대통령한테 타자를 쳐가지고 갔어. "각하 그 밑에 하천 부지가 있는데 집을 지어, 아이들

먹을 것, 잠자리는 해 주시는 것이 좋겠습니다." 그 동네에 하천 부지에다가 100평 가까이 바로크로 집을 지어줬어. 이번에 가보니까 그 바로크를 늘렸다고 합디다. 이것을 '사랑의 집'이라고 영부인께서 불렀지요. 주 독일대사 하고 들어와서 돈 30만원 들고 다시 갔더니 신동욱 씨는 돌아가시고 부인이 원장, 아들이 부원장인데, 1958년 시작 이후 약 800명이 그곳을 거처 갔다고 하질 않겠어. 대단한 거죠.

우리나라에는 그런 사람들이 많습디다. 그런 훌륭한 우리나라 사람들이 많아요. 용기 있는 우리 할머니, 아주머니들이 우리정부가 금이 필요하다고 하니까 금을 장롱에서 다 들고 나왔어요. 손자, 손녀의 백일 반지 및 돌 반지에서부터 자기들의 금비녀까지 금이라고 하면 몽땅 가지고 나왔던 사실이 뉴스시간마다 덴마크에서 보도되는데 우쭐하였다고요. 지금 재정적인 어려움에 처한 남구국가 국민들도 '한국 사람들을 배우자'고 하는 날이 올 것으로 생각해요. 또 붉은 악마를 누가 하라고 그랬어요? 정부에서 하라고 그랬으면 정부는 난리 났을 게요. 독일에 갔더니 라우 대통령이 나한테 신임장을 받으면서 자기가 2002년 6월에 한일 월드컵 때 왔었다고 그래요. 그때 이분이 롯데호텔에 투숙했는데, 롯데호텔 밑에서부터 시청 앞, 광화문 네거리까지 온통 빨간색 천지였었다고. 그래서 유럽의 훌리건 생각을 하고, "이거 몇 명은 죽겠다" 이랬더라고 그래요. 그 다음날 아침에 독일대사가 왔길래 "어제 저녁 빨간 옷 입은 악마들 중 몇 명이 죽었나?" 하고 물었다는 거야. '아이, 죽는 게 뭡니까? 오히려 그 사람들은 옆 사람이 있던 자리까지도 깨끗하게 치웠다.'고 해서 이게 대한민국을 발전시키는 원동력이구나 하고 매우 부러웠다고 실토를 합디다. 그러면서 나보고 "라인 강의 기적을 일으킨 독일 국민들도 2006년에는 못합니다." 이러더라고요. 우리나라 절대 망하지 않아요. 다소간의 어려움은 있겠지요. 우리나라 국민은 사이펀(siphon) 기질이 있어서, 누가 흡수만 하면 쏙쏙 빨려 들어가는데. 그런 지도자만 나오면 되는데…

또 한 가지 일화를 이야기할게요, 하루는 영등포경찰서에서 경찰정보가 올라왔어. 어떤 20대 불량배 녀석이 파출소에서 난동부리면서 한 소리가 "너희 친일파 놈들아. 우리 할아버지가 독립군으로서 죽을 고생을 했는데, 지금도 만년필이나 팔러 다니는 행상이다." 그 녀석이 스무 살인데 80이 다 된 할머니, 할아버지와 아현동에 산다고 그래요. 그래 내가 찾아가 동장을 만났어. 동장은 그 할아버지, 할머니가 동사무소나 파출소장이라고 하면 "너희들은 우리가 독립운동을 할 때, 뭘 했느냐?"고 기합을 주고, 영세민 혜택을 주려고 했더니 "내가 왜 영세민이야. 내가 그런 집에 산다고 영세민이냐고." 그러셨다는 거야. 내가 저녁 때 "할아버지 저는 대우실업 영업과장입니다." 하고 들어갔어. 할아버지가 철기 밑에서 독립운동을 했다는 거야. 그러면서 자기 이름이 뭐라고 하는데 그것도 가명이야. 이분이 뭘 파느냐 하면, 옛날 여러분 다방에 가면 볼 수 있던 얇은 판자에다가 라이터하고 만년필, 행상.

내가 이 내용을 각하한테 보고하자, "허 자네가 이제 경찰정보도 이용한단 말이지, 어떻든가?", "그 할아버지 할머니 대단하신 분입니다. 각하 겨울이니까 연탄하고 쌀이라도 한 두 가마니 주시도록 하세요." 그러자 각하께서 돈을 월급에서 주시는 거였어요. 나는 그것도 모르가 "아이, 더 주세요." 그래가지고 오십만 원 정도를 가지고 갔어요.

할머니, 할아버지 "안녕하셨어요?" 그랬더니, "누구에요?" "죄송합니다. 사실은 제가 대통령 비서관입니다. 용서해 주십시오." 그랬더니, "엉, 대통령 비서관요?" 내외분께서는 그때부터 더욱 진지해 지시면서, 눈가엔 이슬이 맺혔지. "가만히 계시오." 할아버지가 그러시더니. 부엌에서 세수 윗목에서 무릎을 꿇는 거야. 그러면서 자기네들의 한 평생 희망은 조국 광복이었지, 지금처럼 국가 원수인 대통령한테까지 근심을 끼치면서 살아갈 줄은 몰랐다는 거에요. 이런 분이 우리나라에는 한둘이 아니요. 그런 이야기가 신문에는 한 번도 안 났죠. 신문에 날까봐 최 대통령이 나에게 몇 번

이야기하셨는지도 몰라요.

　그 뒤 80년 팔월 초인가, 옛날 신관 청와대 안내에서 연락을 받았어. 어떤 할머니, 할아버지가 오셨는데, 막무가내라 이거요. 그래 뛰어 내려갔지요. "아이고, 할아버지, 할머니 왜 오셨어요?" 그랬더니. 그 노친들이 최 대통령 모시 두루마기를 해 오셨다는 거요. 분홍색 보자기로 예쁘게 쌌는데 보니까, 하얀 모시 두루마기야. 감사하다고 인사했더니, 그분들은 "그럼 이 사람 줬으니까 됐다." 하고 갔어. 그날 저녁 대통령 내외가 춘천 행사에서 오시고, 내가 그날 있었던 일을 말씀드렸지요. 최 대통령이 입으시니 품이 적어 들어가지도 않아. 그러나 최 대통령은 "어허 그랬단 말이지. 권군." 이러시면서 그걸 그렇게 좋아하셨어.

〉〉〉〉〉 3차 구술

　박용수: 오늘은 최규하 대통령에 대한 이야기를 종합하여 마무리 할 시간입니다.

　권영민: 최규하 대통령이란 분은 내가 언제 생각을 해도 푸근하고, 후배들도 많고, 인물이 큰 분으로서, 참으로 존경하였던 분예요. 보통 높은 분들에게 우리들끼리는 자주 농담을 하곤 했지요. 청와대에 올라오면서 목에 깁스하는 분들이 많다고. 최 대통령은 항상 우리 후배들에게 무엇인가를 해주거나, 뭐든지 이야기해주려고 그러시던 분이라, 우리 후배들이 존경하는 분이었어요.

　우리나라 정치 지도자라는 사람들은 대부분이 정치 쇼가 심해. 그런 이야기를 하자면 끝이 없을 거야. 근데 최규하 대통령은 끝내 말 한마디 안하고 가셨다 이거요. 대통령께서 스트레스가 많으셨을 텐데도 스트레스란 얼굴에 한 점도 없으실 수 있었던 것은, 이분이 욕심이 전혀 없으셨기 때문이라는 것을 감히 말씀드릴 수가 있습니다. 나를 스트레스 해결 방법의 하나로 놀려 대셨죠. 그런데 국민들은 '최 주사'라고 부르며 국가원수를 폄하하고, 우리가 뽑은 대통령을 우리자신이 홀대하여, 결국은 우리 자신을 낮추는 결과를 가져오는 것 아닌가 하고 생각하곤 합니다.

　단군 이래에 이렇게 경제적으로 호황을 누리고 국제적으로 인정받고, 민주주의가 성숙된 때가 언제 있겠어요? 이거를 해놓은 것은 누구냐? 우리 국민이란 말이요. 그런데 우리 국민의 그런 저력을 키워준 것이 누구냐? 당시 우리나라 지도자들이었습니다. 우리나라에는 모든 사람들이 일종의 패션에 물들어있어요. 어느 누가 국제적으로 무엇을 하면, 모든 사람들이 똑같이 하는 것을 보세요. 최 대통령은 균형을 잡고 무슨 이야기를 하시더라도, 우리들에게 항상 이건 이럴 수도 있고 저럴 수도 있고, 그런데 이쪽이 낫지 않겠느냐고 우리 의견을 물어보셨던 분이에요. 그런데 이것을 오해하는 사람들도 있었으니...

박용수: 1980년 서울의 봄 때 최규하 대통령과 선생님의 생각은 어떠했는지요?

권영민: 당시는 우리나라 민주화가 꽃 필 때야. 그때 정치 지도자들은 물론이고 국민들도 최규하 대통령한테 일 년만 하라고 합디다. 그런데 그분은 국가에서 하라고 한다고 응했어요. 그런데 국민의 입장에서 보니, 머리 좋다던 이분은 아니거든. 그래서 위에 올려놓고 흔든 것이지요. 일 년이 아니라 2-3개월 되니까 흔듭디다. 그분 성격에 그만두고 싶은 게 여삼추야. 그래도 이분은 국민 앞에 자기 자신을 낮추고 성심 성의껏 국민을

모셨지요.

그분은 우리 국민을 위한다면 아마 불에라도 들어가셨을 정도였으니까. 이분의 시계는 멀리 있었던 것이요. 그런데 우리나라 국민은 행동으로 보여줘야만 만족하는 성격이 몹시 급한 국민이지요. 그전까지는 외교 분야에서 달인이었다 하더라도 그건 그거고, 이건 이거고.

우리나라는 주변 4강 러시아, 중국, 일본, 미국 문제뿐만 아니라 분단 문제를 안고 있습니다. 그걸 우리나라가 뭐로 풀어야 됩니까? 저는 가장 필요한 게 결국은 자기 힘이라고 생각하거든요. 주변 4강은 남북한 중에 누굴 좋아하겠어요? 남북한의 강한 쪽에 붙습니다. 그런데 남북한 관계는 이미 끝났어요. 제가 보기에는 이미 이삼십 년 전에 끝났습니다. 북한이 가지고 있는 고철 덩어리 무기들을 가지고 한 때는 우리들에게 위협을 하기도 하였지만, 이것을 못 쓸 때까지 그대로 잡아 두어야 하고, 북한 국민을 보호하기 위한 권력이 아니라는 것이 김정일에 와서 더욱 분명해졌습니다. 그래서 남북한의 정권경쟁은 끝났다는 겁니다. 그러면 우리는 뭘 해야 되느냐? 북한에 여유를 줘야 돼요. 그걸 제일 잘 아는 것이 바로 최 대통령입니다. 추후에 말씀드리겠습니다만, 분단된 현 상황에서 중국을 움직일 계략도 있고요. 이에는 구체적으로 잘 알려진 인물을 이용하는 방법 등도 포함되어 있습니다. 최 대통령 본인께서는 그런 것을 다 알고 계셨지요. 최규하 대통령은 상당히 앞서갔죠. 그러니 국민들이 싫어했지요.

그리고 박정희 대통령을 좋아했기 때문에 박 대통령을 많은 면에서는 닮았다고 할 수 있지요. 박근혜 씨도 요즈음 와서 뜨고 하였지, 이북도 그렇고 일부의 신교 지도자들이나 실업가들과는 다르게, 당시 박정희 대통령이 세습만은 안했잖아요. 민주화 투사라는 사람들도 정치를 세습하려다가, 현재까지는 실패하였지만. 박정희 대통령이란 분은 엄숙하면서도 남의 얘기를 잘 듣는 분이죠. 박 대통령이 자기 후계자로 선택할 정도로 이분을 잘 대해 주었는데, 이분도 무턱대고 찬성만 한 게 아니라 대안을 내놓으시며 반대를 하셨지요. 그래서 요즈음 외교부 사람들은 외교 수장에 대하여 최 대통령을 닮으라는 이야기들이 있습니다. 그리고 소위 민주화 투사의 반대를 위한 반대와 다른 점이지요. 박 대통령 집권 18년 기간 중 십이삼 년은 어려웠다고 최 대통령도 말씀하시는 이유가 이것이지요. 최 대통령이란 분은 아무리 싫은 소리도 윗분이 듣기엔 싫지 않게 들리도록 하는 비결이 있었어요. 그런데 우리 국민들은 이것을 이해를 못해요. 몰라서 못 하는 건지, 알면서도 못 하는 건지는 모르겠지만.

남북한 관계에 대해서 김대중 대통령, 노무현 대통령이 하는 이야기를 보고 "아니야. 한국에서 공산주의자들을 순진하게 믿기에는 아직 이른 면이 있어. 그네들의 생각이 잘못되었어." 이런 말씀을 하셨어. 최규하 대통령께서 그런 이야기를 하셨을 때는 굉장히 깊이 생각하시고 하시는 거야. 그런데 또 박동진 장관 같은 분은 장기적으로 우리나라가 통일을 하려면, 혁신주의자들이 정치판에 발을 들여 놓아야 한다고, 당시로서는 매우 진취적인 생각을 갖고 계셔서 후배인 우리들은 많은 생각을 한 적이 있었어. 이런 논리도 일반인들이 진지하게 검토할 필요가 있어.

박용수: 최 대통령에 대한 일반적인 인식과 다른 측면이 있었군요. 광주 5 · 18에 대해서는 어떻게 생각하시는지요?

권영민: 아직은 이야기할 때가 아니라고 생각하는데 언젠가는 이야기를 하겠지만... 큰 이야기는 아니고 아직 감정적으로 모든 것을 보는 분들이 많아서. 그 당시에는 어떻게 보고 있었다는 점 등을 포함하여 한 30년이 지난 뒤에야 솔직히 말할 수 있지 않을까 싶어요. 내가 보기에는 광주민주화운동이란 것은 완전히 정치적인 사태에요. 정치적인 사태이기 때문에 내가 이야기할 단계는 아니라고 생각해요. 왜 그런가 하면, 최규하 대통령이 가장 핵심 중에 한 분이셨거든요. 가장 핵심에 있었는데 내가 어떻게

할 수가 없지. 이미 당사자들 중에 다른 분들은 충분한 진술이 있었고 그건 지금 이야기할 단계가 아니야. 그거는 정말 정치적인 사건이에요. 분명히 양쪽에서 보는 방향이 달라요.

박용수: 마지막으로 최규하 대통령에 관한 개인적인 평가를 짧게 해주시면 고맙겠습니다.

권영민: 이분이 기본적으로 사람이 아주 선한 분이에요. 생존해 계셨으면 내가 이런 말씀도 못 했죠. 인품이 탁 트이고, 말 한마디 하시면 거침이 없고. 내가 보기에 국민 개개인을 각하께서는 자기의 친아들처럼 대하셨다고. 앞으로 이런 사람은 나오기는 어려울 거야. 한 세대에 하나 정도 나오려나. 근데 우리 국민들이 너무 몰랐어요. 이분을 외교 분야의 한 사람으로 돌리기에는 너무 아까워요. 내가 이분을 좋아 했기 때문만은 아니에요.
　다음의 최 대통령의 말씀으로 제 이야기를 정리하겠습니다. "권군 보게. 통일을 위해 남한 정권은 국민을 위한 정권이란 점을 더욱 강조하여 나가고, 이를 위한 방편중의 하나로 매번 하던 이야기지만 남한에서 민주화가 진정으로 이루어지고, 국민을 위한 정권이 되려면, 민과 지방의 목소리를 높이는 정부가 나와야 되네." 민주화 투사라고 하는 사람들도 이 점에 신경을 써야 하지요. 점진적이지만 말이요. 혁신이라고 해서 모두가 성공하는 것은 아니라 말예요. 국민들의 표를 위하여 한 사람의 머리에 의존하는 것보다 많은 사람의 머리에 의존하는 것이 낫지 않겠어요? 이것이 자유민주주의 체제의 장점이지요.

박용수: 예, 알겠습니다. 장시간 귀한 말씀 감사합니다.

최규하 대통령 연표

연도	개인사	공직사
1919	출생(7월 16일/ 강원도 원주시)	–
1926	원주보통학교 입학	–
1932	경성제일 고등보통학교 입학	–
1935	홍기 여사와 혼인	–
1941	동경고사(영어ㆍ영문학) 졸업	–
1943	만주대동학원(정치ㆍ행정학) 졸업	만주 길림성 통양현 행정과장
1945	장남 출생	
1946	–	중앙 식량 행정처 기획과장(~1948)
1948	–	8월 농림부 양정과장(~1951) 11월 FAO(국제식량농업기구) 아시아지역 식량회의(싱가폴) 대표로 참석
1951	차남 출생	2월 외무부 통상국장(~1952) 10월 무역진흥을 위한 UN 아시아극동경제위원회(ECAFE) 수석대표
1952	–	7월 주일 한국 대표부 총영사(~1957)
1953	막내딸 출생	–
1955	–	3월 제11차 ECAFE회의 대표참석 9월 FOA 인도양ㆍ태평양지역 어업 이사회 수석대표
1956	–	3월 제12차 ECAFE 회의 수석대표
1957	–	3월 제13차 ECAFE회의 대표로 참석 5월 주일 한국대표부 참사관(~1959) 10월 제19차 국제적십자사 (ICRC)회의 한국정부 대표
1958	–	2월 제4차 한ㆍ일회담 대표
1959	–	3월 주일 한국대표부 공사 9월 외무부 차관 취임
1960	–	5월 외무부 차관 사임
1962	–	5월 아시아반공연맹특별총회

1963	–	3월 외무부본부대사 겸 국가재건최고회의의장 고문
1964	–	11월 주 말레이시아 특명전권대사 (~1967)
1965	–	6월 제1차 아시아태평양 각료회의(ASPAC) 사무총장
1966	–	11월 제17차 콜롬보 플랜 자문위원회 각료회의 수석대표
1967	–	6월 제14대외무부장관(~1971) 10월 UN통상 및 개발위원회 77개국 각료회의수석대표 11월 제22차 UN총회수석대표
1968	–	1월 밴스특사와 회담 4월 월남참전7개국 외무장관회의 7월 제3차 ASPAC 각료회의 수석대표(캔버라) 8월 ASPAC 사회문화센터 설치협정조인 10월 제19차 콜롬보플랜자문위원회총회 수석대표 및 총회의장 12월 제23차 유엔총회 수석대표
1969	–	6월 제4차ASPAC각료회의 수석대표 11월 제24차 유엔총회 수석대표 12월 워싱턴에서 북미지역 수출진흥 공관장회의 개최
1970	한국외국어대학교 '명예문학박사' 수교훈장 광화문장	5월 아시아외무장관회의(자카르타)수석대표 / 동남아 4개국 (월남, 태국, 대만, 말레이시아) 친선방문 11월 프랑스드골대통령서거 조문사절단장으로 파리 방문 / 제25차 유엔총회 수석대표
1971	청조근정훈장	6월 대통령외교담당 특별보좌관(~1975)
1972		7월 4일 남북조절위원회 서울 측 위원으로 평양 방문
1973	–	1월 미국 존슨 대통령서거 조문사절로 워싱턴 방문 3월 남북조절위원회 서울 측 위원으로 평양 방문

		4월 대통령 특사로 인도네시아, 말레이시아, 필리핀, 태국, 버마, 싱가폴, 일본 방문 8월 대통령 특사로 네팔, 인도, 이란, 레바논, 사우디아라비아 방문 10월 아르헨티나 대통령취임 경축사절 단장으로 부에노스아이레스 방문 12월 대통령특사로 사우디아라비아와 쿠웨이트 방문, 석유공급문제해결
1974	—	6월 대통령특사로 에티오피아, 케냐, 레소토, 스와질랜드, 보츠와나, 우간다 등 방문 10월 대통령 특사로 덴마크, 스웨덴, 노르웨이, 아이슬란드 방문
1975	—	3월 대통령특사로 사우디아라비아 방문 5월 사우디아라비아 파이잘 국왕 서거조문사절로 장례식 참석 9월 대통령특사로 덴마크, 스웨덴, 노르웨이, 아이슬란드 방문 10월 대통령특사로 태국 방문 12월 19일 국무총리 서리('75.12.19~'76.3.12)
1976	대한올림픽위원회 명예위원장 수교훈장 광화문장	3월 13일 제12대 국무총리('76.3.13~'79.12.6)
1977	—	5월 터키, 이란, 사우디아라비아를 국무총리로서 공식 방문
1978	—	—
1979	무궁화 대훈장	5월 호주, 뉴질랜드, 인도네시아를 국무총리로서 공식 방문 10월 26일 대통령 유고로 대통령 권한 대행 11월 3일 고 박정희 대통령 국장 장례위원장 11월 10일 특별담화, 임기 전 개헌 및 선거 실시 약속 12월 6일 제10대 대통령 취임 12월 8일 긴급조치 9호 해제, 구속인사 석방 12월 14일 조각, 현직 각료 2인 외 전원 교체

		12월 21일 80년 말까지 개헌, 81년 초에 대통령 및 국회의원 선거 실시하여 81년도 상반기 또는 중반기 정부 이양하려는 정치일정 제시
1980	대한적십자사명예총재 한국보이스카웃명예총재 건국훈장 대한민국장 수훈	1월 18일 연두 기자회견에서 최초로 북한을 조선민주주의인민공화국으로 지칭 1월 22일 법제처에 헌법 연구반 설치 2월 6일 남북총리회담개최를 위한 실무자 회의 2월 7일 남북전화 재개통 2월 28일 중진23명으로 첫 국정자문회의구성 2월 29일 윤보선 김대중 등 687인 복권 3월 13일 개헌심의위원 68명 위촉, 총리를 위원장으로 하는 개헌심의위원회 발족 4월 24일 사북사태 발생 5월 11~16일 석유파동해결 위한 사우디아라비아, 쿠웨이트 국빈 방문 5월 21일 국내외 소요사태 관련 개각 5월 25일 광주에서 '광주시민에게 보내는 특별담화' 녹음방송 5월 31일 국가보위비상대책위원회 발족 8월 16일 대통령직 사임
1981	–	4월 헌법 제66조2항에 의거 국정자문회의 의장 (~1988.2.24.) 5월 26일 국정자문회의 제1차회의 주재
1982	–	7월 국정자문회의 제15차회의에서 석유관계 국제기구가입방안 수립을 정부에 촉구
1983	–	4월 전직대통령으로서 그리스, 이태리, 스페인, 포르투갈, 벨기에, 덴마크, 스위스, 독일, 프랑스 순방
1984	–	4월 룩셈부르그 앙리 왕세자 국정자문회의 응접실서 접견 5월 파키스탄 연방 입법자문회의 Safdar의장 접견

연도		
1985	강원대학교 명예 법학박사학위 수여	10월 미국, 캐나다, 자메이카, 베네주엘라, 도미니카 등 순방
1986	−	5월 마카파칼 필리핀 전대통령 면담
1987	−	4월 터키공화국대통령 자문위원단 접견 12월 국정자문회의 최종전체회의 간담회
1988	−	11월 국회광주특위 문동환 위원장 앞으로 동 특위청문회 불출석 이유를 밝히는 회신 보냄
1989	−	1월, 12월 국회출석 거부 이유 밝히는 회신 반복
1990	−	−
1991	민족사바로찾기국민회의 의장에 추대됨(~1993.5)	−
1992	−	−
1993	민족사바로찾기국민회의 명예의장	−
1994	−	10월 박정희대통령 서거15주기 추모사 낭독
1995	−	12월 12·12 및 5·18 관련 검찰참고인진술 요구에 불응하며 '국민에게 드리는 말씀' 성명
1996	−	11월 12·12 및 5·18 항소심 관련 서울고법법정에 강제구인, 증언거부
2000	−	4월 25일 김대중 대통령 주재로 전두환, 노태우 전대통령과 함께 남북정상회담 관련 오찬 회동
2004	7월 20일 부인 홍기 여사 별세	−
2006	10월 22일 노환으로 별세	−
2006	10월 26일 국민장	−

※ 『현석편모: 현석최규하대통령팔순기념문헌집』 등 참고.